Die europäische Liberalisierungspolitik und deren Auswirkungen auf die Anwaltschaft

Europäische Hochschulschriften Recht

European University Studies in Law

Publications Universitaires Européennes de Droit

Band/Volume 6251

Evdokia Ströh

Die europäische Liberalisierungspolitik und deren Auswirkungen auf die Anwaltschaft

Umsetzungsdruck in Griechenland

PETER LANG

Bibliografische Information der Deutschen Nationalbibliothek
Die Deutsche Nationalbibliothek verzeichnet diese Publikation in der Deutschen Nationalbibliografie; detaillierte bibliografische Daten sind im Internet über http://dnb.d-nb.de abrufbar.

Zugl.: Hannover, Univ., Diss., 2020

D 89
ISSN 0531-7312
ISBN 978-3-631-85076-3 (Print)
E-ISBN 978-3-631-85591-1 (E-PDF)
E-ISBN 978-3-631-85592-8 (EPUB)
DOI 10.3726/b18826

Diese Publikation wurde begutachtet.

www.peterlang.com

Vorwort

Die vorliegende Arbeit wurde von der Juristischen Fakultät der Leibniz Universität Hannover im Dezember 2020 als Dissertation angenommen.

An dieser Stelle möchte ich allen Personen, die mich in vielfältiger Art und Weise bei dieser Arbeit unterstützt und mir Rückhalt gegeben haben, meinen herzlichen Dank aussprechen.

Mein ganz besonderer Dank gilt meinem Doktorvater Professor Dr. Christian Wolf, an dessen Lehrstuhl ich als studentische Hilfskraft einige Jahre eine äußerst lehrreiche und schöne Zeit verbringen durfte, die meinen juristischen Werdegang maßgeblich geprägt hat. Ich danke ihm für seine immerwährende Unterstützung im Rahmen meines Studiums und bei der Umsetzung dieser Arbeit. Seine Unterstützung und Förderung machten die Anfertigung dieser Arbeit überhaupt erst möglich.

Herrn Professor Dr. Felipe Temming möchte ich für die freundliche Übernahme und zügige Erstellung des Zweitgutachtens danken. Herrn Professor Dr. Claas Friedrich Germelmann danke ich dafür, dass er den Vorsitz der Prüfungskommission übernommen hat.

Dank gilt ebenfalls meinen Freunden für die moralische, verständnisvolle und auch anderweitig währende Unterstützung. Damit haben sie sicherlich zum Gelingen dieser Arbeit viel beigetragen.

Mein herzlicher Dank gebührt meinem Ehemann Philipp-Wilhelm Ströh, für seinen motivierenden Zuspruch sich der Anfertigung dieser Arbeit anzunehmen und seine beständige Unterstützung sowie Rücksichtnahme bei der Verfolgung meiner Ziele. Dank gilt auch meinen großartigen Schwestern Alexandra Bormann und Sofia Papadopoulos-Raptis für unzählige Aufheiterungen und Ratschläge sowie meinen Schwiegereltern Christiane und Horst-Wilhelm Ströh für ihren unaufhörlichen Beistand und Ermutigungen.

Mein größter Dank gilt zuletzt meinen Eltern Birgit und Alexandros Papadopoulos, sie haben mich immer bei all meinen persönlichen und beruflichen Zielen unterstützt, was mir sehr wichtig war. Ohne ihre Unterstützung, Rückhalt, Geduld und Liebe hätte es dieses Buch nicht gegeben. Ihnen möchte ich diese Arbeit widmen.

Bad Schwartau im März 2021

Inhalt

Abkürzungsverzeichnis

a. F.	Alte Fassung
Abl.	Amtsblatt der Europäischen Union
Abs.	Absatz
AEUV	Vertrag über die Arbeitsweise der Europäischen Union
AnwBl.	Anwaltsblatt (Zeitschrift)
Art.	Artikel
Aufl.	Auflage
Bd.	Band
Begr.	Begründer
BGBL.	Bundesgesetzblatt
BGH	Bundesgerichtshof
BGHZ	Entscheidungen des Bundesgerichtshofes in Zivilsachen
BIP	Bruttoinlandsprodukt
BQRL	Berufsqualifikationsrichtlinie
BRAK	Bundesrechtsanwaltskammer
BRAK-Mitt.	Bundesrechtsanwaltskammer Mitteilungen (Zeitschrift)
BT-Drs.	Bundestagsdrucksachen
BverfG	Bundesverfassungsgericht
BverfGE	Entscheidungen des Bundesverfassungsgerichts
bzw.	beziehungsweise
CCBE	Conseil des barreaux européens (Rat der Anwaltschaft der Europäischen Gemeinschaft)
DAV	Deutscher Anwaltsverein
d. h.	das heißt
ders.	Derselbe
dies.	Dieselbe(n)

DLRL	Dienstleistungsrichtlinie
DVBl.	Deutsches Verwaltungsblatt
EAP	Economic Adjustment Programme (Wirtschaftliches Anpassungsprogramm)
ebd.	Ebenda
EFSF	European Financial Stability Facility (Europäische Finanzstabilisierungsfazilität)
EFSM	Europäischer Finanzstabilisierungsmechanismus
EG	Europäische Gemeinschaft(en)
EGL	Ergänzungslieferung
EGV	Vertrag zur Gründung der Europäischen Gemeinschaft
ELR	European Law Review
ELSTAT	Ellinikí Statistikí Archí (Griechisches Statistisches Amt)
endg.	endgültig
ESM	Europäischer Stabilitätsmechanismus
EU	Europäische Union
EUR	Euro
EuGH	Europäischer Gerichtshof
EuGHE	Entscheidungen des Europäischen Gerichtshof
EuR	Europarecht (Zeitschrift)
EuZW	Europäische Zeitschrift für Wirtschaftsrecht (Zeitschrift)
EWS	Europäisches Wirtschafts- und Steuerrecht (Zeitschrift)
EZB	Europäische Zentralbank
f./ff.	Folgende/fortfolgende
Fn.	Fußnote
FS	Festschrift
gem.	gemäß
GG	Grundgesetz
GewArch	GewerbeArchiv (Zeitschrift)

gr.	griechisch
grV	griechische Verfassung
GSIS	General Secretariat of Information Systems
Hrsg.	Herausgeber
HFSF	Hellenic Financial Stability Fund (Griechischer Finanzstabilisierungsfond)
HRADF	Hellenic Republic Asset Development Fund
IOBE	Foundation for Economic & Industrial Research (Stiftung für Wirtschafts- und Industrieforschung)
i. S. v.	im Sinne von
i. V. m.	in Verbindung mit
IWF	Internationaler Währungsfonds
JA	Juristische Arbeitsblätter
JW	Juristische Wochenschrift
Kommission	Europäische Kommission
LFS	Greek Labour Force Survey (Arbeitskräfteerhebung)
lit.	Littera (Buchstabe), litterae (Buchstaben)
MEFP	Memorandum of Economic and Financial Policies (Vereinbarung über Wirtschafts- und Finanzpolitik)
MoU	Memorandum of Understanding
MPI	Market Performance Indicator
m. w. N.	mit weiteren Nachweisen
NJW	Neue Juristische Wochenschrift
Nr.	Nummer
NZBen	Nationale Zentralbanken
OECD	Organisation for Economic Cooperation and Development (Organisation für wirtschaftliche Zusammenarbeit und Entwicklung)
OHCHR	Office of the United Nations High Commissioner for Human Rights (Amt des Hohen Kommissars für Menschenrechte)
RL	Richtlinie

Rn.	Randnummer
Rs.	Rechtssache
S.	Seite
s.	siehe
Slg.	Sammlung der Rechtsprechung des Gerichtshofs und des Gerichts Erster Instanz
sog.	Sogenannt (-e, -er, -es)
u. a.	unter andere/unter anderem
UAbs.	Unterabsatz
v.	vom
vgl.	vergleiche
VO	Verordnung
VPI	Verbraucherpreisindex
VVStRL	Veröffentlichungen der Vereinigung der Deutschen Staatsrechtslehrer
z.B.	Zum Beispiel
ZaöRV	Zeitschrift für ausländisches öffentliches Recht und Völkerrecht
Ziff.	Ziffer

Im Übrigen wird auf *Hildebert Kirchner*, Abkürzungsverzeichnis der Rechtssprache, 7. Auflage, Berlin 2013 verwiesen.

A. Einleitung

I. Problemstellung

Der Beruf des Rechtsanwalts[1] wird seit jeher den freien Berufen zugeordnet und unterliegt neben den Kernwerten des Verbots der Vertretung widerstreitender Interessen, der Verschwiegenheitspflicht und der Unabhängigkeit traditionell einer Vielzahl von Beschränkungen.[2] Zugangs- und Ausübungsanforderungen werden in der jeweiligen Rechtsanwaltsordnung der Mitgliedstaaten der Europäischen Union geregelt. Diese berufsrechtlichen Regelungen sind der Europäischen Kommission[3] auf dem Weg zur Liberalisierung des europäischen Binnenmarktes ein Dorn im Auge. Seit nunmehr fast 20 Jahren versucht die Kommission diese Regelungen zu harmonisieren und zurückzudrängen, um so die nationalen Unterschiede in den unterschiedlichen freiberuflichen Berufsgruppen immer weiter zu beseitigen.[4] Durch dieses Streben der Kommission stehen die freien Berufe unter Veränderungsdruck.[5] Zunehmend sieht sich der Beruf des Rechtsanwalts, der in seiner Funktion als Organ der Rechtspflege rechtsstaatliche Prinzipien verteidigt, Angriffen auf die Grundwerte der Anwaltschaft und ihr Berufsrecht ausgesetzt.

Den Anstoß für die Deregulierung der Berufsrechte der Dienstleistungsberufe der Mitgliedstaaten gaben die europäische Integration und die damit einhergehende Harmonisierung. Ein vertiefter und gerechterer Binnenmarkt ist eine der obersten Prioritäten der Kommission.[6] Der europäische Binnenmarkt zählt zu den größten Errungenschaften Europas. Er bringt für Europa und europäische

---

1 Der Begriff „Rechtsanwalt" meint in dieser Arbeit sowohl Rechtsanwältinnen als auch Rechtsanwälte sowie in- und ausländische Berufsträger, sofern sich aus dem Kontext nichts anders ergibt.

2 Vgl. *Koske/Wanner/Bitetti/Barbiero*, The 2013 update of the OECD's database on product market regulation, OECD Paris 2015, S. 24 f.; *EWSA*, Die Lage der freien Berufe in ihrer Funktion und Bedeutung für die europäische Zivilgesellschaft, Brüssel 2014, S. 65; *Wolf*, Recht durch Rechtsanwälte, in: Schriftenreihe der BRAK, Band 16, München 2008, S. 9 f.; zur Stellung des Rechtsanwalts als freien Beruf: *Feuchtwanger*, Die freien Berufe, München.

3 Nachfolgend Kommission genannt.

4 *Henssler*, AnwBl. 2009, 1ff.; *Kilian*, BRAK-Mitt. 2006, 194 f.; *Henssler/Kilian*, AnwBl. 2005, 1 f.; *Bormann*, ZZPInt 8 (2003), 3 f.

5 „die Freien Berufe stehen unter Veränderungsdruck" so *Klaus Rennert* in seinem Vortrag beim Saarbrücker Rechtsforum am 07.03.2017, Freie Berufe auf dem Prüfstand; Vortrag, S. 1, abrufbar unter: https://www.bverwg.de/user/data/media/rede_20170307.pdf (zuletzt abgerufen Oktober 2019).

6 Europäische Kommission, 10 Kommissionsprioritäten für 2015–2019, abrufbar unter: https://ec.europa.eu/commission/priorities_de (zuletzt abgerufen Oktober 2019).

Unternehmen neue Chancen und Größenvorteile, die sich positiv auf die Wettbewerbsfähigkeit der Industrie auswirken.[7] Zudem sorgt der Binnenmarkt dafür, dass Arbeitsplätze geschaffen werden, die Verbraucher von einer größeren Auswahl und niedrigen Preisen profitieren und die Menschen frei wählen können, wo sie leben, studieren und arbeiten möchten.[8] Um die Entwicklung des Binnenmarktes voranzutreiben, setzt die Kommission verstärkt auf die Liberalisierung der freien Berufe durch die Deregulierung ihrer Zugangs- und Ausübungsanforderungen. Durch die Beseitigung und/oder Anpassung mitgliedstaatlicher Regulierungen soll ein stärkeres Zusammenwachsen der Völker Europas erfolgen und ein ausgewogener sowie nachhaltiger wirtschaftlicher und sozialer Fortschritt gefördert werden.[9]

Die Kommission steht dabei häufig vor dem Hindernis, dass sie ihre Strategien an die Verfolgung dieses übergeordneten Zieles, die aktuellen Gegebenheiten in Europa und die Bereitschaft der einzelnen Mitgliedstaaten, die gleichen Ziele zu verfolgen, anpassen muss. In der Mitteilung der Kommission vom 28.10.2015 zum weiteren Ausbau des Binnenmarktes[10] führt die Kommission dazu aus, dass Europa wirtschaftlichen und sozialen Herausforderungen gegenüberstehe und sich auch der Binnenmarkt einem Wandel anpassen müsse. Insbesondere durch die Wirtschafts- und Finanzkrise wurden die Volkswirtschaften Europas auf den Prüfstand gestellt. Es gilt Arbeitslosigkeit und niedrige Wachstumsraten zu bewältigen. Ferner müssen die Produktivität und Wettbewerbsfähigkeit der europäischen Wirtschaft gestärkt werden. Die Erreichung dieser Ziele wird nach Ansicht der Kommission durch die unzulängliche Investitionstätigkeit und Behinderungen auf den Waren- und Dienstleistungsmärkten beeinträchtigt.[11]

Die Kommission vertritt die Ansicht, dass die starke Regulierung der freien Berufe das Wachstum und die Wettbewerbsfähigkeit der europäischen Wirtschaft hemmt; daher gilt es die Mitgliedstaaten zu verpflichten, bei allen ihren Berufsregulierungen eine Verhältnismäßigkeitsprüfung durchzuführen.[12] Es mag zwar zutreffend sein, dass die bestehenden Regelungen ursprünglich dem öffentlichen Interesse oder Schutz der Dienstleistungsempfänger dienten und daher gerechtfertigt waren; sie seien heutzutage aber nicht mehr verhältnismäßig, sondern würden unnötige „*Hindernisse für die Mobilität von Freiberuflern*" darstellen und sich „*nachteilig auf die Produktivität*" der Mitgliedstaaten auswirken.[13] Nach Vorstellung der Kommission sollen wettbewerbsfreundliche Mechanismen dazu führen,

---

7 Mitteilung der Kommission – Den Binnenmarkt weiter auszubauen: mehr Chancen für die Menschen und die Unternehmen, KOM (2015) 550 endg. v. 28.10.2015, 1. KOM (2015) 550, 1.

8 KOM (2015) 550, 1.

9 Richtlinie 2006/123/EG des Europäischen Parlaments und des Rates v. 12.12.2006 über Dienstleistungen im Binnenmarkt, ABl. L 376/36 v. 27.12.2006, Erwägungsgrund 1.

10 KOM (2015) 550, 1.

11 KOM (2015) 550, 1.

12 KOM (2015) 550, 1.

13 KOM (2015) 550, 9 f.

das Innovationspotential zu stärken und die Qualität und Angebotspalette zu erweitern.[14]

Bei der Verfolgung ihres Ziels, der Deregulierung der reglementierten Berufe, stellt sich der Kommission ein weiteres Hindernis in den Weg: ihre eingeschränkte Zuständigkeit.[15] Die Zuständigkeit für die Regulierung von Berufen durch Zugangs- und Ausübungsanforderungen obliegt den Mitgliedstaaten, was mit ihrer ausschließlichen Regelungskompetenz für ihr jeweiliges Hoheitsgebiet im Bereich des Berufsrechts zu begründen ist.[16] Das Berufsrecht ist nationales Recht, es bestehen keine besonderen unionsrechtlichen Vorschriften. Die Mitgliedstaaten können frei entscheiden, ob es einen Bedarf gibt einzugreifen und Regelungen oder Beschränkungen in Bezug auf den Zugang zu einem Beruf oder seine Ausübung einzuführen.[17] Wenngleich die Regelungen zur Rechtsangleichung ausdrückliche Handlungskompetenzen an die Union verleihen, sind diese nur ergänzend heranzuziehen und es gilt nach wie vor die Kompetenz der Mitgliedstaaten zu beachten.[18] Art. 4 Abs. 2 Buchst. a AEUV sieht eine geteilte Zuständigkeit zwischen Union und Mitgliedstaaten für den Binnenmarkt vor und weiter sind der Subsidiaritätsgrundsatz (Art. 5 Abs. 1 S. 2, Abs. 3 EUV) sowie der Grundsatz der Verhältnismäßigkeit (Art. 5 Abs. 1 S. 2, Abs. 4 EUV) und Kohärenz (Art. 7 und 21 Abs. 3 UAbs. 2 S. 1 AEUV) zu beachten.[19] Dem Handeln der Union sind mithin deutliche Grenzen gesetzt.

Umso kritischer ist es zu bewerten, dass die Kommission bei der Verfolgung ihrer Ziele immer wieder Wege findet, ihre Kompetenzen und die Grundfreiheiten bis ans Äußerste auszureizen. Sie interpretiert die Grundfreiheiten zunehmend als umfassende Freiheitsrechte im Sinne einer Berufs- und Gewerbefreiheit und zieht sie als Grundlage zur Deregulierung nationaler Rechtssysteme heran.[20] Nationale Gestaltungsspielräume werden dabei soweit wie möglich reduziert. Dies zeigt sich auch in der jüngsten Initiative der Kommission, mit der sie eine einheitliche Verhältnismäßigkeitsprüfung anstrebt.[21]

Zwar hebt die Kommission in ihrem aktuellen Richtlinienvorschlag erneut hervor, welch große Bedeutung sie den freien bzw. reglementierten Berufen beimisst. Sie verdeutlicht aber auch die Notwendigkeit zur Harmonisierung und Deregulierung dieser Berufe. So heißt es in dem Richtlinienvorschlag u. a.:

---

14 KOM (2004) 83 endg., 27.

15 Dazu ausführlich unten unter C. III.

16 Art. 2 f. AEUV; Art. 5 EUV; vgl. auch Richtlinienvorschlag über eine Verhältnismäßigkeitsprüfung vor Erlass neuer Berufsreglementierungen, COM (2016) 822 final v. 10.01.2017, 1.

17 COM (2016) 822, 1; EuGH, Urteil v. 12.12.1996 – C-3/95 – *Broede* = BeckRS 2004, 76480.

18 *Bieber/Epiney/Haag/Kotzur*, Die Europäische Union, § 31, Rn. 40.

19 *Frenz*, Europarecht, Bd. 6, Rn. 3465 f.

20 Mitteilung der Kommission – über Reformempfehlungen für die Berufsreglementierung, COM (2016) 820 final v. 10.01.2017, S. 3 f.; COM (2016) 822, 3 f.

21 COM (2016) 822, dazu unten unter C. IV. 4.

„Die wichtige Rolle, die reglementierte Berufe für die Wirtschaft der EU spielen, kann nicht hoch genug geschätzt werden, und zahlreiche Studien zeigen den noch nicht ausgeschöpften Nutzen der Förderung des Binnenmarktes im Dienstleistungsbereich.“[22]

Die Kommission hat in den letzten zwei Jahrzehnten bereits mehrere Maßnahmen zur Deregulierung der freien Berufe in Angriff genommen und sieht auch im Bereich des Rechtsberatungsmarktes weiteren Deregulierungsbedarf.[23] Insbesondere die europäische Wettbewerbsbehörde, die Generaldirektion Wettbewerb, ist seit Beginn des neuen Jahrtausends aus ordnungspolitischen Erwägungen stark an der Deregulierung des anwaltlichen Berufsrechts interessiert.[24] Durch Regelungsinitiativen, Vertragsverletzungsverfahren[25] und in Auftrag gegebene Gutachten wird versucht, das Berufsrecht nach und nach zurückzudrängen.[26]

Die Rechtsentwicklung steht dabei vor der anspruchsvollen Aufgabe die freien Berufe an die Gegebenheiten des neuen Jahrtausends anzupassen und gleichzeitig ihre besonderen Merkmale und Eigenheiten zu bewahren. Das anwaltliche Berufsrecht muss im Rahmen dieser Entwicklungen um seine Bedeutung und Existenz bangen. Langfristig mag es nur noch dort Bestand haben, wo es darauf abzielt, die zentralen Grundwerte des reglementierten Berufes im Interesse der Allgemeinheit und nicht um des Berufes selbst willen zu schützen.[27]

Es gilt den Beruf des Rechtsanwalts davor zu bewahren, zu einem reinen Erbringer von Rechtsdienstleitungen zu werden und seine Stellung als Organ der Rechtspflege gänzlich zu verlieren, sowie eine Spaltung der Anwaltschaft durch die Liberalisierung des Anwaltsmarktes zu vermeiden.[28]

II. Wissenschaftliche Fragestellung

Gegenstand dieser Arbeit soll eine Untersuchung der Liberalisierungsstrategien der Kommission in Bezug auf den europäischen Dienstleistungsmarkt sowie deren Auswirkungen auf die Stellung des Berufs des Rechtsanwalts als freien Beruf sein. Allgemein soll untersucht werden, ob die Deregulierungspolitik der Kommission zu einer Stärkung des europäischen Rechtsdienstleistungsmarktes führt oder den Zugang zum Recht zu einer bloßen Handelsware degradiert, die somit nach rein ökonomischen Kriterien bestimmt würde. In diesem Zusammenhang wird sich auch die Frage zu stellen sein, ob ein solcher Wandel die Rechtsstaatlichkeit

---

22 COM (2016) 822, 1; zu den Studien und den daraus entnehmbaren Nachweisen, insbesondere in Bezug auf die Reformen in Griechenland unten unter D. III. 5.

23 Dazu unten unter C.

24 Vgl. dazu *Lörcher* BRAK-Mitt 2008, 2; mehr dazu unten unter C. I.

25 Gegen Deutschland leitete die Kommission im Juni 2015 ein Vertragsverletzungsverfahren ein, 2015/2057, s. dazu EuZW 2015, 492 sowie auch schon FAZ v. 13.05.2015, 20.

26 *Vgl. Kilian*, BRAK-Mitt., 2006, 194 f.; *Henssler/Kilian*, AnwlBl. 2005, 1 f.

27 *Henssler*, AnwBl. 2009, 1 (1).

28 Vgl. dazu in Bezug auf Deutschland *Wolf*, Recht durch Rechtsanwälte, S. 8.

der Mitgliedstaaten in Gefahr bringt. Ferner soll die Position des EuGH herausgearbeitet werden; anhand dessen einschlägiger Rechtsprechung soll untersucht werden, inwieweit die EuGH-Rechtsprechung auf die Initiativen der Kommission Einfluss hat.

Ein besonderes Augenmerk wird dabei auf die Durchsetzung der Strategien der Kommission im Rahmen der Reformpolitik in Griechenland während der Finanz- und Wirtschaftskrise seit dem Jahr 2008 gelegt. Es soll herausgearbeitet werden, wie es der Kommission gelingen konnte, in einem europäischen Mitgliedstaat, der in eine schwere Krise geraten ist, in kürzester Zeit Reformen umzusetzen, deren Umsetzung sich viele andere Mitgliedstaaten seit Jahren verweigern. Dabei wird auch die Frage aufgeworfen, inwieweit durch Krisen die grundsätzliche Kompetenzverteilung ausgehebelt werden darf, um die eigenen europäischen Interessen durchzusetzen. Darüber hinaus soll untersucht werden, ob sich die kurzfristigen Maßnahmen positiv oder negativ auf den Beruf des Rechtsanwalts in Griechenland ausgewirkt haben.

III. Gang der Untersuchung

Die Untersuchung beginnt nach dieser Einleitung (Teil A) mit der Untersuchung der Stellung des Rechtsanwalts in Europa unter Betrachtung der Wesensmerkmale des Berufsbildes, seiner Stellung als freier und reglementierter Beruf, seiner gesellschaftlichen Rolle sowie der national unterschiedlichen Betrachtungsweisen, um anhand dessen in den darauffolgenden Abschnitten darstellen zu können, wie die Politik der Kommission diese Stellung und die gesellschaftliche Entwicklung beeinflusst. Weiter soll aufgezeigt werden, welchem Wandel sich das Berufsbild des Rechtsanwalts ausgesetzt sehen muss und welche Folgen dieser für den Rechtsstaat haben könnte (Teil B).

Anschließend wird in Teil C die europäische Liberalisierungspolitik der letzten 20 Jahre in Bezug auf die Liberalisierung des Binnenmarktes zusammengefasst und sich mit der Frage der Reichweite der Kompetenz des europäischen Gesetzgebers auseinandergesetzt. Im Einzelnen werden sodann die aufeinanderfolgenden Strategien der Kommission dargestellt und deren Einfluss auf das anwaltliche Berufsrecht untersucht. In diesem Rahmen wird insbesondere die Dienstleistungsrichtlinie genauer betrachtet werden, da diese einen entscheidenden Einfluss auf die Entwicklung des anwaltlichen Berufsrechts während der Finanz- und Wirtschaftskrise in den sogenannten *„Bail-out Staaten"* wie Griechenland hatte. Um aufzuzeigen, welche Grenzen dem Einfluss der Kommission im Rahmen ihrer Liberalisierungspolitik gesetzt werden, werden im Zuge dieser Aufarbeitung einige Entscheidungen des Europäischen Gerichtshofes erläutert, die den Maßstab, den der EuGH für die Regulierung durch Berufsrechte vorgibt, verdeutlichen. Dabei soll ein besonderes Augenmerk auf das in den jüngeren Entscheidungen des EuGH wiederholt herangezogene Kohärenzprinzip gerichtet werden.

In Teil D wird darauf aufbauend untersucht, wie die europäischen Organe ihre Liberalisierungspolitik unter Einbeziehung der Troika in Griechenland durchgesetzt haben und wie sich das anwaltliche Berufsrecht und die Situation der Rechtsanwälte durch die Reformpolitik seit 2009 in Griechenland entwickelt haben. Dafür werden der Ursprung der Finanz- und Wirtschaftskrise sowie die Vereinbarung der Hilfspakete für Griechenland in zusammengefasster Form dargestellt. Besondere Aufmerksamkeit wird dabei der Troika und der Rechtsgrundlage für ihre Handlungen gewidmet sowie dem Rechtscharakter und der Rechtfertigung der zwischen der Troika und Griechenland vereinbarten „*Memoranda of Understanding*". Daran anschließend werden die Reform des anwaltlichen Berufsrechts in Griechenland und in diesem Rahmen die Organisation sowie die vorhandenen Zugangs- und Ausübungsbeschränkungen dieser Berufsgruppe genauer untersucht. Abschließend wird anhand einer Studienanalyse herausgearbeitet, ob die von der Kommission verfolgten Ziele durch die Deregulierung des anwaltlichen Berufsrechts in Griechenland nachweisbar eingetreten sind (Teil D).

Die Untersuchung schließt mit einem Ausblick auf die Zukunft der Anwaltschaft als freien Beruf und die weiteren Bestrebungen der Kommission (Teil E).

B. Stellung des Rechtsanwalts in Europa – Organ der Rechtspflege oder reiner Dienstleister?

Die Stellung des Rechtsanwalts im rechtsstaatlichen System ist durch seine Aufgaben und Grundwerte geprägt. Aufgabe des Rechtsanwalts ist es, Rechtsrat zu erteilen und seinen Mandanten vor Gericht zu vertreten.[29] Die Erfüllung seiner Aufgaben dient somit unmittelbar der rechtsstaatlichen Ordnung. Seine Mandanten sind auf seine Kenntnisse und Erfahrungen angewiesen, da sie meist nicht über ein vergleichbares Wissen verfügen.[30] Für die Gesellschaft hat der Beruf des Rechtsanwalts somit eine zentrale Bedeutung.[31] Aufgrund dieser bedeutsamen Rolle werden strenge Anforderungen an seine Zulassung und Ausübung gestellt.

Seit mehr als zwei Jahrzehnten findet ein Wandel des in Deutschland traditionellen Bildes des Rechtsanwalts als Organ der Rechtspflege statt. Traditionell wird der Beruf des Rechtsanwalts derart wahrgenommen, dass er bei seiner Berufsausübung nicht um des eigenen kommerziellen Interesses wegen tätig wird, sondern allein zur Förderung ordnungsgemäßer Rechtspflege.[32] Die Anwaltschaft agiert dabei staatsfrei und als *„unverzichtbares Element jedes rechtsstaatlichen Rechtspflegesystems“*[33], das gleichberechtigt neben anderen Orangen der Rechtspflege steht. Durch eine unabhängige Anwaltschaft wird dem Bürger der Zugang zu Recht und Gerechtigkeit gesichert und rechtliches Gehör verschafft.[34]

Die traditionelle Stellung als Organ der Rechtspflege wird in Europa jedoch insbesondere durch die Entwicklungen auf dem europäischen Binnenmarkt immer mehr in den Hintergrund gedrängt. Das liegt daran, dass der Rechtsanwalt immer mehr als überregionaler Dienstleister verstanden wird, der zur Verwirklichung der individuellen Interessen seines Mandanten tätig wird und wettbewerbsfähig sein muss.

Hinzu kommt, dass der Stellung des Rechtsanwalts als Organ der Rechtspflege nicht in ganz Europa die gleiche Bedeutung zu kommt. In einigen Mitgliedstaaten, insbesondere im nordischen[35] und angelsächsischen Rechtskreis, kommt dem anwaltlichen Mandatsverhältnis eine übergeordnete Bedeutung zu und es prägt die

---

29 *Redeker*, NJW 2004, 2799 (2800).
30 Dazu unten unter B. I. 1. d.
31 Zur Gesellschaftlichen Rolle unten unter B. I. 2.
32 *Islam*, das Kapitalbeteiligungsverbot an Anwaltsgesellschaften, S. 42
33 *Henssler*, ZZP 115 (2002), 321 (323).
34 Vgl. *Henssler*, ZZP 115 (2002), 321 (323).
35 Umfasst den skandinavischen Rechtskreis sowie Dänemark, Finnland und Island.

Berufspflichten dort stärker.[36] Die südeuropäischen Länder[37] sowie Frankreich, Belgien und Österreich sprechen dem Rechtsanwalt hingegen, genauso wie Deutschland, traditionell eine Stellung als Organ der Rechtspflege zu und begründen damit die anwaltlichen Berufspflichten. Der Rechtsanwalt wird in diesen Rechtskreisen als Rechtspflegeorgan verstanden.

Stark beeinflusst wird dieser Wandel zum überregionalen Dienstleister durch die Initiativen der Kommission auf ihrem Weg zur Liberalisierung des europäischen Binnenmarktes und die damit einhergehende Deregulierung der freien Berufe.[38] Die voranschreitende Einordnung des Rechtsanwalts als reiner Dienstleister führt dazu, dass die Verfolgung von Gewinnmaximierung in dieser Berufsgruppe zunimmt und dadurch die Rechtspflege nicht mehr im Vordergrund steht. Die Verfolgung der Interessen des Mandanten hebt sich dadurch zunehmend von der Verfolgung von Gemeinwohlinteressen ab. Dies steht der seit Jahrzehnten vorherrschenden Auffassung entgegen, dass der Rechtsanwalt nicht aus Erwerbstrieb handelt, sondern bei der Berufsausübung allein nach höchster sachlicher Pflichterfüllung strebt.[39]

I. Stellung als freier Beruf

Der Beruf des Rechtsanwalts ist den freien Berufen zuzuordnen. Diese Zuordnung gibt ihm sowie allen anderen Berufen, die den freien Berufen zugeordnet werden, eine besondere Position – insbesondere gegenüber Gewerbetreibenden. Die Stellung bringt sowohl hohe Anforderungen als auch Privilegien mit sich und grenzt den Rechtsanwalt von den weisungsabhängig beschäftigten Beamten und den Gewerbetreibenden ab. Als freier Advokat unterscheidet er sich von Beamten gerade durch seine Staatsferne[40] und von Gewerbetreibenden durch seine starke Gemeinwohlorientierung[41]. In diesem Abschnitt sollen die Stellung des Rechtsanwalts als freier Beruf und dessen Bedeutung genauer betrachtet werden.

1. Begriffsbestimmung

Der Begriff des *„freien Berufs“* ist kein feststehender Rechtsbegriff, für den es eine einheitliche Definition in den EU-Mitgliedstaaten gibt.[42] Er ist ein soziologischer

---

36 Dazu *G'Giorgis*, Die Liberalisierung des Anwaltsberuf, S. 96 ff.; *Henssler*, ZZP 115 (2002), 321 (325 f.); *Hellwig*, BRAK-Mitt. 2002, S. 52 (53).

37 Italien, Portugal, Spanien und Griechenland.

38 Vgl. u.a. *Stürner/Bormann*, NJW 2004, 1481 (1487 f.).

39 *Feuchtwanger*, Die freien Berufe, S. 17 ff.; *Feuchtwanger*, JW 1982, 937 (939 ff.); siehe unten B. I. 2.

40 Vgl. *Busse* in: Henssler/Prütting, BRAO, § 2 BRAO, Rn. 1; *Knauer/Wolf*, BRAK-Mitt. 4/2007, 142 (144).

41 *Taupitz*, Die Standesordnungen der freien Berufe, S. 59 f.

42 Entspricht im Kern der französischen *„profession libérale“* und der angloamerikanischen *„profession“*.

Begriff, der zur Kennzeichnung eines aus der gesellschaftlichen Situation des frühen Liberalismus erwachsenen Sachverhalts entstanden ist und von der Rechtsordnung aufgegriffen wurde.[43] Der Begriff des *„freien Berufes"* ist zudem von den als *„reglementierte Berufe"* bezeichneten Berufen abzugrenzen.[44]

a. Ursprung und europäische Verfestigung

Der Begriff an sich greift zurück auf den aus der Antike stammenden Begriff der *„artes liberales"*. Dieser bezeichnete Berufsgruppen wie Lehrer, Rechtsanwalt oder Arzt, deren Ausübung der freien Bürger- und Adelsschicht vorbehalten war.[45] Noch bis ins 19. Jahrhundert waren bestimmte freie Berufe (insbesondere Rechtsanwälte) durch eine besondere Staatsnähe geprägt und nahmen ihre Aufgaben nicht unabhängig wahr. Erst im Laufe des 19. Jahrhunderts und unter Einfluss des Liberalismus entwickelten sich bei den freien Berufen ein Standesbewusstsein sowie eigene, staatsunabhängige Standesorganisationen.[46]

Der Begriff des *„freien Berufes"*, wie er heute verstanden wird, lässt sich nicht einheitlich definieren. Sowohl auf nationaler als auch auf europäischer Ebene gibt es unterschiedliche Ansätze zur Bestimmung der Merkmale der freien Berufe bzw. der freiberuflichen Tätigkeit.

Das EU-Recht definiert die Berufsgruppe der „freien Berufe" nicht. Art. 57 lit. d) AEUV definiert als „freiberufliche Tätigkeiten" solche Tätigkeiten, die von der Dienstleistungsfreiheit des Art. 56 AEUV umfasst sind; neben gewerblichen, kaufmännischen und handwerklichen Tätigkeiten werden dort freiberufliche Tätigkeiten genannt. Eine Definition zur Bestimmung der einzelnen Dienstleistungen und ihrer Abgrenzung untereinander findet sich darin jedoch nicht.

Der EuGH hat freiberufliche Tätigkeiten als solche definiert, die einen ausgesprochen intellektuellen Charakter haben, eine hohe Qualifikation voraussetzen und gewöhnlich einer genauen und strengen berufsständischen Regelung unterliegen. Darüber hinaus habe das persönliche Element eine besondere Bedeutung bei der Ausübung einer freiberuflichen Tätigkeit und die Ausübung setze eine große Selbstständigkeit bei der Vornahme beruflicher Handlungen voraus.[47]

---

43 BVerfGE 10, 354 (364) = NJW 1960, 619, vgl. dazu auch *Mann*, NJW 2008, 121 (122); *Rittner*, Unternehmen und Freier Beruf als Rechtsbegriffe, S. 8.

44 Dazu unter B. I. 1. b.

45 vgl. *Kaser/Knütel/Lohsse*, Römisches Privatrecht, § 42 Rn. 20; *Michalski*, Der Begriff des freien Berufs im Standes- und im Steuerrecht, 1989, S. 17 f.; *Taupitz*, Die Standesordnungen der freien Berufe, § 3 C. I, IV. 2., S. 138 f.

46 Vgl. dazu ausführlich *Taupitz*, Die Standesordnungen der freien Berufe, § 3 C III., S. 121 ff.

47 EuGH, Urteil v. 11.10.2001 – C- 267/99 – *Adam*, Slg. 2001, I-7467, Rn. 39, 42.

Auf europäischer Ebene findet sich eine Legaldefinition in den Erwägungsgründen der Richtlinie zur gegenseitigen Anerkennung von Berufsqualifikationen von 2005.[48] Freie Berufe werden danach:

„auf der Grundlage einschlägiger Berufsqualifikationen persönlich, in verantwortungsbewusster Weise und fachlich unabhängig von Personen ausgeübt, die für ihre Kunden auf die Allgemeinheit geistige und planerische Dienstleistungen erbringen. Die Ausübung der Berufe unterliegt möglicherweise in den Mitgliedstaaten in Übereinstimmung mit dem [EG-] Vertrag spezifischen gesetzlichen Beschränkungen nach Maßgabe des innerstaatlichen Rechts und des in diesem Rahmen von der jeweiligen Berufsvertretung autonom gesetzten Rechts, das die Professionalität, die Dienstleistungsqualität und die Vertraulichkeit der Beziehungen zu den Kunden gewährleistet und fortentwickelt."

b. Begriff des reglementierten Berufs

In der jüngeren Vergangenheit findet sich auf europäischer Ebene aber auch eine Unterscheidung von freien Berufen und reglementierten Berufen. Vermehrt wird auf EU-Ebene von reglementierten Berufen gesprochen. Zum einen bezieht sich die Berufsqualifikationsrichtlinie noch auf die freien Berufe, sie findet gem. Art 2 I explizit auf „*Angehörige der freien Berufe*" Anwendung. Die Dienstleistungsrichtlinie aus dem Jahr 2006[49] verzichtet hingegen gänzlich auf den Begriff „freier Beruf". Die Kommission bevorzugte es, von „*reglementierten Berufen*" im Rahmen der Dienstleistungsrichtlinie zu sprechen, anstatt an die Berufsqualifikationsrichtlinie anzuknüpfen und den Begriff des „*freien Berufs*" zu verwenden. Bereits im Rahmen des Entwurfes der Dienstleistungsrichtlinie hatte die Kommission sich damit durchgesetzt, die Richtlinie nicht auf die freien Berufe zu beschränken, sondern alle „*reglementierten Berufe*" einzubeziehen.[50] Auch im 2017 veröffentlichten Dienstleistungspaket[51] hält die Kommission daran fest und bezieht die Anwendung des Dienstleistungspaketes auf die „*reglementierten Berufe*".

Die Dienstleistungsrichtlinie verweist zur Begriffsbestimmung der „*reglementierte Berufe*" auf die bereits in der Berufsqualifikationsrichtlinie erfolgte Definition (Art. 3 I lit. a BQRL, Art. 4 Nr. 11 DLRL). Demnach ist ein

48 Richtlinie 2005/36/EG des Europäischen Parlamentes und des Rates v. 07.09.2005 über die Anerkennung von Berufsqualifikationen, ABl. L 255 v. 30.09.2005, Erwägungsgrund 43.

49 Richtlinie 2006/123/EG des Europäischen Parlaments und des Rates v. 12.12.2006 über Dienstleistungen im Binnenmarkt, ABl. L 376/36 v. 27.12.2006.

50 Vgl. dazu *Mann*, EuZW 2004, 615 (616); *Kluth/Rieger*, EuZW 2005, 486 (487); *Kämmerer*, Die Zukunft der Freien Berufe zwischen Deregulierung und Neuordnung, Gutachten Teil H, S. 17.

51 Dazu unten unter C. 5.

„reglementierter Beruf“ [...] eine berufliche Tätigkeit oder eine Gruppe beruflicher Tätigkeiten, bei der die Aufnahme oder Ausübung oder eine der Arten der Ausübung direkt oder indirekt durch Rechts- und Verwaltungsvorschriften an den Besitz bestimmter Berufsqualifikationen gebunden ist; eine Art der Ausübung ist insbesondere die Führung einer Berufsbezeichnung, die durch Rechts- oder Verwaltungsvorschriften auf Personen beschränkt ist, die über eine bestimmte Berufsqualifikation verfügen.“

Die im Rahmen des Dienstleistungspaketes veröffentlichte Richtlinie über eine Verhältnismäßigkeitsprüfung vor Erlass neuer Berufsreglementierungen verweist darauf, dass sich der Begriff *„reglementierter Beruf“* auf Tätigkeiten bezieht, für die eine spezifische berufliche Qualifikation erforderlich ist, und dass solche Berufe in allen Bereichen der Wirtschaft anzutreffen seien.[52]

Mit dem, was auf nationaler und europäischer Ebene unter freien Berufen verstanden wird, deckt sich dieser Begriff trotz einiger Überschneidungen nicht.[53] Es gibt sowohl freiberufliche als auch gewerbliche Tätigkeiten oder andere Dienstleistungsberufe, die unter die Begriffsbestimmung der reglementierten Berufe fallen können. Im Allgemeinen ist ein Beruf reglementiert, wenn zu seiner Ausübung ein bestimmter Abschluss vorgesehen ist, besondere (beispielsweise staatliche) Prüfungen abgelegt werden müssen oder sich bei einer Berufsorganisation registriert werden muss, bevor er ausgeübt werden darf.

Allerdings unterliegen nicht alle freien Berufe berufsspezifischen Reglementierungen oder sind gesetzlich geregelt (z. B. Coach, Anlage- oder Finanzberater, Künstler).[54] Die beiden Begriffen umfassen zwar ausschließlich die selbstständige Berufsausübung; freie Berufe können jedoch reglementiert (z. B. Ärzte, Rechtsanwälte, Apotheker; verkammerte Berufe) oder nicht reglementiert sein (insbesondere nicht verkammerte Berufe). Mit dem Begriff der *„reglementierten Berufe“* lassen sich mithin wesentlich mehr Berufsgruppen umfassen als mit dem Begriff der *„freien Berufe“*. Auf nationaler Ebene ist in den Mitgliedstaaten der Begriff des *„reglementierten Berufs“* noch nicht zu finden.[55]

c. *Nationale gesetzliche Definitionen*

Auf nationaler Ebene gibt es unterschiedliche gesetzliche Definitionen, bei denen es im Kern zwar Übereinstimmungen gibt, es aber oft an einer übergreifenden Konzeption fehlt. Insgesamt haben nur wenige EU-Mitgliedstaaten die Idee der freien Berufe verrechtlicht. Einige erkennen ihnen zumindest faktisch eine besondere Stellung kraft berufsständischer Regulierungs- und Selbstverwaltungsmechanismen zu.[56]

---

52 COM (2016) 822, 2.

53 *Kämmerer*, a.a.O. (Fn. 50), S. 17.

54 Siehe dazu auch unten unter B. I. 1. c.

55 Dazu unten unter B. I. 1. c.

56 Vgl. *Kämmerer*, a.a.O. (Fn. 50), S. 16.

In Deutschland sieht § 2 Abs. 1 BRAO vor, dass der Rechtsanwalt einen freien Beruf ausübt. Eine Definition, was ein freier Beruf beinhaltet, lässt sich aus der BRAO allerdings nicht entnehmen. Aus § 18 Abs. 1 Nr. 1 EstG und § 1 Abs. 2 S. 1PartGG geht hingegen eine Definition hervor. Die Begriffsbildung im Einkommensteuergesetz erfolgt durch Begriffsaufzählung und knüpft an die freiberufliche Tätigkeit an sich an[57]:

> *„Zu der freiberuflichen Tätigkeit gehören die selbständig ausgeübte wissenschaftliche, künstlerische, schriftstellerische, unterrichtende oder erzieherische Tätigkeit, die selbständige Berufstätigkeit der Ärzte, Zahnärzte, Tierärzte, Rechtsanwälte, Notare,* [...] *und ähnlicher Berufe".*

Eine allgemeine Definition lässt sich daraus nicht entnehmen und die Auflistung ist auch nicht als abschließend anzusehen, da sich auch Berufe weiter- und neu entwickeln können. Sie lässt aber erkennen, wie weit der Umfang der erfassten Berufe geht. Ferner lässt sie erkennen, dass nicht ausschließlich reglementierte Berufe erfasst sind. Bei einigen kulturschaffenden freien Berufen bedarf es z. B. für den Berufszugang keines Nachweises einer gesetzlich bestimmten Qualifikation durch eine Prüfung.[58]

Die in § 1 PartGG angeführte Definition stellt hingegen auf den freien Beruf als Lebensgrundlage ab:

> *„Die Freien Berufe haben im Allgemeinen auf der Grundlage besonderer beruflicher Qualifikation oder schöpferischer Begabung die persönliche, eigenverantwortliche und fachlich unabhängige Erbringung von Dienstleistungen höherer Art im Interesse der Auftraggeber und der Allgemeinheit zum Inhalt."*

In Frankreich findet sich seit 2012 in Art. 29 des Gesetzes Nr. 2012–387 vom 22.03.2012 eine der in § 18 Abs. 1 Nr. 1 EStG ähnliche Definition:

> *„Die Freien Berufe haben im Allgemeinen auf der Grundlage besonderer beruflicher Qualifikation oder schöpferischer Begabung die persönliche, eigenverantwortliche und fachlich unabhängige Erbringung von Dienstleistungen höherer Art im Interesse der Auftraggeber und der Allgemeinheit zum Inhalt."*[59]

d. *Kernelemente der freien Berufe*

Der Begriff „freier Beruf" kann im Kern als soziologischer Begriff bestimmt werden, der sich kontinuierlich im Wandel befindet und an den sich daher feste

---

57 Vgl. dazu auch *Pfirrmann*, in: Kirchhof (Hrsg.), EstG, § 18 Rn. 4, 36 ff.

58 Dazu zählen u.a. Künstler, Designer und Autoren.

59 Übersetzung des Bundesverbands der Freien Berufe e.V., abrufbar unter: https://www.freie-berufe.de/fileadmin/bfb/1_Ueber%20die%20Freien%20Berufe/2_Definitionen-und-Profil/Faktenblatt_Definitionen_FB_deutsch_12_12_2012.pdf.

Rechtsfolgen schwerlich knüpfen lassen.[60] Folgender Kriterienkatalog hat sich für die Eigenschaften eines freien Berufes herausgebildet[61]:

- die Erbringung ideeller Leistungen;
- die persönliche Leistungserbringung;
- die inhaltlich-fachliche Eigenbestimmtheit der Leistungserbringung;
- die wirtschaftliche Selbstständigkeit;
- die qualifizierte Ausbildung;
- das gemäßigte Streben nach Gewinn;
- der Anspruch auf Vertrauen in die freiberufliche Integration;
- die besondere Vertrauensbeziehung und das Berufsgeheimnis.

Darüber hinaus ist für die freien Berufe kennzeichnend, dass der Auftraggeber des Freiberuflers in besonderer Weise schutzwürdig ist, da er häufig dringend auf die Dienstleistung des Freiberuflers angewiesen und in der Fachkenntnis regelmäßig weit unterlegen ist. Ihm fehlt oft die Fähigkeit, den Umfang seiner Lage einschätzen und ferner die Güte sowie das Preis-Leistungs-Verhältnis der ihm angebotenen Dienstleistung beurteilen zu können. Die Erbringung von freiberuflichen Dienstleistungen ist somit durch eine Informationsasymmetrie zwischen Leistungserbringer und Leistungsempfänger geprägt.[62] Aufgrund dieser Asymmetrie ist es notwendig, dass der Leistungserbringer besonders hohen fachlichen und ethischen Anforderungen genügt, um den Dienstleistungsempfänger zu schützen. Der Dienstleistungsempfänger muss darauf vertrauen können, dass der Dienstleistungserbringer sein Informationsdefizit nicht ausnutzt, sondern die auf seine Bedürfnisse abgestimmte bestmögliche Dienstleistung erbringt.[63] Der Anwaltsberuf wird aufgrund seiner besonderen Stellung auch als *„Vertrauensberuf"* bezeichnet.[64] Das Vertrauen zwischen Auftraggeber und Freiberufler führt zu einer besonderen Beziehung, die durch das gesetzliche Berufsgeheimnis- und Aussageverweigerungsrecht anerkannt und geschützt ist.

2. Gesellschaftliche Rolle

Dem Urbild der Dienstleistungserbringer von freien Berufen wird eine Sachverwalterfunktion eingeräumt und ihnen wird abverlangt, dass sie bei der Erbringung ihrer Dienstleistung vor allem Interessen ihres Auftraggebers wahrnehmen;[65]

60 Vgl. *Henssler*, ZZP 115 (2002), 321 (323 f.).

61 Vgl. dazu auch *Taupitz*, Die Standesordnungen der freien Berufe, S. 103; *Bormann*, ZZPInt 8 (2003), 3 (5); *Metzier*, Stellungnahme EWSA (2014/C 226/02), ABl. 226/10 v. 16.07.2014, S. 2.

62 *Metzier*, Stellungnahme EWSA (2014/C 226/02), ABl. 226/10 v. 16.07.2014, S. 1.

63 *Metzier*, Stellungsnahme EWSA (2014/C 226/02), ABl. 226/10 v. 16.07.2014, S. 2.

64 BVerfGE 38, 105, 119; *Henssler*, AnwBl. 2018, 22 (22).

65 *Taupitz*, Die Standesordnungen der freien Berufe, S. 64.

gleichzeitig wurde ihnen aber auch schon früh abverlangt, im Sinne des Gemeinwohls tätig zu werden.[66]

Die gesellschaftliche Rolle der freien Berufe wird heute unterschiedlich beurteilt und befindet sich zunehmend im Wandel. Hierbei zeigen sich insbesondere zwei unterschiedliche Betrachtungsweisen.

a. Gemeinwohlorientierung

Für einen Großteil der Gesellschaft dienen die freien Berufe als Wahrer der übergeordneten Gemeinwohlinteressen und nehmen gerade nicht nur eine Dienstleistungsfunktion für ihren Auftraggeber ein.[67] Es wird auch von einer *„doppelte[n] Fremdbestimmung"* gesprochen, die die Monopolbildung dieser Berufsgruppen rechtfertige, da sie gleichermaßen dem Allgemeinwohl als auch den individuellen Interessen ihres Auftraggebers verpflichtet sind.[68] Sie verfolgen mithin nicht um jeden Preis die Interessen ihres Auftraggebers, sondern orientieren sich auch an dem, was für das Gemeinwohl ordnungsgemäß ist. Anders als Gewerbetreibende und Arbeitnehmer verfolgen sie nach dieser Betrachtungsweise dabei keine materiellen Interessen wie die Gewinnmaximierung, sondern verwenden ihr überlegenes Wissen zugunsten des Gemeinwohls.[69] Ferner zeichnen sie sich demnach dadurch aus, dass sie unabhängig vom Staat und vom Mandanten sind.[70]

Der Unterschied zu anderen Dienstleistungsberufen lasse sich zudem darin erkennen, dass sich die freien Berufe in unmittelbarer Form mit Rechtsgütern besonderer Qualität beschäftigen.[71] Diese weisen eine höhere Gemeinwohlbindung auf als bei anderen Dienstleistern. Die Gemeinwohlbindung verlangt auch vom Dienstleistungsempfänger einen gewissen Grad an Unabhängigkeit, wie er in anderen Berufen so nicht erforderlich erscheint.[72]

Das Verhältnis zu Staat und Gesellschaft wurde in der Vergangenheit unterschiedlich beurteilt. *Triepel* charakterisierte die freien Berufe als *„staatlich gebundene Berufe"*.[73] *Feuchtwanger* beurteilte die freien Berufe hingegen als *„Sozialamt"*

---

66 *Taupitz*, Die Standesordnungen der freien Berufe, S. 64 m. w. N.

67 *Bormann*, ZZPInt 8 (2003), 3 (5); *Ahrens*, ZZP 115 (2002), 281 (285 ff.).

68 *Stürner*, in: Henssler/Busse, Rechtspolitik und Berufspolitik, 297 (299); *Stürner*, in: FS *Klamaris*, Anwaltliche Unabhängigkeit in der Gegenwart, S. 801 (803).

69 *Wolf*, Recht der Rechtsanwälte, S. 10; *Stürner*, in: Henssler/Busse, Rechtspolitik und Berufspolitik, 297 (297); *Taupitz*, Die Standesordnungen der freien Berufe, S. 59; *Karl*, Recht der Freien Berufe, S. 1, *Deneke*, Die freien Berufe, S. 61ff., 340ff.; *Feuchtwanger*, Die freien Berufe, S. 10 ff..

70 *Stürner*, in: FS Klamaris, Anwaltliche Unabhängigkeit in der Gegenwart, 801 (802); *Stürner/Bormann*, NJW 2004, 1481 (1482 ff.); BVerfG NJW 2014, 613 (615).

71 *Stürner*, in: FS Klamaris, Anwaltliche Unabhängigkeit in der Gegenwart, 801 (802).

72 *Stürner*, in: FS Klamaris, Anwaltliche Unabhängigkeit in der Gegenwart, 801 (802); *Stürner/Bormann*, NJW 2004, 1481 (1482 ff.).

73 *Triepel*, Staatsdienst und staatlich gebundene Beruf, in: FS für Karl Binding, S. 1 ff.

und nicht als *„Staatsamt“*.[74] Nach *Gerber* unterliegen die Freiberufler einer öffentlich-rechtlich begründeten berufsethischen Bindung, durch die sie *„nicht nur eine moralische, sondern eine unmittelbare gesetzliche Pflicht“* haben, ihre Tätigkeit in einer Weise wahrzunehmen, die nicht nur den privaten Erwartungen ihrer Auftraggeber, sondern auch bestimmten öffentlichen Erwartungen gerecht werden muss.[75] Er knüpfte damit wieder verstärkt an das *„Staatsamt“* an.

Feuchtwangers Auffassung, dass das *„Sozialamt“* das Berufsethos der freien Berufe beherrscht, hat gegenüber jener von *Triepel* und *Gerber* allgemein mehr Anerkennung gewonnen.

b. Marktabschottung und Monopolbildung

Eine andere Auffassung spricht den freien Berufen kein besonderes Gemeinwohlinteresse zu, sondern unterstellt ihnen ebensolche ökonomische Interessen wie den Gewerbetreibenden. Berufsrechtliche Regelungen wie die Berufszugangsregelungen werden demnach nicht als Maßnahmen zur Qualitätssicherung angesehen, sondern vorrangig als Einschränkungen betrachtet, die der Marktabschottung und Monopolbildung dienen.[76] Wettbewerber sollen so vom Markteintritt abgehalten und Preise kontrolliert werden.[77] In diesem Zusammenhang wird vielmehr von einem Modell der individualisierten Dienstleistungsgesellschaft gesprochen.[78]

c. Aktuelle Tendenz

Bis vor 30 Jahren wurde in Europa überwiegend die erste Ansicht, die eine Gemeinwohlorientierung annimmt, vertreten. Diese Sichtweise steht heute jedoch einem gesellschaftlichen Wandel gegenüber.[79] In Deutschland begann dieser Wandel mit den *Bastille*-Entscheidungen des BVerfG[80] und in Europa mit den ersten Initiativen der Kommission, den europäischen Binnenmarkt durch Deregulierung zu liberalisieren.[81]

Diese gesellschaftliche Entwicklung wirkt sich auch unmittelbar auf den Beruf des Rechtsanwalts aus. Der Rechtsanwalt wird immer mehr als Dienstleister

---

74 *Feuchtwanger*, Die freien Berufe.

75 *Gerber*, in Freiheit gebundene Berufe, WT 1955, S. 129 ff.

76 Vgl. hierzu *Wolf*, Recht durch Rechtsanwälte, 10 ff.; *Holldorf*, Prestige, Profit, Profession, 2004, S. 80 ff.; *Abbott*, Professional Ethics, American Journal of Sociology, Vol. 88 (1983), S. 855, 865; *Gellhorn*, 44 Univ. Chi. L. Rev., 6 ff.; *Maurizi*, 82 Journal of Political Economy 399ff; vgl. auch BVerfGE 76, 171 (185) = NJW 1988,191.

77 Vgl. *Groepper*, GewArch 2000, 266 (267).

78 Vgl. *Stürner*, in: Henssler/Busse, Rechtspolitik und Berufspolitik, 297 (299).

79 Vgl. dazu *Redeker*, NJW 2004, 2799 (2780).

80 BGH, Urteil v. 14.07.1987 – 1 BvR 537/81.

81 Mitteilung der Kommission – Eine Binnenmarktstrategie für den Dienstleistungssektor, KOM (2000) 888 endg. v. 29.12.2000 – *Lissabon-Strategie*, vgl. unten unter C.

eingeordnet und seine Gemeinwohlprägung gerät in den Hintergrund.[82] Berufsrechtliche Ge- und Verbote werden zunehmend als Instrument der Marktabschottung angesehen sowie als den freien Markt verzerrende Wettbewerbshemmnisse, die in die europäischen Grundfreiheiten eingreifen.[83]

3. Reglementierter Beruf

Traditionell sind viele freie Berufe stärker reglementiert als gewerbliche Tätigkeiten.[84] Auf nationaler Ebene finden sich Reglementierungen zur Qualitätssicherung und wegen der Wahrnehmung besonderer Aufgaben im Interesse der Allgemeinheit.[85] Fachliche Mindeststandards und die Einhaltung berufsethischer Richtlinien werden als geeignete Instrumente betrachtet, um sicherzustellen, dass die Dienstleistungserbringer ihren Informationsvorsprung und das in sie gesetzte Vertrauen nicht ausnutzen.[86] Strenge Regularien sollten die Anwaltschaft vor Kommerzialisierungstendenzen schützen und ihre Position als Organ der Rechtspflege stärken.[87] Die meisten freien Berufe in Europa unterliegen daher den Regularien eines spezifischen Berufsrechts. Die Berufsrechte legen u. a. Bestimmungen fest, die den Zugang zum Beruf regeln, sowie solche, die die Berufsausübung regeln. Unter die Zugangsbeschränkungen fallen Beschränkungen hinsichtlich der Anzahl derjenigen, die den Beruf ausüben können, hohe Ausbildungsanforderungen, Exklusivität zur Erbringung einer bestimmten Leistung und die Pflichtmitgliedschaft in einer professionellen Organisation (Kammer und Versorgungswerk). Ausübungsbeschränkungen finden sich vor allem hinsichtlich Werbung, Honorar und Gebühren (Mindestpreise, Erfolgshonorare oder Festpreise), Gesellschaftsformen und interprofessioneller Zusammenarbeit.

a. Regulierungsansätze

In Europa lassen sich zwei theoretische Regulierungsansätze für freie Berufe identifizieren: einerseits der traditionelle kontinentaleuropäisch proskriptiv und präskriptiv geprägte Regelungsansatz („*rule-based regulation*“), der auf strikte Gemeinwohlbindung setzt;[88] andererseits der prinzipienbasierte Regelungsansatz

82 Dazu weiter unten unter C. V.

83 *Stürner/Bormann*, NJW 2004, 1481 (1483).

84 *Groepper*, GewArch 2000, 266 (266f.); *Kämmerer*, a.a.O. (Fn. 50), S. 27.

85 *Denzin*, in; Schulze/Zuleeg/Kadelbach, Europarecht, Freie Berufe, § 27, Rn. 1.

86 *Metzier*, Stellungsnahme EWSA (2014/C 226/02), ABl. 226/10 v. 16.07.2014, S. 3.

87 *Stürner/Bormann*, NJW 2004, 1481 (1483 f.).

88 Das deutsche Berufsrecht ist durch diesen Ansatz geprägt; vgl. *EWSA*, Die Lage der freien Berufe in ihrer Funktion und Bedeutung für die europäische Zivilgesellschaft, Brüssel 2014, S. 53; *Kilian*, AnwBl. 2010, 544 (545); *Henssler*, AnwBl. 2013, 394 (395); *Schneider*, Kapitalmarktrecht – Principles-Based oder Rules-Based Regulation? in: Baums/Hutter, Gedächtnisschrift für Michael Gruson, Frankfurt, 2009, S. 369, 372.

(„*principles-based regulation*"), der einen stärker individualistischen und prinzipienbasierten ökonomischen Ansatz darstellt.[89]

(1) Rule-based regulation

Die *rule-based regulation* ist als die klassische Variante zu verstehen, an der sich Berufsrechte lange Zeit orientiert haben. Sie ist dadurch gekennzeichnet, dass ein kasuistisch angelegtes Normgefüge besteht, „*welches für eine Vielzahl von Einzelfällen auf der Grundlage konkret gefasster Tatbestandsmerkmale definierte Rechtsfolgen anordnet*"[90.91] Angehörige eines freien Berufes, der nach diesem Ansatz reguliert ist, müssen sich den Ge- und Verboten des Gesetzes unterwerfen.[92] Der Ansatz der *rule-based regulation* bietet eine hohe Rechtssicherheit, da den Angehörigen der Berufsgruppe genau vorgegeben wird, wie sie sich in bestimmten Situationen zu verhalten haben.[93] Sie schränkt die Flexibilität der Berufsträger für neuartige Sachverhalte aber ein und erfordert eine ständige Nachbesserung der Gesetzgebung.[94]

(2) Principles-based regulation

Die *pinciples-based regulation*, die den stärker individualistischen und prinzipienbasierten ökonomischen Ansatz darstellt, ist im Bereich des Berufsrechts von freien Berufen und insbesondere im anwaltlichen Berufsrecht noch ein relativ neuer Ansatz.[95] Sie hat ihren Ursprung im angelsächsischen Rechtsraum und wird dort auch vermehrt angewendet.[96] Dieser Ansatz definiert sich durch die Vorgabe

---

89 *Kilian*, AnwBl. 2010, 544 (545).

90 *EWSA*, Die Lage der freien Berufe in ihrer Funktion und Bedeutung für die europäische Zivilgesellschaft, Brüssel 2014, S. 53.

91 Vgl. *Henssler*, AnwBl. 2013, 394 (395); *Laurie/Sethi*, EJRR, Heft 2013/1, S. 43 (45); *Schlag*, UCLA Law Review, Bd. 33, Heft 2, 1985, S. 379 (381f.); *Sullivan*, Harvard Law Review, Bd. 106, 1992, S. 22 (58).

92 *EWSA*, Die Lage der freien Berufe in ihrer Funktion und Bedeutung für die europäische Zivilgesellschaft, Brüssel 2014, S. 53; *Schneider*, Kapitalmarktrecht, in: Baums/Hutter, Gedächtnisschrift für Michael Gruson, 369 (372).

93 *Graeme/Sethi*, Towards Principles-Based Approaches to Governance of Health-Related Research Using Personal Data, Eur J Risk Regul., Heft 2013/1, 43 (46); *EWSA*, Die Lage der freien Berufe in ihrer Funktion und Bedeutung für die europäische Zivilgesellschaft, Brüssel 2014, S. 53; *Schlag*, UCLA Law Review, Bd. 33, Heft 2, 1985, 379 (381 f.).

94 Vgl. *Graeme/Sethi*, Towards Principles-Based Approaches to Governance of Health-Related Research Using Personal Data, Eur J Risk Regul., Heft 2013/1, 43 (45).

95 Die Gegenüberstellung von verbots- und prinzipienorientierten Regelungsansätzen ist zwar im Bereich des Berufsrechts regulierter freier Berufe relativ neu, ist aus dem Bereich der Finanzdienstleistung seit den 1990er-Jahren aber bekannt und aktuell; vgl. *Henssler*, AnwBl. 2013, 394 (395); *Kilian*, AnwBl. 2010, 544 (545).

96 In England und Wales wurden nach Einführung des Legal Services Act 2007 und der Errichtung der Solicitor Regulation Authority (SRA), im Jahr 2011 die SRA

von abstrakten Prinzipien – etwa der anwaltlichen Unabhängigkeit –, die im Einzelfall konkretisiert werden müssen.[97] Angestrebt wird dabei immer eine durch die Prinzipien formulierte Zielvorgabe („*outcomes-based regulation*").[98] Bei der *principles-based regulation* wird darauf vertraut, dass sich die Akteure am Markt an diesen verbindlichen Prinzipien orientieren.[99] Diese Orientierung an grundlegenden Prinzipien soll detailliert vorbestimmte, verbotsorientierte Regelwerke (*rules-based regulation*) ersetzen und so Anwaltsgesellschaften durch mehr Flexibilität und Übersicht größere unternehmerische Freiheit gewähren.[100] Dadurch könne der Verbraucherschutz stärker in den Vordergrund gehoben werden und das Berufsrecht diene nicht als reines Aufsichtsrecht.[101] Die *principles-based regulation* bietet aber bei Weitem nicht ein gleich hohes Maß an Rechtssicherheit wie die *rules-based regulation*, da keine Fallgruppen und Tatbestände vorgegeben werden.[102]

b. Mischform als Lösung

Wenngleich sich die *principles-based regulation* zunehmend auch auf die kontinentaleuropäischen Berufsregelungen der freien Berufe ausdehnt, finden sich regelmäßig Mischformen von beiden Ansätzen.[103] Auch im Rahmen der *rules-based regulation* finden sich meist abstrakte Prinzipien, die die Berufsangehörigen einhalten, wie Unabhängigkeit, Verschwiegenheit und Vermeidung von Interessenkonflikten.[104] Ebenso verzichten Länder, die einer

Pinciples 2011 eingeführt, welche zehn ethische Schlüsselverantwortungen an die anwaltlichen Dienstleistungen stellen, darunter Integrität und Unabhängigkeit. Wobei auch das Regelwerk der SRA vorrangig darauf abstellt, ob aus Sicht des Verbrauchers also der Allgemeinheit optimale Ergebnisse erzielt werden. England und Wales wendeten sich damit von den bis dahin geltenden Ge- und Verboten geprägten Berufsrecht endgültig ab.

97 Vgl. *EWSA*, Die Lage der freien Berufe in ihrer Funktion und Bedeutung für die europäische Zivilgesellschaft, Brüssel 2014, S. 53; *Henssler*, AnwBl. 2013, 394 (395); *Kilian*, AnwBl. 2010, 544 (545).

98 Vgl. *Schneider*, Kapitalmarktrecht – Principles-Based oder Rules-Based Regulation? in: Baums/Hutter, Gedächtnisschrift für Michael Gruson, Frankfurt, 2009, S. 369, 372.

99 *EWSA*, Die Lage der freien Berufe in ihrer Funktion und Bedeutung für die europäische Zivilgesellschaft, Brüssel 2014, S. 53.

100 *EWSA*, Die Lage der freien Berufe in ihrer Funktion und Bedeutung für die europäische Zivilgesellschaft, Brüssel 2014, S. 53; *Henssler*, AnwBl. 2013, 394 (395).

101 Vgl. *Henssler*, AnwBl. 6/2013, 394 (395); *Kilian*, AnwBl. 2010, 544 (545).

102 *Awrey*, 5 Brook. J. Corp. Fin. & Com. L. (2011), Heft 2, S. 273, 278; *Henssler*, AnwBl. 2013, 394 (395).

103 Vgl. allgemein *Awrey*, 5 Brook. J. Corp. Fin. & Com. L. (2011), Heft 2, S. 273, 275 f.

104 z.B. kennt das deutsche anwaltliche Berufsrechts neben seinen Normen auch Grundprinzipien, wie die Unabhängigkeit, Verschwiegenheit und Vermeidung von Interessenkonflikten.

principles-based regulation folgen, nicht gänzlich auf klare Regelungen bestimmter Einzelfälle.[105]

4. Wirtschaftliche Rolle

Den freien Berufen kommt auch eine bedeutende wirtschaftliche Rolle zu. Sie sind in jeder demokratischen Gesellschaft zu finden und beeinflussen das Wirtschaftswachstum erheblich. Die durch sie geleisteten Dienstleistungen haben Einfluss auf andere Marktteilnehmer und die Wirtschaft insgesamt. Sie stellen ein erhebliches Wachstumspotential für die Beschäftigung und das Bruttoinlandsprodukt (BIP) dar.[106]

Jeder sechste Selbstständige und auch jeder sechste Arbeitnehmer in den europäischen Mitgliedstaaten ist in einem freiberuflich geprägten Wirtschaftszweig tätig.[107] Der Europäische Wirtschafts- und Sozialausschuss hob in seiner Stellungnahme aus dem Jahr 2014 zur Rolle und Zukunft der freien Berufe in der europäischen Zivilgesellschaft 2020 hervor, dass in Anbetracht des Wachstumspotentials und des Beschäftigungsanteils des Berufsstandes der freien Berufe deren ausgeprägte unternehmerische Komponente anerkannt und gefördert werden sollte.[108]

Zurückzuführen ist das zunehmende Wachstumspotential auf den Wandel der europäischen Gesellschaft von einer Industriegesellschaft zu einer Kommunikations- und Informationsgesellschaft, in der Dienstleistungen immer bedeutsamer werden.

Am Beispiel Deutschlands lässt sich das Wachstumspotential darstellen: Im Jahr 1950 machten die freien Berufe nur einen Anteil von 1,0 % am BIP aus, 1991 betrug der Anteil am BIP bereits 6,7 % und bis 2009 stieg der Anteil auf 10,1 % an.[109] Es ist eine steigende Tendenz zu beobachten und es wird erwartet, dass der Anteil der freien Berufe am BIP unvermindert ansteigt.[110] Insbesondere die wachsende Zahl an selbstständigen Freiberuflern lässt davon ausgehen, dass der Anteil der freien Berufe am BIP weiter steigen wird. Dieses Wachstum ist ein eindeutiges Indiz für die ausgeprägte Wirtschaftskraft der freien Berufe und das unvermindert hohe Wachstumspotential der wissensbasierten Dienstleistungen.[111] Eben dieses

---

105 *EWSA*, Die Lage der freien Berufe in ihrer Funktion und Bedeutung für die europäische Zivilgesellschaft, Brüssel 2014, S. 54.

106 *Metzier*, Stellungnahme EWSA (2014/C 226/02), ABl. 226/10 v. 16.07.2014, S. 1.

107 *Metzier*, Stellungnahme EWSA (2014/C 226/02), ABl. 226/10 v. 16.07.2014, S. 3.

108 *Metzier*, Stellungnahme EWSA (2014/C 226/02), ABl. 226/10 v. 16.07.2014, S. 1 f.

109 Berechnung des IFB Nürnberg, vgl Pressemitteilung des Bundesverbandes der Freien Berufe e.V. (BFB), Prof. Dr. Wolfgang Ewer, abrufbar unter: https://www.freie-berufe.de/pressemitteilungen/anteil-der-freien-berufe-am-bip-steigt/.

110 Vgl. Pressemitteilung des Bundesverbandes der Freien Berufe e.V. (BFB), Prof. Dr. Wolfgang Ewer, abrufbar unter: https://www.freie-berufe.de/pressemitteilungen/anteil-der-freien-berufe-am-bip-steigt/.

111 DAV-Depesche Nr. 46/17 v. 16.11.2017.

Potential birgt jedoch auch die Gefahr, dass die freien Berufe den gewerblichen Berufen zunehmend gleichgestellt werden.

II. Anwaltliche Unabhängigkeit

Die anwaltliche Unabhängigkeit ist neben dem Verbot der Vertretung widerstreitender Interessen und der Verschwiegenheit einer der drei Kernwerte der Anwaltschaft. Die Existenz einer unabhängigen Anwaltschaft ist Grundvoraussetzung für eine effektive Rechtsverwirklichung und damit die Funktionsfähigkeit des Rechtsstaats.[112]

1. Bedeutung der anwaltlichen Unabhängigkeit

Die Unabhängigkeit kennzeichnet und sichert die Gemeinwohlorientierung der Anwaltschaft. Sie ist in allen Mitgliedstaaten der EU gesetzlich abgesichert.[113] Nur als unabhängige Berufsträger können Rechtsanwälte dem Bürger zu einer effektiven Wahrnehmung seiner Rechte gegenüber Gerichten und Behörden verhelfen und eine sachgerechte Konfliktlösung herbeiführen.[114] Die anwaltliche Unabhängigkeit umfasst vorrangig die Unabhängigkeit und Weisungsfreiheit vom Staat. Unabhängigkeit meint aber auch, einen eigenen Entscheidungsspielraum gegenüber seinen Mandanten, Sozien und anderen Dritten zu wahren. Anwaltliche Beratung muss im Dienste des geltenden Rechts stehen und sich nicht allein von den Wertungen des Auftraggebers, Partners oder Vorgesetzten abhängig machen.[115] Unabhängigkeit bedeutet aber auch eine gewisse berufsethisch motivierte Distanz hinsichtlich der eigenen Gewinnmaximierung.[116]

Einer unabhängigen Anwaltschaft bedarf es daher, um die Schutzwürdigkeit des in sie gesetzten Vertrauens zu begründen, das auf der Informationsasymmetrie zwischen Mandanten und Anwalt besteht.[117] Im Gegensatz zum Anwalt hat der Mandant nicht das Wissen, um beurteilen oder überprüfen zu können, ob die Leistung des Anwalts die benötigte Qualität aufweist. Der Mandant muss darauf vertrauen können, dass sein Anwalt seine Interessen auch bestmöglich verteidigt,

---

112 Vgl. *Stürner/Bormann*, NJW 2004, 1481 (1482); *Jäger*, NJW 2004, 1 (4 f.).

113 *EWSA*, Die Lage der freien Berufe in ihrer Funktion und Bedeutung für die europäische Zivilgesellschaft, Brüssel 2014, S. 71.

114 BVerfG, Urteil v. 08.03.1982 – 1 BvR 1078/80 = BVerfGE 63, 266 (284); Urteil v. 03.07.2003 – 1 BvR 238/01 = BVerfGE 108, 150 (161); Urteil v. 14.1.2014 – 1 BVR 2998/11, 1 BvR 236/12 = NJW 2014, 613; *Bormann*, ZZPInt 8 (2003), 3 (7); *Stürner/Bormann*, NJW 2004, 1481 (1482); vgl. zur Unabhängigkeit des deutschen Rechtsanwalts, *Henssler*, in: Henssler/Prütting, BRAO, 4. Aufl. 2014, § 43a BRAO Rn. 2 ff.

115 *Henssler* in: Henssler/Prütting, BRAO, 4. Aufl. 2014, § 43a BRAO, Rn. 2 ff.; *Stürner/Bormann*, NJW 2004, 1481 (1482).

116 *Bormann*, ZZPInt. 8 (2003), 3 (7).

117 Dazu oben bereits unter B. I. 1. d.

wenn sein Mandat für den Anwalt z. B. wirtschaftlich nicht lukrativ ist.[118] Dass Mandanten Anwälten eben dieses Vertrauen entgegenbringen, ist insbesondere auf ihre besondere Stellung als Organ der Rechtspflege zurückzuführen.[119] Anwälte erwarten wiederum von ihren Mandanten ein hohes Maß an „blindem" Vertrauen in ihre fachliche Kompetenz und ihre moralische Integrität.[120] Eben diese Informationsasymmetrie kann nach den gängigen ökonomischen Theorien eine staatliche Regulierung des Anwaltsberufes (der Vertrauensberufe, freien Berufe) rechtfertigen. Ohne eine solche könnten nämlich Fehlentwicklungen – Versagen der Marktkräfte – oder ein Missbrauch des Informationsvorsprungs als Nachteil für den Auftraggeber drohen.[121] Zur Sicherung der Unabhängigkeit dienen daher Gesetze und Verordnungen.

2. Die Zukunft der anwaltlichen Unabhängigkeit

Zweifelsfrei wird auch in Zukunft die Unabhängigkeit der Anwaltschaft einer ihrer zentralen Werte sein. Ihre Ausprägung wird aber immer mehr unterschiedlich wahrgenommen und in ihrer Bedeutung geschmälert. Dazu trägt auch eine zunehmende wirtschaftliche Abhängigkeit von der Mandantschaft bei. Dies ist u. a. auf den zunehmenden Einfluss aus angloamerikanisch geprägten Rechtsordnungen zurückzuführen. Dort ist die Rolle des Rechtsanwalts weitgehend auf die einseitige Wahrnehmung der Interessen des Mandanten beschränkt.[122] Innerhalb dieses Systems verliert die Abgrenzung zwischen Interessenvertretung und anwaltlicher Unabhängigkeit gegenüber dem Mandanten an Bedeutung. Diese Ausrichtung der Anwaltschaft hin zu reinen Interessenwahrnehmern der Mandanten rückt in Europa immer weiter vor und beeinflusst die Rechtspflegefunktion der Anwaltschaft. Daher wird der Anwalt auch immer mehr als Dienstleister wahrgenommen und nicht mehr als unabhängiges Organ, das dem Gemeinwohl dient.[123]

---

118 Vgl. dazu auch *Henssler*, AnwBl. 2013, 394 (395).

119 *Jäger*, NJW 2004, 1 (3–4).

120 *Taupitz*, Die Standesordnungen der freien Berufe, S. 64.

121 Vgl. dazu *Henssler*, AnwBl. 2018, 22 (23) sowie *Canton/Ciriaci/Solera*, The Economic Impact of Professional Services Liberalisation, Economic Paper 533, European Union 2014, S. 7; *Michel*, Neue Deregulierungsanforderungen der EU-Kommission, in: Kluth (Hrsg.), Jahrbuch des Kammer- und Berufsrechts, 187 (208); *Wambach/Arentz/Manner/Münstermann/Recker/Roth*, Der Dienstleistungssektor in Deutschland, Überblick und Deregulierungspotenziale, Otto-Wolff-Discussion Paper 1a/2015, S. 7.

122 Vgl. *Stürner/Bormann*, NJW 2004, 1481 (1482); *Ahrens*, ZZP 115 (2002), 281 (285 ff.); zum Konzept des *„adversarial legalism"* *Zweigert/Kötz*, Einführung in die Rechtsvergleichung, 3. Aufl., 1996, S. 177 ff., 241 ff., 250 ff., 265 ff., 268 ff.

123 Vgl. *Stürner*, in: FS Klamaris, Anwaltliche Unabhängigkeit in der Gegenwart, S. 801 (803); *Bormann* ZZPInt 8 (2003), 3 (3 f.).

Zu dieser Entwicklung trägt bei, dass die berufsrechtlichen Regelungen in den letzten Jahrzehnten bereits immer weiter geöffnet wurden. Noch bis zum Ende des letzten Jahrtausends gab es in den meisten mitgliedstaatlichen Berufsordnungen Regelungen, die eine örtliche und instanzielle Gliederung, feste Honorare, Werbeverbote bzw. Werbebeschränkungen und Schutz vor Weisungsgebundenheit gegenüber dem Mandanten oder Dritten sowie Schutz vor wirtschaftlicher Abhängigkeit vorsahen, um die Unabhängigkeit vom Mandanten zu wahren.[124] Diese Regulierungen wurden bereits europaweit weitestgehend abgeschafft oder stehen davor, abgeschafft zu werden.[125]

III. Regulierungsintensität im Ländervergleich

Die nationalen Reglementierungen der europäischen Mitgliedstaaten des Berufs des Rechtsanwalts sind innerhalb Europas unterschiedlich ausgestaltet. Sie gestalten sich insofern einheitlich, als alle Mitgliedstaaten ihn als vorbehaltene Tätigkeit und geschützte Berufsbezeichnung reglementieren. In allen Mitgliedstaaten unterliegt der Beruf des Rechtsanwalts anderen freien Berufen und Unternehmensdienstleistungen im Hinblick auf die Strenge der Zugangs- und Ausübungsregulierungen.[126] Der Umfang der Regulierung ist jedoch in den einzelnen Mitgliedstaaten unterschiedlich intensiv. Zwar lässt sich eine geografische Differenzierung in der Regelungsdichte der freien Berufe feststellen, die sich auch in der Regulierung der anwaltlichen Berufsrechte wiederfindet; insgesamt ist die Regelungsdichte in den östlichen und nördlichen Ländern Europas aber geringer als weiter westlich und südlich.[127]

Die Regulierung des anwaltlichen Berufsrechts weist ferner dadurch Unterschiede auf, dass Rechtsanwälte in den Mitgliedstaaten in Bezug auf den Umfang der ihnen vorbehaltenen Tätigkeit (z.B. Vertretung vor Gericht, Rechtsberatung und Ausarbeitung von Gesetzestexten) unterschiedlichen Ansätzen unterliegen. Überwiegend besteht in den Mitgliedstaaten ein Monopolrecht zugunsten der Anwaltschaft, wonach ausschließlich Rechtsanwälte ihre Mandanten vor Justizbehörden und auch außergerichtlich vertreten und beraten dürfen.[128] Die Freigabe des Rechtsberatungsmarktes für jeden Anbieter juristischer Dienstleistungen stellt noch immer die Ausnahme dar. Die schwedische Prozessordnung sieht vor, dass man durch jedermann gerichtlich oder außergerichtlich vertreten werden kann[129],

124 *Stürner*, in: Henssler/Busse, Rechtspolitik und Berufspolitik, S. 297 (298).

125 Vgl. *Redeker* NJW 2004, 2799.

126 COM (2016) 820, 21.

127 Vgl. dazu EU Regular Economic Report 3 – *Growth*, Jobs and Integration: Services to the Rescue, Herbst 2016, Weltbankgruppe.

128 Deutschland, Frankreich, Polen, Portugal, Rumänien, Slowakei und Ungarn, vgl. COM (2016) 820, 21.

129 Vgl. Kapitel 12 § 2 Abs. 1 i. V. m. § 22 der schwedischen Prozessordung (Rättegångsbalk). Davon nicht umfasst ist die Strafverteidigung sowie die Treuhänderschaft.

die vertretende Person muss aus der Sicht des Gericht aber dennoch geeignet, rechtschaffen und geschäftskundig sein.[130] In Finnland dürfen nur Personen mit juristischem Hochschulabschluss oder Anwälte vor Gericht vertreten und die außergerichtliche Beratung ist vollständig dereguliert.[131] Einige Mitgliedstaaten, wie Spanien[132] und das Vereinigte Königreich[133] unterteilen den Beruf in zwei Berufe und reglementieren diese unterschiedlich.

In Bezug auf die Ausbildung werden überwiegend eine Hochschulausbildung, verpflichtende Praktika und/oder zusätzliche Berufserfahrung sowie eine Zugangsprüfung zur Anwaltschaft verlangt. Die Ausbildung zum Rechtsanwalt nimmt in den Mitgliedstaaten zwischen drei (Irland) und neun Jahren (Slowenien) in Anspruch.[134] In einigen Mitgliedstaaten bedarf es zudem zusätzlicher Anforderungen (bspw. Berufserfahrung), um den Beruf vor den Obersten Gerichten ausüben zu dürfen (Belgien, Bulgarien, Deutschland, Frankreich und Griechenland).[135]

Rechtsanwälte in Europa unterliegen überwiegend auch weiterhin der Pflicht, in einem Berufsverband oder in einem Berufsregister registriert zu sein, wobei es bereits Mitgliedstaaten gibt, die sich von dieser Pflicht abwenden.[136] Ferner gibt es in den meisten Mitgliedstaaten multidisziplinäre Einschränkungen (diese greifen teilweise unterschiedlich weit)[137] und es werden Anforderungen hinsichtlich der Rechtsform und Beteiligung von Kanzleien vorgegeben.[138] In allen Mitgliedstaaten ist eine Berufshaftpflichtversicherung obligatorisch – mit Ausnahme von Griechenland und Lettland, wo der Abschluss einer solchen freiwillig ist.[139] Darüber hinaus verlangen die meisten Mitgliedstaaten eine EU-Staatsbürgerschaft, einen Strafregisterauszug ohne Eintragung und das Ablegen eines Eides, die Berufs- und Standesregeln zu befolgen.[140]

---

130 *Kilian*, ZVersWiss 1999, S. 23 (53); *G'Giorgis*, Die Liberalisierung des Anwaltsberuf, S. 97 f.

131 Gesetzesbegründung, BT-Drs. 16/3655, S: 28 re. Sp.

132 Spanien kennt den Beruf des *abogado* und des *procurador*. Die Kompetenzen des Letzteren reichen weiter, obwohl sie die gleichen Qualifikationen aufweisen.

133 Im Vereinigten Königreich wird zwischen *solicitor* und *barrister* oder *advocate* unterschieden.

134 COM (2016) 820, 21.

135 COM (2016) 820, 21.

136 Zu den Entwicklungen in Irland und dem Vereinigten Königreich, unten unter B. IV.; COM (2016) 820, 22.

137 In Bulgarien und der Tschechischen Republik ist eine multidisziplinäre Zusammenarbeit gänzlich verboten, in Deutschland, Frankreich und den Niederlanden ist sie auf bestimmte Berufe begrenzt, dazu EuGH, Urteil v. 19.02.2002 – Rs C-309/99, *Wouters*, Slg. 2002, I-1577.

138 Vgl. COM (2016) 820, 22.

139 COM (2016) 820, 23.

140 COM (2016) 820, 23.

Zusammenfassend zeigt sich, dass selbst in den liberal regulierten Mitgliedstaaten keine völlige Deregulierung des Anwaltsberufes bzw. Freigabe des Rechtsberatungsmarktes herrscht.[141]

IV. Anwaltliche Selbstverwaltung

Auch die anwaltliche Selbstverwaltung ist eine Besonderheit, die die Stellung der Anwaltschaft prägt. Die anwaltliche Selbstverwaltung ergibt sich ebenfalls aus der Stellung des Berufes als „freier Beruf". Nahezu alle freien Berufe werden durch Berufskammern und Berufsverbände selbst verwaltet. Sie vertreten die Interessen ihrer Berufsgruppe gegenüber der Politik sowie der Allgemeinheit und wirken an der staatlichen Regulierung beratend mit. In vielen Mitgliedstaaten ist das Konzept der Selbstverwaltung als freiberufliches Organisationsprinzip untrennbar mit dem Gedanken der Freiberuflichkeit verbunden.[142] Die anwaltliche Selbstverwaltung ist *„der kollektive Ausdruck der anwaltlichen Unabhängigkeit, deren individueller Ausdruck die Unabhängigkeit des einzelnen Anwalts ist."*[143] Sie gewährt der Anwaltschaft aber auch in besonderem Maße Profilierung.

In seiner Rede beim 3. Internationalen Anwaltsforum „Unabhängigkeit der Selbstverwaltung" hob der damalige Bundesminister der Justiz und für Verbraucherschutz, *Heiko Maas*, die Bedeutung der anwaltlichen Selbstverwaltung hervor, indem er sagte: *„[O]b Anwältinnen und Anwälte unabhängig arbeiten können, das hat insbesondere auch damit zu tun, wie sie organisiert sind, ob das der Staat übernimmt oder ob sie sich selbst organisieren, wie es eine Selbstverwaltung tut."*[144]

Im 19. Jahrhundert galt die Verkammerung bestimmter Berufsgruppen als deren Emanzipation vom Staat und führte zugleich dazu, dass die berufsständische Selbstverwaltung durch die Übertragung auf eine Körperschaft des öffentlichen Rechts begrenzt wurde.[145] Freiberufler grenzen sich durch Kammern mithin vom Staat ab und werden durch sie gleichzeitig wieder mit diesem verbunden. Sie gewähren den Freiberuflern Unabhängigkeit sowie einen disziplinarischen Rahmen zur Gemeinwohlsicherung durch Pflichtmitgliedschaften. Sie sind somit zugleich selbstverwaltungs- sowie Disziplinierungsinstrument. Funktional werden die Kammern auf nationaler und europäischer Ebene unterschiedlich behandelt. Das Verfassungsrecht ordnet sie dem staatlichen Bereich zu und betont die

---

141 Vgl. Gesetzesbegründung, BT-Drs. 16/3655, S. 28 li Sp.; *G'Giorgis*, Die Liberalisierung des Anwaltsberuf, S. 96 ff.

142 *EWSA*, Die Lage der freien Berufe in ihrer Funktion und Bedeutung für die europäische Zivilgesellschaft, Brüssel 2014, S. 54.

143 *Hellwig*, AnwBl. 2013, 677 (677).

144 *Heiko Maas*, Bundesminister der Justiz und für Verbraucherschutz (2013–2018), Rede beim 3. Internationalen Anwaltsforum Unabhängigkeit der Selbstverwaltung – Sache der Anwaltschat am 31. März 2017 in Berlin.

145 *Kämmerer*, a.a.O. (Fn. 50), S. 23.

Grundrechte der einzelnen Berufsträger; das Unionsrecht gliedert die Kammern hingegen bei den Unternehmen bzw. Unternehmensverbindungen ein, die grundsätzlich die Vorgaben des Kartellrechts (Art. 101f. AEUV) zu beachten haben.[146]

In den letzten Jahren ist die anwaltliche Selbstverwaltung in Europa weithin unter Druck geraten.[147] England und Wales haben sie in der herkömmlichen Form im Jahr 2009 durch die Einführung des *Legal Services Board*[148] und der *Solicitors Regulation Authority*[149] gänzlich abgeschafft.[150] Die *Law Society* und der *Bar Council* sind an die Regelungen dieser gebunden und dürfen nur noch umsetzen, was sie vorgeben. *Henssler* versteht diese Änderung in England und Wales als *„Kampfansage an das kontinentaleuropäische Kammermodell"*.[151] Auch Irland veröffentlichte 2011 ein Gesetz zur Regulierung der Rechtsdienstleistungen – das *Legal Services Regulation Bill*.[152] Durch Verabschiedung des *Legal Services Regulation Act 2015* wurde auch in Irland eine *Legal Services Regulatory Authority* eingeführt. In Irland erfolgte dieser Wandel aufgrund der Reformforderungen der Troika.[153] Gegenüber dem Verfahren sowie der in dem Legal Services Regulation Bill getroffenen Regelungen haben die Bar Council of Irland[154] und die CCBE[155] erhebliche Bedenken erhoben. Polen hat weite Teile der Selbstverwaltung an den Staat verloren.[156] In Italien und Griechenland[157] hat der Staat bedeutende Teile des von der Anwaltschaft

146 Dazu ausführlich unten unter C. V. 1.; insbesondere EuGH, Urteil v. 19.02.2002 – Rs C-309/99, *Wouters*, Slg. 2002, I-1577 und ebenfalls v. 19.02.2002 – Rs. C -35/99, *Ardunio*, Slg. 2002, I 1529.

147 Vgl. *Hellwig*, AnwBl 2013, 677 (678).

148 Das *Legal Services Board* ist eine unabhängige Stelle, die für die Aufsicht über die Rechtsanwälte in England und Wales zuständig ist. Sein Ziel ist die Interessen der Verbraucher in den Mittelpunkt des Systems zu stellen. Geschaffen wurde es durch den *Legal Services Act im Jahr 2007*; http://www.legalservicesboard.org.uk/.

149 Die *Solicitors Regulation Authority* ist die Regulierungsbehörde für *„Solicitors"* in England und Wales. Sie ist zwar ein *„board"* der *Law Society*; sie ist aber völlig unabhängig verantwortlich für die Regulierung des professionellen Verhaltens der *Solicitors*. Auch diese Behörde würde durch den Legal Services Act im Jahr 2007 geschaffen; https://www.sra.org.uk/home/home.page.

150 Vgl. zu der Entwicklung *Henssler*, AnwBl. 2013, 394 (394 f.) und auch *EWSA*, Die Lage der freien Berufe in ihrer Funktion und Bedeutung für die europäische Zivilgesellschaft, Brüssel 2014, S. 65.

151 *Henssler*, AnwBl. 2013, 394 (400).

152 http://www.oireachtas.ie/documents/bills28/bills/2011/5811/document2.pdf.

153 S. hierzu auch IMF Country Report No. 10/366, S. 27; zu der Troika im Einzelnen unten unter D. I. 1. a.

154 https://www.lawlibrary.ie/News/Conferences-and-Seminars/Downloads-Reports-and-Submissions/BarCouncilInitialSubmissionDecember2011.aspx.

155 CCBE Info no. 29, http://www.ccbe.eu/fileadmin/user_upload/NTCdocument/newsletter_29_enpdf1_1327503311.pdf.

156 *Hellwig*, AnwBl. 2013, 677 (678).

157 Dazu mehr unten unter Teil D.

erlassenen Berufsrechts als zu freiheits- und wettbewerbsrestriktiv eingestuft und im Rahmen von Reformen des Berufsrechts einfach außer Kraft gesetzt. In Frankreich wurde das neue Berufsrecht durch ein Regierungsdekret ersetzt; bis dahin war es in die Zuständigkeit des *Conseil National des Barreaux* gefallen. In Deutschland sind die freien Berufe hingegen weiterhin stark mit der Idee der funktionalen Selbstverwaltung verbunden und das Kammerwesen weitete sich auch in den letzten Jahren eher aus.[158]

In der jüngeren Vergangenheit wird die Selbstverwaltung der freien Berufe immer häufiger kritisch betrachtet. Es wird kritisiert, dass sich die Berufskammern bei der Erfüllung ihrer Aufgaben durch sachfremde Erwägungen leiten lassen und zum Nachteil der Verbraucher einer bestimmten Interessengruppe dienen.[159] Der EuGH hat in seinen Entscheidungen zu der Problematik in den letzten zwei Jahrzehnten Grundsätze aufgestellt, die den Kammern in ihren Befugnissen Grenzen setzen.[160] Die Staaten greifen die Verkammerung der freien Berufe insbesondere aus dem Blickpunkt an, dass die gesetzliche Sozialversicherung durch die Befreiung der leistungsstarken Freiberufler von eben dieser geschwächt wird.[161] Aber auch aus den eigenen Reihen bekommt das System nicht nur Zuspruch: Es gibt Zwangsmitglieder, die in ihrer Mitgliedschaft keine greifbaren Vorteile sehen und die Beitragspflicht lediglich als Last empfinden.[162]

Befürworter der Selbstverwaltung und Selbstregulierung halten das System für ein äußerst effektives und geeignetes Modell. Die Selbstverwaltung diene als Vermittler zwischen dem Freiheitsrecht der Berufsangehörigen und den staatlichen Einwirkungen auf die Berufsausübung sowie den Regelungsanspruch des Staates, die Gemeinwohlbindung der freien Berufe sicherzustellen.[163] Da die Berufsangehörigen ferner selbst ein grundlegendes Interesse daran haben, das Ansehen ihrer Berufsgruppe und das Vertrauen ihrer Auftraggeber in den Berufsstand zu erhalten, bestehe auch nicht die Gefahr, dass die Selbstverwaltungsorgane Verstöße gegen Berufspflichten nicht hinreichend ahnden und so Fehlentwicklungen nicht unterbinden.[164]

---

158 Vgl. *EWSA*, Die Lage der freien Berufe in ihrer Funktion und Bedeutung für die europäische Zivilgesellschaft, Brüssel 2014, S. 55; *Kilian*, AnwBl. 2010, 544 (550).

159 Vgl. dazu Hauptgutachten 2004/2005 der Deutschen Monopolkommission, Mehr Wettbewerb auch im Dienstleistungssektor!, Baden-Baden, 2006, Ziff. 957ff.; *Paterson/Fink/Ogus et al*, Economic impact of regulation in the field if liberal professions in different Member States, IHS, Wien 2003, S. 18 ff.

160 Vgl. insbesondere EuGH, Urteil v. 19.92.2992 – Rs. C-309/99 – *Wouters*, Slg. 2002, I-1577; dazu unten unter C. V. 1.

161 *Groepper*, GewArch 2000, 266 (272).

162 *Groepper*, GewArch 2000, 266 (272).

163 *EWSA*, Die Lage der freien Berufe in ihrer Funktion und Bedeutung für die europäische Zivilgesellschaft, Brüssel 2014, S. 56.

164 So *EWSA*, Die Lage der freien Berufe in ihrer Funktion und Bedeutung für die europäische Zivilgesellschaft, Brüssel 2014, S. 56.

V. Kommerzialisierung zu einem Wirtschaftsgut

Dem Beruf des Rechtsanwalts kommt zunehmend stärker eine Stellung als Dienstleister im Wirtschaftssystem zu, wobei diese Stellung statt durch einen Gemeinwohlbezug vielmehr durch einen Individualbezug geprägt scheint. Die Stellung des Rechtsanwalts im Wirtschaftssystem wird durch die Berufsfreiheit sowie die institutionelle Wettbewerbsfreiheit und die grenzüberschreitende Dienstleistungs- und Niederlassungsfreiheit gekennzeichnet.

Der Wandel, den der Beruf des Rechtsanwalts und andere freie Berufe in den vergangenen Jahrzehnten bereits durchgemacht haben, wird insbesondere durch die zunehmende Deregulierungspolitik[165] in Europa und den wachsenden Wettbewerbsdruck noch weiter zunehmen. Daher wird eine fortschreitende „*Kommerzialisierung*“ des Berufs des Rechtsanwalts erwartet[166] und darüber hinaus in einigen Bereichen des Rechtsberatungsmarktes eine Tendenz zur Oligopolbildung.[167]

Die Initiativen der Kommission und der darin angestrebten Deregulierung der freien Berufe führen dazu, dass sich die Stellung des Rechtsanwalts als freier Beruf möglicherweise bald nicht mehr klar von einem Gewerbe abgrenzen lässt.[168] Ein Wandel zu einer reinen Dienstleistungsfunktion würde einen höheren Grad an Abhängigkeit von Mandanten, Partnern, Vorgesetzten oder externen Kapitalgebern erlauben.[169] Der Rechtsanwalt würde dabei zum Teilnehmer eines möglichst unregulierten Rechtsberatungsmarktes werden, der individuell bestimmte Beratungsbedürfnisse befriedigt.[170]

Die Abgrenzung zwischen gewerblichen und freien Berufen ist traditionell insbesondere durch das Merkmal der altruistischen Berufsauffassung geprägt. Handlungen von Freiberuflern sind demnach gar nicht[171] oder nicht hauptsächlich[172] auf Gewinnmaximierungsmotive ausgerichtet. Dieses Bild der freien Berufe entspringt einer Zeit, in der angenommen wurde, dass Freiberufler nicht auf die Erzielung eines Gewinns angewiesen sind.[173]

---

165 Dazu unten unter C.

166 Vgl. *Bormann*, ZZPInt 8 (2003), 3 (5); *Stürner/Bormann*, NJW 2004, 1481 ff.; *Stürner*, in: Henssler/Busse, Rechtspolitik und Berufspolitik, S. 297 (300).

167 *Bormann*, ZZPInt 8 (2003), 3 (5, 20 f.), *Stürner/Bormann*, NJW 2004, 1481 (1484, 1490); vgl. auch *Wolf*, AnwBl. 2010, 725 (726); kritisch dazu: *Hellwig*, BRAK -Mitt. 2008, 92 (96).

168 Vgl. *Bormann*, ZZPInt 8 (2003), 3 (5).

169 Vgl. *Bormann*, ZZPInt 8 (2003), 3 (8), *Ahrens*, ZZP 115 (2002), 281, 282ff., 285ff.

170 Vgl. *Stürner*, in: FS Klamaris, Anwaltliche Unabhängigkeit in der Gegenwart, S. 801 (804).

171 Vgl. BGHZ 48, 313 (324); OLG Koblenz, NJW 1997, 1932 (1933).

172 *Kluth/Goltz/Kujath*, Die Zukunft der freien Berufe in der Europäischen Union, S. 22; *Mann*, NJW 2008, 121 (124).

173 *Kämmerer*, a.a.O. (Fn. 50), S. 21; *Hirte*, Berufshaftung, 1996, S. 148 ff.

In der Literatur wird dieser Wandel kritisch betrachtet. *Kilian* mahnt mehrfach an, dass ein „*entmythologisiertes Verständnis*" der freien Berufe notwendig sei.[174] Kennzeichnend für die freien Berufe im Unterschied zu den gewerblichen sollte heutzutage im Wesentlichen sein, dass sie sich aufgrund ihres wirtschaftsethischen Postulats bei der Ausübung ihres Berufes nicht primär von Erwerbsaussichten leiten lassen.[175] *Stürner* und *Bormann*[176] kritisieren, dass der durch die Deregulierung geschaffene Freiraum mit deren Fortschreiten zunehmend dazu führen wird, dass mächtige Marktteilnehmer diesen besetzen und sich ihre eigenen Regeln setzen. Dies werde zum Wandel von einer Rechtspflege im Sinne materieller Gerechtigkeit hin zu einem rein marktwirtschaftlich orientieren Berufsverständnis, bei dem die Gewinnmaximierung in den Vordergrund tritt, führen. Für den Beruf des Rechtsanwalts werden nach *Stürner* die europaweiten Entwicklungen in der Politik und Gesellschaft dazu führen, dass das „*Modell der individualisierten Dienstleistungsgesellschaft*" zum Ideal erwachsen könnte, „*nachdem sich das überregulierte Gegenmodell selbst ad absurdum geführt hat*".[177] Er kritisiert, dass durch die Liberalisierung der Rechtsberatung die notwendige Balance zwischen Freiheit, Gleichheit und Solidarität verloren gehe.[178] Öffentlich organisierte Solidarität bedürfe eines gewissen Maßes an staatlicher Regulierung.[179] In einer individualisierten Dienstleistungsgesellschaft wird der Rechtsanwalt stärker als zuvor als Dienstleister einzuordnen sein und seine Gemeinwohlprägung reduzieren oder ganz aufgeben müssen. Im Vordergrund werde bei einem möglichst unregulierten Rechtsberatungsmarkt die Tätigkeit des Rechtsanwalts als Berater stehen, der individuell bestimmte Bedürfnisse des Einzelnen berücksichtigt.[180] Diese in den Vordergrund rückenden Bedürfnisse und Interessen des Verbrauchers werden weitere Liberalisierungsmaßnahmen nach sich ziehen, im Rahmen derer nicht der Schutz des Berufsstandes vor Konkurrenz im Mittelpunkt steht, sondern der Schutz der Verbraucher vor Regulierung. Um den besonderen Status des Anwaltsberufes als Vertrauensberuf bewahren zu können, wird es einer Sicherstellung der fachlichen Qualifikation der Rechtsanwälte bedürfen.

Nach *Redeker* wird die Kommerzialisierung erst dann negativ, wenn sie „*zur Gewinnmaximierung ausartet*".[181] Er hält z. B. ein neues Abrechnungsmodel für

---

174 *Kilian*, AnwBl. 2010, 544 (547); *Kilian*, Erfolg und Vergütung des Rechtsanwalts, S. 285.

175 Diese Auffassung vertrat *Taupitz* bereits in seinem Werk: Die Standesordnung der freien Berufe, S. 59ff. im Jahr 1991.

176 *Stürner/Bormann*, NJW 2004, 1481 ff.

177 *Stürner*, in: FS Klamaris, Anwaltliche Unabhängigkeit in der Gegenwart, S. 801 (803f.).

178 *Stürner*, in: FS Klamaris, Anwaltliche Unabhängigkeit in der Gegenwart, S. 801 (803, 813).

179 *Stürner*, in: FS Klamaris, Anwaltliche Unabhängigkeit in der Gegenwart, S. 801 (803).

180 So auch *Stürner*, in: FS Klamaris, Anwaltliche Unabhängigkeit in der Gegenwart, S. 801 (804).

181 *Redeker*, NJW 2004, 2799 (2801).

eine positive Entwicklung, denn heutzutage seien schon mittelgroße Sozietäten Wirtschaftsunternehmen, die eine Vielzahl von Mitarbeiterinnen und Mitarbeitern beschäftigen.[182] Dass eine Kommerzialisierung nicht zur Gewinnmaximierung ausarten darf, ist seiner Ansicht nach aber keine Frage der gesetzlichen Regelungen, sondern des Berufsethos, von dem die anwaltliche Tätigkeit über diese Regelung hinaus getragen sein sollte. Auch *Kämmerer* bezeichnet die Entwicklung nicht als einseitige Kommerzialisierung der freien Berufe, sondern vielmehr als Annäherung zwischen beiden Berufsgruppen.[183] Der Wandel sei mit klaren Vorgaben und dem Schutz der Besonderheiten bestimmter Berufsgruppen sowie durch neue Gestaltungswege anzugehen. Der europäische und nationale Gesetzgeber hinke der Entwicklung jedoch weiterhin hinterher.[184] Die hinter der zunehmenden Deregulierung steckende Annahme, dass der Markt alles auch zum Wohle der Allgemeinheit regulieren werde, könnte nach *Hettinger* auch zur Abschaffung der Freiberufe und der besonderen Rechtsregeln für deren Ausübung führen.[185] *Hellwig* steht einem Wandel des Berufsbildes des Rechtsanwalts offen gegenüber und widerspricht den Ansichten, die davon ausgehen, dass die Liberalisierung der Auslöser für die Kommerzialisierung der anwaltlichen Tätigkeit sei.[186] Eine Gefahr für die Grundwerte der Anwaltschaft (Unabhängigkeit, Freiheit vor Interessenkollision und Verschwiegenheit) sieht er nicht, solange der EuGH und die nationalen Gerichte diese weiterhin hochhalten.[187] Ein Wandel des Berufsbildes werde nicht automatisch durch die Stellung des Rechtsanwalts als Organ der Rechtspflege ausgeschlossen. Es sei gerade Ausprägung der *„freien Advokatur"* und der Stellung der Rechtsanwälte als *„Freiberufler"*, die ihnen ein eigenverantwortliches Handeln gewährt.[188]

VI. Stellungnahme

Eine Weiterentwicklung des Berufes des Rechtsanwalts mit dem Zeitgeist und dem Wandel der Märkte wird sich nicht vermeiden lassen und sollte auch nicht grundsätzlich vermieden werden. Umso bedeutsamer ist es, mit klaren Vorgaben und zum Schutz der Besonderheiten bestimmter Berufsgruppen neue Gestaltungswege anzugehen. Die Stellung des Rechtsanwalts als unabhängiges Organ der Rechtspflege darf sich nicht zu einer *„inhaltsleeren Worthülse"*[189] entwickeln.

---

182 *Redeker*, NJW 2004, 2799 (2801).
183 *Kämmerer*, a.a.O. (Fn. 50), S. 39 ff.
184 *Stürner/Bormann*, NJW 2004, 1481 (1483).
185 *Hettinger*, Vom Standesrecht zu Berufsrecht, Mitteilungsblatt RAK München, 2004, III. Quartal, 43 (45).
186 *Hellwig*, BRAK-Mit. 2008, 92 (96).
187 *Hellwig*, BRAK-Mit. 2008, 92 (95).
188 Vgl. *Hellwig*, BRAK-Mit. 2008, 92 (96).
189 *Bormann*, ZZPInt 8 (2003), 3 (12).

Es sollte Gewicht darauf gelegt werden, dass die Grundzüge, die den Anwaltsberuf als freien Beruf von dem eines weisungsabhängig beschäftigten Beamten und Gewerbetreibenden abgrenzen, erhalten bleiben. Ein Anwalt verpflichtet sich dem Recht und vertritt dabei die Interessen seines Mandanten unabhängig. Er dient dem Rechtsstaat und damit nicht nur dem Einzelnen, sondern der Allgemeinheit. Er übernimmt gemeinsam mit den Organen der Justiz eine ordnungspolitische Funktion, mit der er konkret den Rechtsstaat unterstützt. Ohne diese Funktion würden die Gemeinwohlbelange und Rechte des Einzelnen nicht mehr in ein angemessenes Verhältnis gesetzt werden können. Diese Funktion wird sich auch durch eine zunehmende Bedeutung von wirtschaftlichen Aspekten in dem Berufsfeld eines Anwalts nicht ausblenden lassen und unterstreicht den Unterschied zum Gewerbe, wenngleich ihre Bedeutung abnimmt.[190]

Das Bild eines allein aufgrund einer altruistischen Berufsauffassung tätig werdenden Rechtsanwalts ist heute nicht mehr zeitgemäß. Auch Freiberufler müssen bei ihrer Tätigkeit Erwerbsmotive berücksichtigen, um auf dem Markt überleben zu können. Die freiberufliche Tätigkeit dient ebenso wie die gewerbliche der Sicherung des Lebensunterhaltes und verfolgt somit auch Erwerbsmotive.[191] Insoweit ist *Kilian* zuzustimmen; Rechtsanwälte dürfen Erwerbsmotive verfolgen und es sollte nicht erwartet werden, dass sie nur aus rein uneigennützigen Motiven handeln. Das Streben nach Erwerb muss nicht zum Verfall der mit dem Beruf zu erfüllenden gesellschaftlichen Erwartungen und beruflicher Interessen führen, sondern ist eine logische Voraussetzung, um in einer neuen Zeit erfolgreich und konkurrenzfähig den Beruf auszuüben. Die Motivation eines Rechtsanwalts darf aber nicht primär auf den Erwerb ausgerichtet sein. Das Streben nach Gewinnerzielung muss in Relation zu anderen Motiven gesehen und bewertet werden und darf gegenüber diesen nicht überwiegen.[192] Angesichts der wirtschaftlichen und gesellschaftlichen Entwicklungen sowie der erforderlichen Konkurrenzfähigkeit ist die Vorstellung des rein am Allgemeinwohl interessierten Rechtsanwalts als überholt anzusehen.[193]

Es sollte jedoch vermieden werden, dass Rechtsanwälte aus Motiven wie Gewinnoptimierung und steigendem Wettbewerbsdruck dazu verleitet werden, ausschließlich das vom Mandanten gewünschte Ziel anzustreben und nicht das vom Recht vorgegebene. Die Anwaltschaft muss hier ihre Balance finden und diese durch entsprechende Regularien sicherstellen. Sie darf sich einer

---

190 Vgl. *Mann*, Was bleibt heute vom Freien Beruf?, AnwBl. 2010, 551 (555).

191 Vgl. *Kämmerer*, a.a.O. (Fn. 50), S. 21; in Deutschland schützt Art. 12 I GG auch das Streben nach Gewinnerzielung, BVerfGE 105, 252 (265).

192 Vgl. *Ahrens*, AnwBl. 1992, 247 (249); *Kämmerer*, a.a.O. (Fn. 50), S. 21.

193 So auch *Knauer/Wolf*, BRAK-Mitt. 4/2007, 142; *Schulte*, Das Werberecht der freien Berufe, S. 57.

Weiterentwicklung nicht verschließen und um jeden Preis an überidealisierten Vorstellungen und Erwartungen festhalten, wenn sie auf dem Rechtsdienstleistungsmarkt der Zukunft weiter wettbewerbsfähig sein möchte.[194] Es gilt einen Weg zu finden, der die Stellung des Rechtsanwalts im Rechtssystem mit jener im Wirtschaftssystem vereinbart.

194 Vgl. auch *Hellwig*, Das Konzept des anwaltlichen Berufsbildes, StudVZ, 1/2009, 13 (31).

C. Die Europäische Liberalisierungs- und Deregulierungspolitik

Für die Kommission ist die Regulierung von freien Berufen durch berufsrechtliche Zugangs- und Ausübungsregelungen ein den freien Markt verzerrendes Wettbewerbshemmnis und zugleich unerwünschter Eingriff in die europäischen Grundfreiheiten.[195] Daher hat sie sich zur Aufgabe gemacht, die freien Berufe zu deregulieren und so einen liberaleren und stärkeren europäischen Binnenmarkt zu schaffen. Im Bereich des anwaltlichen Berufsrechts finden sich europaweit zahlreiche Regulierungen, die den Zugang zum Beruf und dessen Ausübung beschränken. Hohe Anforderungen an die Ausbildung und Zulassung, Regelungen zur Preisgestaltung und Werbung sowie der Ausschluss der Konkurrenz durch Verbote multidisziplinärer Zusammenarbeit und Rechtsformvorgaben sind einige der Regulierungen, die freie Berufe beschränken. Gerechtfertigt wurden die berufsrechtlichen Regulierungen vieler freier Berufe, mit denen zugleich Privilegien bei der Berufsausübung verbunden sind, in der Vergangenheit oft durch Gemeinwohlbelange.[196] Durch die Initiativen der Kommission wurde ein neuer Rahmen angestrebt, der die Rechtfertigung von Beschränkungen eingrenzen sollte.

In den nachfolgen Abschnitten soll dargestellt werden, wie sich die Deregulierungspolitik der Kommission entwickelt hat, welche Strategie sie dabei verfolgt hat und wie diese in Europa aufgenommen und umgesetzt wurde.

I. Ursprung der Liberalisierungspolitik

Der Ursprung der Liberalisierungspolitik der Kommission lässt sich auf das in Lissabon im März 2000 von den europäischen Staats- und Regierungschefs verabschiedete Programm, die sogenannte *„Lissabon-Strategie“*, zurückführen.[197] Die Strategie sah vor, den europäischen Binnenmarkt innerhalb von zehn Jahren zu dem *„wettbewerbsfähigsten und dynamischsten Wirtschaftsraum der Welt“* zu entwickeln.[198] Auslöser für die Strategie war die zunehmende Wirtschaftskraft der USA und des asiatischen Raums, von denen zunehmender Wettbewerbsdruck

195 COM (2016) 820, 2 f.

196 Vgl. *Stürner*, in: Henssler/Busse, Rechtspolitik und Berufspolitik, 297 (298); *Kämmerer*, a.a.O. (Fn. 50), S. 30; *Ahrens*, Berufsrecht der Rechtsanwälte, Einleitung § 1 Rn. 5.

197 Mitteilung der Kommission – Eine Binnenmarktstrategie für den Dienstleistungssektor, KOM (2000) 888 endg. v. 29.12.2000; Vgl. aber auch bereits die Vorschläge der Deregulierungskommission, Marktöffnung und Wettbewerb, 1991, 102 ff. unter Berufung auf das EU-Recht.

198 KOM (2000) 888, 3.

ausging.[199] Um dieses Ziel zu erreichen kündigte die Kommission an, die Qualität und Wettbewerbsfähigkeit des Dienstleistungssektors der Union durch rechtsvereinheitlichende Maßnahmen zu steigern. Der Dienstleistungssektor spiele dabei eine entscheidende Rolle für den Erfolg der europäischen Wirtschaft.[200] Die Kommission entwickelte daraufhin Ende 2000 eine *„Binnenmarktstrategie für den Dienstleistungssektor“*.[201] Ziel der Strategie war es, die Hemmnisse für den grenzüberschreitenden Dienstleistungsverkehr zu untersuchen sowie in einem zweiten Schritt alle Schranken zu beseitigen und die Entstehung neuer zu verhindern.[202]

Der damalige EU-Wettbewerbskommissar *Mario Monti* führte die Kommission zu einer Deregulierungsagenda der freien Berufe.[203] Er beauftrage im Jahr 2002 das Wiener Institut für höhere Studien mit einer Studie über die wirtschaftlichen Auswirkungen einzelstaatlicher Regelungen für die freien Berufe in der EU – die sog. *„Wiener-Studie“*. Fertiggestellt wurde die Studie im Januar 2003.[204] Sie kam – ausgehend von einem ökonomischen Ansatz – zu dem Ergebnis, dass der Markt dort besser funktioniert, wo die Berufe weniger intensiv reglementiert sind. Ein deregulierter Wettbewerb führe zu besseren Ergebnissen für die Verbraucher. Die Studie wurde in der Anwaltschaft und Literatur aufgrund oberflächlicher Faktensammlung und theoretischer Schwächen stark kritisiert und es wurden gegenteilige Ergebnisse vorgelegt;[205] insbesondere wurde Kritik daran bekundet, dass die Schlussfolgerung der Studie, die Funktionsfähigkeit eines rechtsstaatlichen Systems bedürfe keiner Reglementierung des Anwaltsberufes und des Rechtsberatungsmarktes, sich alleine am Beispiel Finnlands orientiert. Ein so kleiner Markt wie der finnische ist jedoch nicht exemplarisch für weit komplexere rechtsstaatliche

199 *G'Giorgis*, Die Liberalisierung des Anwaltsberuf, S. 83.

200 KOM (2000) 888, 3.

201 KOM (2000) 888.

202 KOM (2000) 888, 2.

203 Hierzu *Hellwig*, BRAK-Mitt. 2004, 19ff.; *Wolf*, in: Gaier/Wolf/Gröcken, Anwaltliches Berufsrecht, 3. Aufl. 2019, § 2 BRAO, Rn. 29a.

204 *Paterson/Fink/Ogus et al.*, Forschungsbericht: Wirtschaftliche Auswirkungen einzelstaatlicher Regelungen für freie Berufe – Regelung der freiberuflichen Tätigkeit, Institut für Höhere Studien (IHS), Wien (2003), Zusammenfassung, S. 5ff.; hierzu auch *Hellwig*, BRAK-Mitt, 2004, 19 (19); *Lörcher*, BRAK-Mitt. 2008, 2 (2).

205 Vgl. hierzu *Kluth/Goltz/Kujath*, Deregulierung des Rechts der Freien Berufe auf der Grundlage vorwiegend quantitativer Analysen, 2003; *Bormann*, ZZPInt 8 (2003), 3 (51f.); *Hellwig*, BRAK-Mitt, 2004, 19 (19f.); *Henssler/Kilian*, AnwBl. 2005, S. 1 ff.; *Wolf*, Recht durch Rechtsanwälte, 2008, S. 13; *Henssler*, AnwBl. 2009, 1 (4); selbst Vertreter der Kommission hatten eingeräumt, dass die Wiener-Studie *„möglicherweise einige Ungenauigkeiten enthält“*, so der Generaldirektor der GD Binnenmarkt, *Philip Lowe*, in einem Vortrag zum Thema „Die Durchsetzung der EG-Wettbewerbsregeln im Recht der freien Berufe“ vor dem Arbeitskreis Kartellrecht beim Bundeskartellamt in Bonn am 29.9.2003, Manuskript, S. 3.

Systeme in Europa.[206] Zudem wurden Gesichtspunkte wie das Gemeinwohl und politische oder soziale Ziele unberücksichtigt gelassen.[207] Trotz der Kritik an der Wiener-Studie zog die Kommission die Ergebnisse dieser als Grundlage für die Begründung weiterer Initiativen zur Deregulierung der freien bzw. reglementierten Berufe heran.[208]

Auf die Binnenmarktstrategie für den Dienstleistungssektor folgte eine Reihe von Initiativen, in denen sich die Kommission der Liberalisierung des Dienstleistungsmarktes annahm. Diese sollten dazu beitragen, dass die Ziele der *Lissabon-Strategie* umgesetzt würden, da es bis dahin noch keine bemerkenswerten Entwicklungen gab.[209] Die ersten größeren Initiativen der Kommission markierten der *„Bericht über den Wettbewerb bei freiberuflichen Dienstleistungen“* von 2004[210] und der *„Bericht Freiberufliche Dienstleistungen – Raum für weitere Reformen“* aus dem Jahr 2005.[211] Es sollte eine verstärkte Deregulierung des Rechts erfolgen und größere Investitionen in die Wissensgesellschaft sollten getätigt werden, um die Förderung des Binnenmarktes voranzutreiben. Von den Deregulierungsmaßnahmen waren gleich zu Anfang die freien Berufe stark betroffen, da erwartet wurde, dass in diesen Berufsgruppen aufgrund der vielen Regulierungen, denen diese Berufe unterlagen, schnell Veränderungen bzw. Ergebnisse erzielt werden konnten.

In dem Bericht aus dem Jahr 2004 unterstrich die Kommission zwar die Bedeutung, welche die freiberuflichen Dienstleistungen mit Blick auf die *Lissabon-Strategie* in Betrachtung des eigenen Anteils am BIP, der Ausstrahlung auf einige Wirtschaftsbereiche und des Verbraucherschutzes haben;[212] sie bekundete aber zugleich ihre kritische Stellung gegen berufsspezifische Restriktionen und ließ so eine Abneigung gegen die Sonderstellung der freien Berufe erkennen.[213] In beiden Berichten erkannte die Kommission zwar an, dass die Informationsasymmetrie zwischen Dienstleistungserbringer und Klienten, externe Effekte (Auswirkungen der Dienstleistungsqualität auf Dritte, Gefahrenpotential) sowie der Umstand, dass bestimmte freiberufliche Dienstleistungen als öffentliches Gut begriffen werden, *„gewisse Reglementierungen“* erforderlich machen.[214] Sie hielt jedoch an ihrer

---

206 *Henssler*, AnwBl. 2009, 1 (4); anders *Hardege*, Freie Berufe in Deutschland, 2008, S. 24 f.

207 *Henssler/Kilian*, Positionspapier zur Studie des Institutes für Höhere Studien, S. 3.

208 Vgl. *Bormann*, ZZPInt 8 (2003), 3 (53).

209 U.a. Mitteilung der Kommission – Bericht über den Wettbewerb bei freiberuflichen Dienstleistungen, KOM (2004) 83 endg. v. 09.02.2004; Mitteilung der Kommission – Bericht Freiberufliche Dienstleistungen – Raum für weitere Reformen, KOM (2005) 405 endg. v. 05.09.2005.

210 KOM (2004) 83 endg.

211 KOM (2005) 405 endg.

212 KOM (2004) 83 endg., 7 f.

213 *Kämmerer*, a.a.O. (Fn. 50), S. 49.

214 KOM (2004) 83 endg., 10; KOM (2005) 405 endg., 5.

ökonomischen Sichtweise und daran fest, dass sich eine übermäßige Reglementierung nachteilig auf die Verbraucher auswirke.[215]

Insbesondere auf vier Bereiche legte die Kommission – noch unter Federführung der Generaldirektion Wettbewerb – ihr Augenmerk, in denen sie die Zurückdrängung der nationalen Berufsrechte vorrangig anstrebte:

- das Gebührenrecht, insbesondere Mindestpreise,
- das Werberecht,
- die Berufszugangsvoraussetzungen und
- die berufliche Zusammenarbeit.

Beschränkungen in diesen Bereichen können nach Auffassung der Kommission dazu führen, dass Preise auf einem hohen Niveau verharren und Unternehmensstrukturvorgaben die Entstehung innovativer Dienstleistungsangebote sowie kosteneffizienter Unternehmensmodelle verhindern.[216] Die Kommission stützt sich in ihren Berichten überwiegend auf die *Wiener-Studie.*

II. Marktregulierung

Der ökonomischen Sichtweise der Kommission ist ein ökonomischer Regulierungsbegriff zugrunde gelegt. Nach *Müller* umfasst Regulierung nach dem ökonomischen Regulierungsbegriff *„u.a. staatliche Eingriffe in das marktwirtschaftliche Geschehen, das aufgrund einer ökonomischen Analyse aus bestimmten Gründen versagt“*.[217] Durch Regulierungen schafft der Staat Rahmenbedingungen für das unternehmerische Handeln.[218] Staatliche Regulierungen beeinflussen mithin das frei unternehmerische Handeln und engen es ein.[219] Diese Eingriffe in die Wirtschaftsprozesse durch Regulierungen dienen der Vermeidung von Marktversagen und der Sicherung eines ordnungsgemäßen Wettbewerbs.[220] Marktversagen entsteht dann, wenn der Wettbewerb nicht zu dem gewünschten Ziel führt. In solchen Fällen entstehen beispielsweise natürliche Monopole, negative externe Effekte, ruinöse Konkurrenz[221] oder auch Informationsasymmetrien.[222] Durch Regulierung kann dem entgegengewirkt werden.

Deregulierung dient hingegen als Oberbegriff für alle Maßnahmen, die die Reduzierung der Regulierung privater Tätigkeit durch staatliche Rechtsnormen

---

215 KOM (2004) 83 endg., 11.
216 KOM (2004) 83 endg., 10.
217 *Müller,* (De-) Regulierung und Unternehmertum, S. 38.
218 *Müller,* (De-) Regulierung und Unternehmertum, S. 38.
219 Vgl. *Neuhaus,* Regulierung in Deutschland und den USA, S. 62.
220 *Müller,* (De-)Regulierung und Unternehmertum, S. 38.
221 *Rabe,* Liberalisierung und Deregulierung im Europäischen Binnenmarkt für Versicherungen, S. 31.
222 *Séché,* Die Vereinbarkeit freiberuflicher Regulierungen mit dem EGV, S. 409.

sowie der Regulierung der Tätigkeit der öffentlichen Verwaltung durch Rechtsnormen und Verwaltungsvorschriften zum Ziel haben.[223] Deregulierende Maßnahmen dienen der Erweiterung flexibler Reaktion, der Erhöhung der Verantwortungsbereitschaft von Entscheidungsträgern[224] sowie der Beschleunigung, Vereinfachung und wirtschaftlichen Gestaltung von Verwaltungsabläufen und der Förderung der privaten und unternehmerischen Eigeninitiative.[225]

Zu Regulierungsmaßnahmen gehören u. a. Regelungen über den Marktzutritt und -austritt, Preise, Produktionsmengen und -kapazitäten sowie Qualität. Weiter werden durch die Regulierung soziale Zwecke wie die Fürsorgepflicht des Staates gegenüber den Bürgern oder politische Zwecke wie die Schaffung bestimmter Infrastrukturen oder der gesellschaftliche Nutzen durch bestimmte Güter und Dienstleistungen verfolgt.[226]

Regulierungen führen aber auch dazu, dass die Freiheiten der Marktteilnehmer oder potentiellen Marktteilnehmer begrenzt werden. Regulierungen können im Extremfall dazu führen, dass sich Monopole bilden, in denen zwar eine hohe Markttransparenz, aber eine niedrige Gestaltungsfreiheit besteht.[227] Das Gegenteil dazu ist der völlig unregulierte Markt, auf dem die Gestaltungsfreiheit unbegrenzt, die Transparenz hingegen gering ist.[228]

Als Regulierungsmittel kommen qualitative und quantitative Zulassungs- und Berufsausübungsbeschränkungen in Betracht, z. B. Vorschriften zur Unternehmensstrukturierung, Werbebeschränkungen und Preisregulierungen sowie das Tätigkeitsverbot als absolute Zugangsbeschränkung.[229]

Die Kommission versucht den europäischen Binnenmarkt zunehmend zu deregulieren. Ihrer Ansicht nach ist ein deregulierter Markt effektiver als ein regulierter und fördert den Wettbewerb.[230] Regulierungen können aber auch nach Ansicht der EU gegebenenfalls aus ökonomischer und wettbewerbsrechtlicher Sicht (zwar immer nur als ultima ratio) gerechtfertigt sein – insbesondere dann, wenn sie einem Marktversagen vorbeugen sollen.[231]

---

223 *Weber*, in: Creifelds Rechtswörterbuch, Deregulierung, 22. Aufl. 2017, S. 296.

224 *Weber*, in: Creifelds Rechtswörterbuch, Deregulierung, 22. Aufl. 2017, S. 296.

225 *Weber*, in: Creifelds Rechtswörterbuch, Deregulierung, 22. Aufl. 2017, S. 296.

226 *Rabe*, Liberalisierung und Deregulierung im Europäischen Binnenmarkt für Versicherungen, S. 33.

227 *Rabe*, Liberalisierung und Deregulierung im Europäischen Binnenmarkt für Versicherungen, S. 314.

228 Vgl. *G`Giorgis*, Die Liberalisierung des Anwaltsberufs, S. 70.

229 Vgl. *G`Giorgis*, Die Liberalisierung des Anwaltsberufs, S. 73 ff.

230 KOM (2000) 888 endg.

231 Vgl. *Wambach/Arentz/Manner/Münstermann/Recker/Roth*, Der Dienstleistungssektor in Deutschland, Überblick und Deregulierungspotenziale, Otto-Wolff-Discussion Paper 1a, Köln 2015, S. 7; *Henssler*, AnwBl. 2018, 22 (23).

III. Kompetenzen des europäischen Gesetzgebers zur (De-) Regulierung der Berufsrechte

Eine grundsätzliche Kompetenz des europäischen Gesetzgebers, das Berufsrecht der freien Berufe oder spezifische Rechtsvorschriften zur Harmonisierung der Zugangs- und Ausübungsbestimmungen für reglementierte Berufe zu regeln, enthält das Unionsrecht nicht. In den europäischen Verträgen findet sich keine Ermächtigungsgrundlage dafür. Die Entscheidung, ob und wie ein Beruf zu reglementieren ist, liegt vielmehr im Zuständigkeitsbereich der Mitgliedstaaten.[232] Sie können frei und ohne Absprache mit anderen Mitgliedstaaten entscheiden, ob sie Vorschriften erlassen und ob es einen Bedarf für Einschränkungen des Zugangs zu einem Beruf oder für dessen Ausübung gibt. Dadurch soll der Schutz im Allgemeininteresse liegender Ziele gewährleistet werden.[233] Die Gesetzgebungskompetenz für das Berufsrecht obliegt dabei den nationalen Gesetzgebern, solange die Grundsätze der Nichtdiskriminierung und der Verhältnismäßigkeit gewahrt bleiben.[234] Die Berufsfreiheit ist ein Grundrecht. Nationale Bestimmungen, die den Zugang zu oder die Ausübung von reglementierten Berufen regeln, dürfen daher keine ungerechtfertigten und unverhältnismäßigen Beeinträchtigungen für die Ausübung dieses Grundrechtes schaffen.[235] Den Mitgliedstaaten obliegt es ebenfalls selbst zu bestimmen, welches im Allgemeininteresse liegende Ziel sie schützen möchten und auf welche Weise sie dies bestmöglich erreichen.[236]

Die EU erlangt aber über die Grundfreiheiten, konkreter über das Prinzip der Freizügigkeit, also die Dienstleistungs- und Niederlassungsfreiheit (Art. 49 und Art. 56 AEUV) sowie das europäische Wettbewerbsrecht (Art. 101 AEUV), Einfluss auf die Regelungen der nationalen Berufsrechte, soweit diese europäischen Grundrechte von den berufsrechtlichen Reglementierungen betroffen sind. Das Prinzip der Freizügigkeit ist betroffen, sobald berufsrechtliche Regelungen eine grenzüberschreitende Wirkung entfalten. So können nationale berufsrechtliche Regelungen den grenzüberschreitenden Dienstleistungsverkehr bzw. die Niederlassungsfreiheit einer Person behindern. Beschränkt ein Mitgliedstaat einen bestimmten Dienstleistungsmarkt durch Zugangs- und Ausübungsregulierungen, bedarf es dafür einer unionsrechtlichen Rechtfertigung.

Zur Verwirklichung des Binnenmarktes i. S. d. Art. 3 Abs. 3 EUV besteht für die Unionsorgane durch das Unionsrecht die Möglichkeit, durch Liberalisierungsmaßnahmen des sekundären Unionsrechts Beschränkungen zu beseitigen und so Einfluss auf die Berufsrechte reglementierter Berufe zu nehmen.[237]

---

232 Art. 2 f. AEUV; Art. 5 EUV.

233 KOM (2016) 820, 2, 4; COM (2016) 822, 1; EuGH, Urteil v. 12.12.1996 – C-3/95 – *Broede* = BeckRS 2004, 76480.

234 COM (2016) 822, 14; *Henssler*, AnwBl. 2009, 1 (2).

235 COM (2016) 822, 14.

236 KOM (2016), 820, 4.

237 *Kluth*, in: Calliess/Ruffert, EUV/AEUV, 5. Aufl. 2016, § 59 AEUV, Rn. 1.

Art. 59 AEUV verleiht dem Europäischen Parlament und dem Rat die Kompetenz zur „Liberalisierung“ des Dienstleistungsverkehrs und zu den dazu erforderlichen Rechtsangleichungsmaßnahmen. Ferner normiert Art. 59 AEUV inhaltliche Vorgaben für die Rechtsangleichung und regelt partiell das dabei einzuhaltende Verfahren. Liberalisierung in dem Sinne meint, den Abbau von Hindernissen für grenzüberschreitende Dienstleistungen zu fördern.[238]

Eine direkte Ermächtigung aus Art. 59 Abs. 1 AEUV zum Abbau der Regularien bei den reglementierten Berufen in den mitgliedstaatlichen Rechtsordnungen lässt sich daraus jedoch nicht ableiten.[239] Deregulierungsvorgaben und Prüfaufträge im Hinblick auf mitgliedstaatliche Genehmigungs- und Verfahrensvorschriften, die bei der Ausübung einer dienstleistenden Tätigkeit zu beachten sind, wie sie sich z. B. in Art. 15 ff. der Dienstleistungsrichtlinie 2006/123/EG finden, werden teilweise dieser Liberalisierungskompetenz aus Art. 59 AEUV zugeordnet.[240] Art. 59 Abs. 1 AEUV ordnet zudem an, dass zur Liberalisierung *„einer bestimmten Dienstleistung“* Richtlinien zu erlassen sind. Grundsätzlich soll die Norm dazu dienen, dass jede Dienstleistung gesondert geregelt wird, und den Erlass von fach- und berufsfeldübergreifenden Regelungen vermeiden. *Kuth*[241] hält daran fest, dass es entsprechend des Wortlauts der Norm einer gesonderten Regelung der verschiedenen Dienstleistungen bedarf. Die Kommission sei von diesem Gebot im Rahmen der Binnenmarktstrategie seit 2001 abgewichen und habe mit der Berufsqualifikationsrichtlinie sowie der Dienstleistungsrichtlinie aus rein *„politökonomischen“* Gründen bereichsübergreifende Richtlinien ausgearbeitet.[242] Nach Ansicht von *Randelzhofer* und *Forsthoff* wäre es unökonomisch und würde nicht der Rechtspraxis entsprechen, für jede Dienstleistung gesondert eine Richtlinie zu erlassen.[243]

Eine weitere Ermächtigungsgrundlage, die auch als die zentrale Kompetenzvorschrift für die Dienstleistungsfreiheit betrachtet wird, ergibt sich aus Art. 62 i. V. m. Art. 53 AEUV[244]. Maßnahmen, die die gegenseitige Anerkennung und Mindestharmonisierung von Dienstleistungen betreffen, werden auf Art. 62 i. V. m. Art. 53 AEUV gestützt. Unter Heranziehung der Vorschrift ist es dem Gemeinschaftsgesetzgeber erlaubt, Richtlinien zur Koordinierung der mitgliedstaatlichen Vorschriften in Bezug auf den Dienstleistungsverkehr und bei Bedarf auch gleichzeitig in

---

238 *Kluth*, in: Calliess/Ruffert, EUV/AEUV, 5. Aufl. 2016, § 59 AEUV, Rn. 5; *Randelzhofer/Forsthoff* in: Grabitz/Hilf/Nettesheim, Das Recht der EU, 71. EL August 2020, Art. 59 AEUV, Rn. 2.

239 Vgl. *Kluth*, in: Calliess/Ruffert, EUV/AEUV, 5. Aufl. 2016, § 59 AEUV, Rn. 5.

240 So *Kluth*, in: Calliess/Ruffert, EUV/AEUV, 5. Aufl. 2016, § 59 AEUV, Rn. 8.

241 *Kluth*, in: Calliess/Ruffert, EUV/AEUV, 5. Aufl. 2016, § 59 AEUV, Rn. 10.

242 Vgl. *Kluth*, in: Calliess/Ruffert, EUV/AEUV, 5. Aufl. 2016, § 59 AEUV, Rn. 10, zu den beiden Richtlinien unten unter C. IV. 1. und C. IV. 2.

243 *Randelzhofer/Forsthoff* in: Grabitz/Hilf/Nettesheim, Das Recht der EU, 71. EL August 2020, Art. 59 AEUV, Rn. 2 unter Verweis auf RL 73/183/EWG, ABl. 1973 L 194/1.

244 *Randelzhofer/Forsthoff* in: Grabitz/Hilf/Nettesheim, Das Recht der EU, 71. EL August 2020, Art. 62 AEUV, Rn. 15.

Bezug auf die Niederlassungsfreiheit zu erlassen.[245] Sie dient der gegenseitigen Anerkennung der Diplome, Prüfungszeugnisse und sonstiger Befähigungsnachweise (Art. 53 Abs. 1, 1. Alt. AEUV) sowie der Harmonisierung der Rechts- und Verwaltungsvorschriften der Mitgliedstaaten in Bezug auf die Aufnahme und Ausübung selbstständiger Tätigkeiten (Art. 53 Abs. 1, 2. Alt. AEUV). Sie ermöglicht es dem Gemeinschaftsgesetzgeber, einheitliche Standards in der Union einzuführen.[246] Eine weitere Regelungskompetenz, die allgemeine Harmonisierungskompetenz, ergibt sich aus Art. 114 AEUV. Auf die ersten beiden Kompetenzen ist aber vorrangig zurückzugreifen.[247] Das Verhältnis zwischen Art. 59 Abs. AEUV und Art. 62 i. V. m. Art. 53 AEUV ist nicht geklärt. Heute werden alle die Dienstleistungsfreiheit betreffenden Rechtsakte vom Gemeinschaftsgesetzgeber überwiegend auf diese Regelungskompetenz der gegenseitigen Anerkennung (Art. 62 i. V. m. Art. 53 AEUV) gestützt und nicht mehr auf die Liberalisierungskompetenz aus Art. 59 AEUV.[248] Zu den auf Grundlage von Art. 62 i. V. m. Art. 53 AEUV gestützten Richtlinien, die die Dienstleistungsfreiheit betreffen, gehören u. a. die Dienstleistungsrichtlinie,[249] die Berufsqualifikationsrichtlinie,[250] die Rechtsanwaltsrichtlinien[251] sowie viele weitere.[252]

Durch diese Maßnahmen wird unmittelbar auf die mietgliedstaatlichen Rechtsordnungen eingewirkt, wobei die Einwirkungen auf die Anerkennung und

---

245 Vgl. *Randelzhofer/Forsthoff* in: Grabitz/Hilf/Nettesheim, Das Recht der EU, 71. EL August 2020, Art. 62 AEUV, Rn. 15.

246 *Müller-Graff*, in: Streinz, EUV/AEUV, 3. Aufl. 2018, Art. 62 AEUV, Rn. 12.

247 *Kluth*, in: Calliess/Ruffert, EUV/AEUV, 5. Aufl. 2016, § 59 AEUV, Rn. 7.

248 *Kluth*, in: Calliess/Ruffert, EUV/AEUV, 5. Aufl. 2016, § 59 AEUV, Rn. 6; *Schlag*, in: Schwarze, EU-Kommentar, 4. Auflage 2019 Art. 53 AEUV, Rn. 2 f.

249 Richtlinie 2006/123/EG des Europäischen Parlaments und des Rates v. 12.12.2006 über Dienstleistungen im Binnenmarkt, ABl. L 376/36 v. 27.12.2006, dazu unten unter C. IV. 2.

250 Richtlinie 2005/36/EG des Europäischen Parlamentes und des Rates v. 7. September 2005 über die Anerkennung von Berufsqualifikationen, ABl. L 255 v. 30.9.2005, zuletzt geändert durch Beschluss (EU) 2016/790, ABl. 2016 L 134/135, dazu unten unter C. IV. 1.

251 Richtlinie zur Erleichterung der tatsächlichen Ausübung des freien Dienstleistungsverkehrs der Rechtsanwälte v. 22.03.1977, 77/749/EWG, ABl. 1977 L 78/17, zuletzt geändert durch Richtlinie 2013/25/EU, ABl. 2013 L 158, 368, 375; Richtlinie 98/5/EG zur Erleichterung der ständigen Ausübung des Rechtsanwaltsberufs in einem anderen Mitgliedstaat als dem, in dem die Qualifikation erworben wurde v. 16.02.1998, ABl. 2013 L 158, 368, 375, zuletzt geändert durch Richtlinie 2013/25/EU, ABl. 2013 L 158, 368, 375.

252 RL 2013/36/EU, ABl. 2013 L 176/338; RL 2014/65/EU, ABl. 2014 L 173/349; RL 2010/13/EU, ABl. 2010 L 95/1; RL 2002/21/EG, ABl. 2002 L 108/33, zuletzt geändert durch RL 2009/140/EG, ABl. 2009 L 337/37; RL 86/653/EWG, ABl. 1986 L 382/17; RL 2014/24/EU, ABl. 2014 L 94/65; RL 2014/25/EU, ABl. 2014 L 94/243; RL 2014/23/EU, ABl. 2014 L 94/1.

Koordination der Ausbildung eher geringe Eingriffe darstellen. Die Einwirkungen, die der Vereinheitlichung der Zulassungs- und Ausübungsregeln dienen, wirken sich stärker auf die mietgliedstaatlichen Rechtsordnungen und Liberalisierungseffekte aus.[253]

Die Richtlinien der europäischen Gesetzgebungsorgane basieren dabei auf einem Vorschlag der Kommission. Die Kommission besitzt nach Art. 17 Abs. 2 EUV das Vorschlagsmonopol im Gesetzgebungsverfahren der Union. Ihre Aufgabe besteht i. S. v. Art. 17 Abs. 1 EUV darin, geeignete Initiativen zu ergreifen, um das Unionsinteresse zu fördern.

IV. Liberalisierungsstrategien der Europäischen Kommission

Das übergeordnete Ziel der Kommission im Rahmen ihrer Liberalisierungsbestrebungen ist die Stärkung des europäischen Binnenmarktes. Durch Deregulierung sollen Hindernisse im Dienstleistungssektor beseitigt und für die Mitgliedstaaten soll ein gemeinsamer Rechtsrahmen geschaffen werden, der sich auf einheitlich definierte Rechtsbegriffe in Zusammenhang mit verschiedenen Arten von Reglementierungen von Berufen in der Union stützt.

Zur Umsetzung ihrer Pläne verfolgt die Kommission zwei Wege. Zum einen geht sie mit Vertragsverletzungsverfahren gegen einzelne Mitgliedstaaten vor, die durch bestimmte Regulierungen gegen EU-Recht verstoßen oder das EU-Recht nicht umsetzen.[254] Parallel dazu setzt sie auf politische Maßnahmen, mit denen sie die Mitgliedstaaten zu eigenen Deregulierungsbemühungen zu bewegen versucht. Im Rahmen der von der Kommission verfolgten Strategie wurden in den letzten knapp 30 Jahren auf Vorschlag der Kommission zahlreiche Richtlinien erlassen, die die Stärkung des europäischen Binnenmarkts vorantreiben sollen. Nachfolgend sollen die für die Entwicklung des anwaltlichen Berufsrechts grundlegenden Strategien und Richtlinien in chronologischer Abfolge dargestellt werden.

1. Berufsqualifikationsrichtlinie 2005/36/EG

Im März 2000 hat die Kommission auf Wunsch des Europäischen Rates eine Mitteilung mit der Bezeichnung *„Eine Binnenmarktstrategie für den Dienstleistungssektor“* vorgelegt. Die darin enthaltene Strategie zielte insbesondere darauf ab, die Erbringung von Dienstleistungen innerhalb der Gemeinschaft ebenso einfach zu machen wie innerhalb eines Mitgliedstaats.[255] Es folgte eine Mitteilung namens

---

253 Vgl. dazu *Kluth*, in: Calliess/Ruffert, EUV/AEUV, 5. Aufl. 2016, § 59 AEUV, Rn. 16.

254 Vgl. Vertragsverletzungsverfahren gegen Griechenland, Europäische Kommission, Pressebericht v. 05.05.2010, Brüssel, IP/10/498, abrufbar unter: http://europa.eu/rapid/press-release_IP-10-498_de.htm; gegen Italien, EuGH, Urteil v. 29.03.2011 – C-565/08 = NJW 2011, 1575; Deutschland, EuZW 2015, 492.

255 Erwägungsgrund 2 BQRL.

„Neue europäische Arbeitsmärkte – offen und zugänglich für alle“, in Folge derer der Europäische Rat auf seiner Tagung vom 23. und 24. März 2001 in Stockholm die Kommission beauftragte, für die Frühjahrstagung des Europäischen Rates im Jahr 2002 spezifische Vorschläge für ein einheitlicheres, transparenteres und flexibleres System der Anerkennung von beruflichen Qualifikationen zu unterbreiten. Daraufhin unterbreitete die Kommission einen Vorschlag für eine Richtlinie über die Anerkennung von Berufsqualifikationen. Die vorgeschlagenen Richtlinien sollten das Ziel verfolgen, die Freizügigkeit, die Niederlassungsfreiheit und die Dienstleistungsfreiheit der Angehörigen reglementierter Berufe im Binnenmarkt zu vereinfachen und zu verbessern. Der bis dahin existierende *„Flickenteppich“*[256] von Vorschriften über die berufliche Anerkennung, der sich aus 15 berufsspezifischen Richtlinien und Richtlinien für einzelne Berufsgruppen zusammensetzte[257], sollte durch eine zentrale Richtlinie ersetzt werden.[258] Daraus entstand die Richtlinie 2005/36/EG über die Anerkennung von Berufsqualifikationen – nachfolgend *Berufsqualifikationsrichtlinie* genannt.[259] Ziel dieser Richtlinie war es, die reglementierten Berufe zu harmonisieren und sie europaweit zu öffnen.

Die Berufsqualifikationsrichtlinie garantiert demjenigen, der einen reglementierten Beruf ausübt[260] oder seine Berufsqualifikation in einem Mitgliedstaat erworben hat, dass er denselben Beruf auch in einem anderen Mitgliedstaat unter denselben Voraussetzungen wie Inländer ausüben könne.[261] Davon nicht ausgeschlossen ist die Erfüllung nicht diskriminierender Ausübungsvoraussetzungen,

---

256 Vorschlag für eine Richtlinie – über die Anerkennung von Berufsqualifikationen, KOM (2002) 119 endg. v. 07.03.2002, ABl. 2002 Nr. C 181, S. 4; *Mann*, EuZW 2004, 615 (616).

257 Betroffen waren die Richtlinien 77/254/EWG, ///245/EWG, 78/686/EWG, 78/678/EWG, 78/1026/EWG, 78/1027/EWG, 80/154/EWG, 80/155/EWG, 85/384/EWG, 85/432/EWG, 85/433/EWG und 93/16/EWG des Rates über die Tätigkeiten der Krankenschwestern und des Krankenpflegers, die für die allgemeine Pflege verantwortlich sind, des Zahnarztes, des Tierarztes, der Hebamme, des Architekten, des Apothekers und des Arztes, ABl. L 176 v. 15.07.1977, ABl. L 233 v. 24.08.1978, ABl. L 362 v. 23.12.1978, ABl. L 33 v. 11.02.1980, ABl. L 223 v. 21.08.1985, ABl. L 253 v. 24.09.1985. Richtlinien 89/48/EWG und 92/51/EWG des Rates über eine allgemeine Regelung zur Anerkennung beruflicher Befähigungsnachweise – ABl. L 19 v. 24.01.1989 und ABl. L 209 v. 24.07.1992. Richtlinie 1999/42/EG des Europäischen Parlaments und des Rates über ein Verfahren zur Anerkennung der Befähigungsnachweise für die unter die Liberalisierungs- und Übergangsrichtlinien fallenden Berufstätigkeiten in Ergänzung der allgemeinen Regelung zur Anerkennung der Befähigungsnachweise, ABl. L 201 v. 31.07.1999 u BullEG Nr. 6–1999, Nr. 1. 2. 21.

258 Vgl. *Henssler*, EuZW, 2003, 229 (230).

259 Richtlinie 2005/36/EG des Europäischen Parlamentes und des Rates v. 7. September 2005 über die Anerkennung von Berufsqualifikationen, ABl. L 255 v. 30.09.2005, S. 22.

260 Art. 1 Abs. 1 BQRL.

261 Erwägungsgrund 3 BQRL.

die ein Mitgliedstaat vorschreibt, soweit diese objektiv gerechtfertigt und verhältnismäßig sind.[262] Die Mitgliedstaaten wurden durch die Richtlinie aufgefordert, zur Erleichterung des freien Dienstleistungsverkehrs besondere Vorschriften zu erlassen, durch die die Möglichkeit zur Ausübung beruflicher Tätigkeiten unter der im Herkunftsmitgliedstaat erworbenen Berufsbezeichnung erweitert wird.[263] Die Richtlinie legt eine Reihe von Regeln für Fachleute fest, die in einem anderen Mitgliedstaat, in dem ein bestimmter Beruf geregelt ist, Dienstleistungen erbringen oder erbringen möchten. Ziel der Richtlinie ist es, die Mobilität von Fachleuten in der gesamten EU zu erleichtern. Der Anwendungsbereich der Richtlinie umfasst alle reglementierten freien Berufe[264], ausgenommen Notare und Rechtsanwälte.

In Bezug auf die Tätigkeit des Rechtsanwalts hat der EuGH bereits 1974 in der Sache *Reyners* entschieden, dass diese Tätigkeit trotz der Stellung des Rechtsanwalts im Rechtspflegesystem nicht die Ausübung öffentlicher Gewalt, sondern eine private Dienstleistung gegenüber dem Mandanten darstellt.[265] Der Rechtsanwalt kann sich daher auf die Dienstleistungs- und Niederlassungsfreiheit berufen. In Folge dieser Entscheidung wurden für die Anwaltschaft die Dienstleistungsrichtlinie für Rechtsanwälte von 1977[266] zur Erleichterung der tatsächlichen Ausübung des freien Dienstleistungsverkehrs der Rechtsanwälte und die Niederlassungsrichtlinie für Rechtsanwälte von 1998 zur Erleichterung der ständigen Ausübung des Rechtsanwaltsberufs in einem anderen Mitgliedstaat als dem, in dem die Qualifikation erworben wurde,[267] entwickelt. Diese beiden Richtlinien sollten für Rechtsanwälte weiter gelten. Die Niederlassungsrichtlinie für Rechtsanwälte von 1998 umfasst die Anerkennung der Berufsqualifikationen von Anwälten zum Zwecke der umgehenden Niederlassung unter der Berufsbezeichnung des Aufnahmemitgliedstaates.[268] Die Kommission begründete den Ausschluss des Anwaltsberufes damit, dass die Tätigkeit als Rechtsanwalt eine andere Art der Anerkennung voraussetze. Maßgeblich sei bei dem Anwaltsberuf nicht die Anerkennung der Berufsqualifikation als solche, sondern die Berechtigung zur Berufsausübung.[269]

Da die Berufsqualifikationsrichtlinie das anwaltliche Berufsrecht nicht berührt, soll hier nicht weiter darauf eingegangen werden.

---

262 Ebd.
263 Erwägungsgrund 4 BQRL.
264 Art. 2 Abs. 1 BQRL.
265 EuGH, Urteil v. 21.06.1974 – Rs. C-2/74 – *Reyners* = NJW 1975, 513.
266 Richtlinie 77/294/EWG, ABl. L 78 v. 26.03.1977, S 17; Erwägungsgrund 42 BQRL.
267 Richtlinie 98/5/EG, ABl. L 77 v. 14.03.1998, S. 36; Erwägungsgrund 42 BQRL.
268 Ebd.
269 KOM (2002) 119, 6.

2. Die Dienstleistungsrichtlinie 2006/123/EG

Im Dezember 2006 wurde sodann die *Dienstleistungsrichtlinie*[270] als ein zentraler Bestandteil der Umsetzung der *Lissabon-Strategie* veröffentlicht. Mit der Dienstleistungsrichtlinie wird ein „horizontaler" Ansatz verfolgt; sie bezieht sich auf sämtliche Dienstleistungen.[271]

Die Dienstleistungsrichtlinie hatte einen schwierigen Entstehungsprozess zu durchlaufen. Der erste Vorschlag der Kommission zur Dienstleistungsrichtlinie[272] musste aufgrund gravierenden politischen Widerstands im Europäischen Parlament und in den Mitgliedstaaten erheblich geändert werden.[273] Insbesondere die Geltung des Herkunftslandprinzips für die Erbringung von Dienstleistungen, das im Zentrum des ersten Richtlinienentwurfs stand, wurde stark kritisiert.[274] Grenzüberschreitend tätige Dienstleister sollten demnach bei der Aufnahme und Ausübung ihrer Tätigkeit grundsätzlich ausschließlich den Bestimmungen ihres Herkunftslandes unterliegen.[275]

Im April 2006 legte die Kommission einen überarbeiteten Vorschlag vor, der sowohl beim Europäischen Parlament als auch beim Rat Zustimmung fand.[276] Das Herkunftslandprinzip fand sich darin nicht mehr wieder. Der Text orientiert sich weitestgehend an der EuGH-Rechtsprechung und am darin entwickelten Grundsatz der gegenseitigen Anerkennung einerseits und der Beschränkungsmöglichkeiten zur Wahrung der Grundfreiheiten andererseits.[277] Die Richtlinie führte aufgrund ihres horizontalen Charakters zu einem umfassenden Anpassungsbedarf in den Mitgliedstaaten. Die Mitgliedstaaten sollten selbst ihre Rechtsordnungen

---

270 Richtlinie 2006/123/EG des Europäischen Parlaments und des Rates v. 12.12.2006 über Dienstleistungen im Binnenmarkt, ABl. L 376/36 v. 27.12.2006, S. 36.

271 Vgl. Art. 2 Abs. 1 der Dienstleistungsrichtlinie; vgl. auch *Denzin*, in; Schulze/Zuleeg/Kadelbach, Europarecht, Freie Berufe, § 27, Rn. 26 f.

272 Vorschlag für eine Richtlinie – über Dienstleistungen im Binnenmarkt, KOM (2004) 2 endg. v. 25.02.2004.

273 Siehe dazu *Basedow*, EuZW 2004, 423; *Kluth/Rieger*, GewArch 2006, 1 (3 f.); *Hatje*, NJW 2007, 2357f; *Kluth*, in: Calliess/Ruffert, EUV/AEUV, 5. Aufl. 2016, Rn. 22 m. w. N.

274 Vgl. dazu ausführlich *Kunzmann*, Wege zu einem einheitlichen Binnenmarkt für Dienstleistungen, S. 99 ff.; *Asemissen*, Berufsanerkennung und Dienstleistungen im europäischen Binnenmarkt, S. 212 ff.; Vgl. *Oppermann/Classen/Nettesheim*, Europarecht, § 25 Rn. 23.

275 Vgl. dazu *Holoubek*, in: Schwarze, EU-Kommentar, Art. 56, 57 AEUV, Rn. 132; *Dauses*, EuZW 2013, 201 (201).

276 Geänderter Vorschlag für eine Richtlinie – über Dienstleistungen im Binnenmarkt, KOM (2006) 160 endg. v. 04.04.2006.

277 U.a. EuGH, Slg. 1986, 3755 = NJW 1987, 572 – *Kommission/Deutschland*; Slg. 1991, I-659 = EuZW 1991, 352 – Kommission/Frankreich; Slg. 1995, I-1141 = NJW 1995, 2541 – *Alpine Investments;* Slg. 2004, I- 6613 = EuZW 2004, 497 – *Bacardi Franc;* vgl. dazu *Holoubek*, in: Schwarze, EU-Kommentar, Art. 56, 57 AEUV, Rn. 132; *Hatje*, NJW 2007, 2360 ff; *Dauses*, EuZW 2013, 201 f.

auf Hindernisse für den Austausch von Dienstleistungen durchsuchen. Es wurde bewusst die Form einer Rahmenrichtlinie gewählt, um eine Uniformierung der nationalen Rechtssysteme und einer Überregulierung zu vermeiden;[278] vorgesehen war, dass die Mitgliedstaaten die Richtlinie bis Ende 2009 umsetzen sollten. Im Rahmen der Umsetzung sollten Verwaltungsverfahren überarbeitet und zahlreiche Regulierungen untersagt werden, was dazu führte, dass die Mitgliedstaaten bestehende Regulierungen dahin gehend überprüfen mussten, ob sie gerechtfertigt und verhältnismäßig sind.

a. Zielsetzung der Dienstleistungsrichtlinie

Ziel der Dienstleistungsrichtlinie war es, den Handel für inländische[279] und grenzüberschreitende Dienstleistungen zu erleichtern, insbesondere durch den Abbau und die Harmonisierung von bürokratischen Hindernissen und Beschränkungen, um so den europäischen Binnenmarkt fortschrittlich weiterzuentwickeln und dessen Wachstumspotential besser auszuschöpfen.[280] Die Niederlassung von Dienstleistern und der Austausch von Dienstleistungen sollten erleichtert und ihre Qualität verbessert werden mit dem weiteren Ziel, neue Arbeitsplätze in der EU zu schaffen.[281]

Der Dienstleistungssektor trägt durchschnittlich 70 % zu den BIP der Mitgliedstaaten bei und wird daher als marktwesentlicher Sektor für die EU betrachtet[282]. Der Anteil grenzüberschreitender Dienstleistungen im Leistungsaustausch war um die Jahrtausendwende mit nur 20 % jedoch relativ niedrig.[283] Von der Liberalisierung des Dienstleistungssektors wurden sich daher erhebliche Effizienzsteigerungen und Wohlfahrtsgewinne versprochen.[284] Die Dienstleistungsrichtlinie ist aber auch auf die „*Modernisierung der nationalen Regelungen bei Dienstleistungstätigkeiten*" bis hin zur „*Schaffung eines wirklichen Binnenmarktes für Dienstleistungen bis zum Jahr 2010*"[285] ausgerichtet gewesen. Die Richtlinie sollte sicherstellen, dass sowohl die Erbringer als auch Empfänger von Dienstleistungen in den Mitgliedstaaten

---

278 *Hatje*, NJW 2007, 2357 (2358).

279 Die Dienstleistungsrichtlinie unterscheidet grundsätzlich nicht zwischen inländischen und grenzüberschreitenden Dienstleistungserbringern; mit Urteil v. 30.01.2018 in der verbundenen Rechtssache C-360/15 und C-31/16 (BeckRS 2018, 425) hat der EuGH jüngst klargestellt, dass auch die in Kapitel III der allgemeinen Dienstleistungsrichtlinie enthaltenen Regelungen zur Niederlassungsfreiheit von Dienstleistungserbringern auch auf rein innerstaatliche Sachverhalte anwendbar sind.

280 Erwägungsgrund 1 Dienstleistungsrichtlinie; siehe auch *Tiedje*, in: von der Groeben/Schwarze/Hatje, 7. Aufl. 2015, Art. 57 AEUV, Rn. 71 ff.

281 Dazu Erwägungsgrund 4 Dienstleistungsrichtlinie.

282 Erwägungsgrund 4 Dienstleistungsrichtlinie.

283 Vgl. *Hatje*, NJW 2007, 2357 (2358).

284 Erwägungsgrund 4 Dienstleistungsrichtlinie.

285 Erwägungsgrund 7 Dienstleistungsrichtlinie.

bestmöglich von ihren Grundrechten aus Art. 43 und 49 des Vertrags zur Gründung der Europäischen Gemeinschaft (EGV)[286], dem Niederlassungsrecht und dem freien grenzüberschreitenden Dienstleistungsverkehr profitieren können. Erreicht werden sollte dies durch die Schaffung eines allgemeinen Rechtsrahmens.

b. Anwendungsbereich

Die Dienstleistungsrichtlinie gilt ausschließlich für Dienstleistungen, die von einem in einem Mitgliedstaat niedergelassenen Dienstleistungserbringer angeboten werden[287] und von einer Gegenleistung abhängig sind.[288] Art. 4 Nr. 1 der Dienstleistungsrichtlinie definiert Dienstleistungen als *„jede von Artikel 50 des Vertrags* [Art. 57 AEUV heute] *erfasste selbstständige Tätigkeit, die in der Regel gegen Entgelt erbracht wird.*" Zu den unter die Richtlinie fallenden Dienstleistungen gehören u. a. freiberufliche Dienstleistungen wie Unternehmensberatung, Zertifizierungs- und Prüfungstätigkeiten, Dienstleistungen im Rahmen der Rechts- oder Steuerberatung sowie Dienstleistungen des Baugewerbes einschließlich der Dienstleistungen von Architekten.[289] Keine Anwendung findet die Richtlinie auf sogenannte nichtwirtschaftliche Dienstleistungen von allgemeinem Interesse, Finanzdienstleistungen, Gesundheitsdienstleistungen, Glücksspiele und soziale Dienstleistungen.[290] Ferner gilt sie nicht für Notare und Gerichtsvollzieher, die durch staatliche Stellen bestellt werden, und den Bereich der Steuern.[291] Der Anwendungsbereich der Richtlinie ist nicht auf grenzüberschreitende Dienstleistungen beschränkt – von ihr werden auch reine Inlandssachverhalte erfasst.[292]

c. Aufbau der Dienstleistungsrichtlinie

Die Richtlinie enthält eine Reihe von Bestimmungen, die den Mitgliedstaaten vorschreiben, wie sie ihren Dienstleistungssektor zu organisieren haben. Sie enthält sowohl Bestimmungen zur Dienstleistungsfreiheit (Art. 16 – 21 DLRL) wie auch zur Niederlassungsfreiheit (Art. 9 – 15 DLRL).

Auf die allgemeinen Bestimmungen (Kapitel I) folgen zunächst Vorgaben zur Verwaltungsvereinfachung (Kapitel II). Ein wesentlicher Bestandteil der Richtlinie ist, dass sie die Errichtung eines einheitlichen Ansprechpartners in jedem Mitgliedstaat vorsieht, der die Eingaben von Dienstleistern entweder selbst bearbeitet oder als Verbindungsglied zu den zuständigen Stellen dient (Art. 6). Daneben ist

---

286 Heute Art. 49 und 56 AEUV.
287 Art. 2 Abs. 1 Dienstleistungsrichtlinie.
288 Erwägungsgrund 17 Dienstleistungsrichtlinie.
289 Erwägungsgrund 33 Dienstleistungsrichtlinie.
290 Art. 2 Abs. 2 lit. a, b, f, h, j Dienstleistungsrichtlinie.
291 Art. 2 Abs. lit l und Abs. 3 Dienstleistungsrichtlinie.
292 *Kluth*, in Calliess/Ruffert, EUV/AEUV, Art. 59 AEUV, 5. Aufl. 2016, Rn. 24.

hervorzuheben, dass sie einen Ausbau der elektronischen Kommunikationswege zur Erleichterung des Verwaltungsweges vorsieht (Art. 8 Abs. 1).

Erst nach den Vorschriften zur Verwaltungsvereinfachung finden sich Sonderregelungen für die Niederlassungsfreiheit der Dienstleistungserbringer (Kapitel III) sowie für den freien Dienstleistungsverkehr (Kapitel IV).[293] In Kapitel V finden sich sodann noch Regelungen zur Qualitätssicherung.[294] Art. 22 statuiert die Gewährleistung eines besseren Informationsaustausches zwischen Dienstleistungsempfänger und -erbringer und mit Art. 24 sowie Art. 25 wird untersagt, Werbung und die partnerschaftliche Ausübung multidisziplinärer Tätigkeiten grundsätzlich zu verbieten – wobei bezüglich der multidisziplinären Tätigkeiten bei den Angehörigen reglementierter Berufe die gleichzeitige Einhaltung der verschiedenen Standesregeln und der Unabhängigkeit sowie Unparteilichkeit national gesichert werden kann (Art. 25 Abs. 1 UAbs. 2 lit. a). Kapitel VI enthält Bestimmungen zur Verwaltungszusammenarbeit; Regelungen – etwa zu ergänzenden Harmonisierungsmaßnahmen sowie zu gegenseitiger Evaluierung – finden sich abschließend in Kapitel VII der Richtlinie.

d. Zusammenspiel zwischen Dienstleistungsrichtlinie und Berufsqualifikationsrichtlinie

Die Berufsqualifikationsrichtlinie hat gegenüber der Dienstleistungsrichtlinie Vorrang. Dies ergibt sich aus der Kollisionsregelung des Art. 3 Abs. 1 lit. d und der Subsidiaritätsklausel des Art. 17 Nr. 6 Var. 1 der Dienstleistungsrichtlinie. Die normative Wirkung der Dienstleistungsrichtlinie ist jedoch nur auf die von Titel II der Berufsqualifikationsrichtlinie („Dienstleistungsfreiheit“) erfassten Fragen beschränkt, sodass zwischen beiden Richtlinien eine Komplementärbeziehung hergestellt wird.[295] Darüber hinaus betrifft die Berufsqualifikationsrichtlinie nur reglementierte Berufe (Art. 3 Abs. 1 lit. a) und damit auch die meisten freien Berufe (Art. 2 Abs. 1), sofern für sie keine Sonderregelung gilt (Art. 2 Abs. 3). Beschränkungen der Dienstleistungsfreiheit aufgrund der Berufsqualifikation sind nach Art. 5 der Berufsqualifikationsrichtlinie bei reglementierten Berufen grundsätzlich unzulässig.

e. Das „Normenscreening“

Eine der hervorzuhebenden Normen der Dienstleistungsrichtlinie ist Art. 15. Dieser verpflichtet die Mitgliedstaaten zu einem umfassenden „*Normenscreening*“ des nationalen Rechts.[296] Innerhalb des Normenscreenings müssen die Mitgliedstaaten

293 Zu diesen soll gleich noch weiter ausgeführt werden.
294 Dazu ausführlich: *Kämmerer*, DStR-Beih 2016, 47 ff.
295 *Kämmerer*, a.a.O. (Fn. 50), S. 61.
296 *Henssler*, AnwBl. 2009, 1 (3), *Hellwig*, AnwBl. 2011, 77 (82).

alle nationalen Rechtsvorschriften auf deren Vereinbarkeit mit der Dienstleistungsfreiheit hin überprüfen und anpassen. Die Prüfung umfasst zum einen die Frage, ob die nationalen Verfahren zur Aufnahme und Ausübung einer Dienstleistungstätigkeit *„einfach genug"* sind,[297] und zum anderen müssen die Mitgliedstaaten ihre nationalen Genehmigungsverfahren anhand eines in der Richtlinie vorgeschriebenen Kriterienkatalogs abgleichen, um so Hindernisse beseitigen zu können. Mit Art. 15 der Richtlinie wurde erstmals eine Pflicht zur Deregulierung normiert.

Art. 15 Abs. 2 lit. a bis h gibt acht als überprüfungsnotwendig bewertete Beschränkungen vor, anhand derer die Mitgliedstaaten überprüfen müssen, ob ihre Rechtsordnung die Aufnahme und Ausübung einer Dienstleistung von einer dieser Anforderungen abhängig macht. Unter anderem finden sich hier folgende Beschränkungen: die Verpflichtung eine bestimmte Rechtsform zu wählen (lit. b), Anforderungen im Hinblick auf die Beteiligung am Gesellschaftsvermögen (lit. c) und die Beachtung von festgesetzten Mindest- und/oder Höchstpreisen durch den Dienstleistungserbringer (lit. g).

Nach Art. 15 Abs. 3 müssen die Mitgliedstaaten sodann prüfen, ob die Beschränkungen nicht diskriminierend, erforderlich und verhältnismäßig sind. Beschränkungen sind demnach nur gerechtfertigt, wenn sie:

- weder eine direkte noch eine indirekte Diskriminierung aufgrund der Staatsangehörigkeit oder – bei Gesellschaften – aufgrund des Orts des satzungsmäßigen Sitzes aufstellen,
- durch einen zwingenden Grund des Allgemeininteresses gerechtfertigt sind und
- zur Verwirklichung des mit ihnen verfolgten Ziels geeignet, erforderlich und nicht durch andere – gleichermaßen wirksame, aber weniger einschneidende – Maßnahmen ersetzbar sind.

Die Rechtfertigung von Beschränkungen aufgrund von zwingenden Gründen des Allgemeininteresses ist ein Grundsatz, der durch den EuGH in seiner *Wouters*-Entscheidung[298] entwickelt wurde.[299] Über Art. 15 Abs. 3 wurde dieser Grundsatz erstmalig normiert.

Eine Definition der zwingenden Gründe des Allgemeininteresses findet sich in Art. 4 Nr. 8 der Dienstleistungsrichtlinie:

> *„Für die Zwecke dieser Richtlinie bezeichnet der Ausdruck:*
>
> ...
>
> *‚zwingende Gründe des Allgemeininteresses' Gründe, die der Gerichtshof in ständiger Rechtsprechung als solche anerkannt hat, einschließlich folgender Gründe: öffentliche Ordnung; öffentliche Sicherheit; Sicherheit der Bevölkerung; öffentliche Gesundheit;*

---

297 Art. 5 Abs. 1 Dienstleistungsrichtlinie.

298 EuGH, Urteil v. 19.02.2002 – Rs. C-309/99 – *Wouters* = Slg. 2002, U-1577, EuGH, NJW 2002, 877 ff.

299 Dazu siehe unten unter C. V. 1. a.

Erhaltung des finanziellen Gleichgewichts der Systeme der sozialen Sicherung; Schutz der Verbraucher, der Dienstleistungsempfänger und der Arbeitnehmer; Lauterkeit des Handelsverkehrs; Betrugsbekämpfung; Schutz der Umwelt und der städtischen Umwelt; Tierschutz; geistiges Eigentum; Erhaltung des nationalen historischen und künstlerischen Erbes; Ziele der Sozialpolitik und Ziele der Kulturpolitik;"

Durch diese Definition wurden die zwingenden Gründe des Allgemeininteresses eingegrenzt und sie verhindert, dass eine Rechtfertigung unter Anwendung dieses Grundsatzes ausufert.

f. Bestimmungen zur Dienstleistungsfreiheit

Die Art. 16 bis 21 der Richtlinie regeln, unter welchen Umständen Beschränkungen des Rechts des Dienstleistungserbringers, grenzüberschreitende Dienstleistungen zu erbringen, gerechtfertigt sein können.

Art. 16 regelt als zentrale Norm konkrete Grundsätze, an die sich die Mitgliedstaaten bei der Regulierung von grenzüberschreitenden Dienstleistungen halten müssen. Sie bestimmt in Anlehnung an die ständige Rechtsprechung des EuGH Grenzen mitgliedstaatlicher Anforderungen zur Aufnahme bzw. Ausübung einer Dienstleistungstätigkeit im eigenen Hoheitsgebiet. Diese sind gemäß Art. 16 Abs. 1:

„(a) *Nicht-Diskriminierung: die Anforderung darf weder eine direkte noch eine indirekte Diskriminierung aufgrund der Staatsangehörigkeit oder – bei juristischen Personen – aufgrund des Mitgliedstaats, in dem sie niedergelassen sind, darstellen;*

(b) *Erforderlichkeit: die Anforderung muss aus Gründen der öffentlichen Ordnung, der öffentlichen Sicherheit, der öffentlichen Gesundheit oder des Schutzes der Umwelt gerechtfertigt sein;*

(c) *Verhältnismäßigkeit: die Anforderung muss zur Verwirklichung des mit ihr verfolgten Ziels geeignet sein und darf nicht über das hinausgehen, was zur Erreichung dieses Ziels erforderlich ist.*"

Beschränkungen sind gemäß Art. 16 nur noch dann zulässig, wenn sie aus Gründen der öffentlichen Ordnung, der öffentlichen Sicherheit, der öffentlichen Gesundheit und des Schutzes der Umwelt gerechtfertigt sind. Damit fasst die Dienstleistungsrichtlinie die Beschränkungsmöglichkeiten enger als die bisherige Rechtsprechung des EuGH.

Die – sehr restriktiv anzuwendende[300] – öffentliche Sicherheit und Ordnung kann Beschränkungen nur bei Gefährdung eines belegbaren und hinreichend gravierenden Grundinteresses der Gemeinschaft rechtfertigen. Generalpräventive

---

300 EuGH, Urteil v. 19.06.2008 – Rs. 319/06 – *Kommission/Luxemburg* = Slg. 2008, I-4323, Rn. 30 f.

Gesichtspunkte und allgemeine Ordnungserwägungen sowie die bloße Möglichkeit einer Rechtsgefährdung genügen hierzu nicht.[301]

Durch die vorgegebenen Grenzen werden die mitgliedstaatlichen Beschränkungsmöglichkeiten reduziert. Beschränkungen können nicht mehr auf Belange der ordnungsgemäßen Rechtspflege, des Tierschutzes oder insbesondere des Verbraucherschutzes gestützt werden.[302] Darüber hinaus scheidet im Anwendungsbereich der Dienstleistungsrichtlinie die Möglichkeit für den EuGH aus, über den Kanon bestehender ungeschriebener Allgemeinwohlgründe weitere solcher Gründe zu entwickeln.[303]

Art. 16 Abs. 2 schränkt die Befugnisse aus Abs. 1 weiter ein. Die Mitgliedstaaten dürfen den ausländischen Dienstleistern grundsätzlich keine Residenz-, Präsenz- und Registrierungspflichten auferlegen. Ausnahmen gelten nur, wenn solche Bestimmungen gem. Art. 16 Abs. 3 durch zwingende Gründe des Allgemeininteresses gerechtfertigt sind.

Hinzu kommt, dass die Mitgliedstaaten dazu verpflichtet sind, sollten sie rechtliche Hindernisse aufrechterhalten wollen, diese gegenüber der Kommission schriftlich zu begründen.[304]

g. *Anwendbarkeit des Art. 16 DLRL auf die anwaltliche Tätigkeit*

Die Auswirkungen der Dienstleistungsrichtlinie für die Anwaltschaft sind grundsätzlich nicht gravierend. Die Mobilität der Rechtsanwälte im Binnenmarkt wird weitestgehend bereits durch spezielle Richtlinien gewährleistet, die vorrangig Anwendung finden.[305] In der Dienstleistungsrichtlinie finden sich in Art. 2 und 3 sowie insbesondere Art. 17 Ausnahmetatbestände, die die Anwendung des Art. 16 der Richtlinie für bestimmte Bereiche ausschließen. Darunter fallen u. a. „*Angelegenheiten, die unter die Richtlinie 77/249/EWG fallen*"[306], die anwaltliche Dienstleistungsrichtlinie von 1977.[307]

Umstritten ist aber aufgrund des ungenauen Wortlauts des Katalogtatbestandes, wie weit die Ausnahmetatbestände des Art. 17 Nr. 4 reichen. Diesbezüglich werden zwei Ansichten vertreten.

Einerseits wird angenommen, dass es sich um eine generelle Ausnahme vom Anwendungsbereich der Dienstleistungsrichtlinie im Bereich der Dienstleistungsfreiheiten

301 *Kämmerer*, a.a.O. (Fn. 50), S. 34; vgl. *Kluth*, in: Calliess/Ruffert, EUV/AEUV, 5. Aufl. 2016, Art. 59 AEUV, Rn. 29 ff.

302 *Lemor*, EuZW 2007, 135.

303 *Korte*, EWS 6/2007, 246; *Holoubek*, in: Schwarze, EU-Kommentar, Art. 56, 57, Rn. 138.

304 Art. 39 Abs. 5 Dienstleistungsrichtlinie.

305 Vgl. dazu auch *Hatje*, NJW 2007, 2357 (2362 ff.).

306 Art. 17 Nr. 4 Dienstleistungsrichtlinie.

307 Richtlinie 77/249/EWG des Rates v. 22.03.1977 zur Erleichterung der tatsächlichen Ausübung des freien Dienstleistungsverkehrs der Rechtsanwälte, ABl. L. 78 S. 78, zuletzt geändert durch RL 2013/25/EU des Rates v. 13.05.2013, ABl. L. 158, S. 368, 375.

handelt.[308] Dafür spreche, dass auch die Berufsqualifikationsrichtlinie den Bestimmungen der Anwaltsrichtlinie 77/249/EG und 98/5/EG Vorrang zuspricht[309] und Rechtsanwälte demgemäß grundsätzlich nicht von ihr erfasst sind. Dieser Vorrang setze sich über Art. 17 Nr. 4 für das gesamte Tätigkeitsspektrum der Rechtsanwälte vollinhaltlich durch, sodass Art. 16 insgesamt und damit auch Art. 39 Abs. 5 der Richtlinie nicht anwendbar seien.[310]

Die Gegenansicht nimmt nur eine Teilausnahme vor und reduziert Art. 17 Nr. 4 teleologisch.[311] Von den Beschränkungen des Art. 16 Abs. 1 UAbs. 3 lit. b) und Abs. 3 sei die anwaltliche Tätigkeit nur insoweit ausgeschlossen, als die Richtlinie 77/249/EWG einen die Dienstleistungsfreiheit betreffenden Gegenstand tatsächlich regelt.[312] Der Anwendungsfall wird damit nur für bestimmte *„Angelegenheiten“* ausgeschlossen, die einem anderen Unionsrechtsakt unterfallen. Es sei gerade nicht anzunehmen, dass die gesamte Dienstleistungsart von der Anwendung des Art. 16 der Richtlinie ausgeschlossen werden soll. Diese Ansicht argumentiert mit dem umfassenden Liberalisierungsziel der Dienstleistungsrichtlinie, das gegen eine generelle Ausnahme spreche. Zudem wird Art. 3 Abs. 1 S. 1 der Richtlinie angeführt, wonach Bestimmungen eines Unionsrechtsaktes, der spezifische Aspekte der Aufnahme oder Ausübung einer Dienstleistungstätigkeit in bestimmten Bereichen oder bestimmten Berufen regelt, Vorrang gegenüber den Bestimmungen der Dienstleistungsrichtlinie haben. Würde Art. 17 Nr. 4 als generelle Ausnahme betrachtet werden, würde dies gegen den grundsätzlichen Vorrang der Berufsqualifikationsrichtlinie sprechen, da die Vorschrift über das in der Berufsqualifikationsrichtlinie Geregelte hinausgeht.[313] Ferner wird von den Befürwortern der Teilausnahme mit dem Wortlaut aus Art. 17 Art. 4 argumentiert, der sich nur auf *„Angelegenheiten“* der Richtlinie 77/249/EWG bezieht, nicht aber – wie Art. 2 Abs. 2 der Richtlinie – auf *„Tätigkeiten“* und damit auf den Beruf als solchen.[314]

---

308 *Schmidt-Kessel*, in: Schlachter/Ohler (Hrsg.), Europäische Dienstleistungsrichtlinie, Handkommentar, 2008, Art. 17, Rn. 64; *Kopp*, GPR 2006, 54 (60); *Grunewald*, Was bleibt vom Standesrecht der beratenden Berufe?, in: Leible (Hrsg.), Die Umsetzung der Dienstleistungsrichtlinie – Chancen oder Risiken für Deutschland, S. 175 (176)..

309 Erwägungsgrund 42, Art. 2 Abs. 3 BQRL.

310 *Schmidt-Kessel*, in: Schlachter/Ohler (Hrsg.), Europäische Dienstleistungsrichtlinie, Handkommentar, 2008, Art. 17, Rn. 64; *Kopp*, GPR 2006, 54 (60); *Grunewald*, Was bleibt vom Standesrecht der beratenden Berufe?, in: Leible (Hrsg.), Die Umsetzung der Dienstleistungsrichtlinie – Chancen oder Risiken für Deutschland, S. 175 (176).

311 Satzungsversammlung, SV-Mat. 05/2009; *Hellwig*, FS Graf von Westphalen, 289 (301 ff.); *Kämmerer*, a.a.O. (Fn. 50), S. 62.

312 So BRAK, Protokoll über die 4. Satzung der 4. Satzungsversammlung am 06./07.11.2009, SV-Mat. 63/2009, S. 22ff.; Europäische Kommission, Handbuch zur Umsetzung der Dienstleistungsrichtlinie, Luxemburg 2007, S. 48.

313 BRAK, Protokoll über die 4. Satzung der 4. Satzungsversammlung am 06./07.11.2009, SV-Mat. 63/2009, S. 24.

314 Vgl. dazu ausführlich *Kämmerer*, a.a.O. (Fn. 50), S. 62; BRAK, Protokoll über die 4. Satzung der 4. Satzungsversammlung am 06./07.11.2009, SV-Mat. 63/2009, S. 24.

Die zweite Ansicht entspricht der Auffassung der Mehrheit in dem von der Satzungsversammlung gebildeten Unterausschuss „Normenscreening", der Meinung der Kommission und der Mehrheit der Literatur.[315] Beim Normenscreening sind mithin gemäß Art. 39 Abs. 5 der Richtlinie die Vorgaben der Dienstleistungsrichtlinie insoweit zu berücksichtigen, als die Richtlinie 77/249/EWG keine Regelungen trifft.[316]

Darunter fallen u. a. Bestimmungen, die sich auf Werbe- und Vergütungsvorgaben beziehen. Gemäß Art. 24 Abs. 1 der Richtlinie müssen die Mitgliedstaaten *„sämtliche absoluten Verbote der kommerziellen Kommunikation für reglementierte Berufe"* aufheben. Beschränkungen sind gemäß Art. 24 Abs. 2 der Richtlinie nur noch dann berechtigt, wenn sie nicht diskriminierend und verhältnismäßig sind sowie zwingende Gründe des Allgemeinwohls rechtfertigen. Art. 24 Abs. 2 nennt als Rechtfertigungsgründe ausdrücklich die Unabhängigkeit, die Würde und die Integrität des Berufsstandes sowie die Wahrung des Berufsgeheimnisses. Damit lassen sich die noch häufig bestehenden Einschränkungen des anwaltlichen Berufsrechts für den Bereich der Werbung rechtfertigen. Auch auf die anwaltliche Gebührenordnung hat die Dienstleistungsrichtlinie Anwendung, da sie in anderen Richtlinien nicht geregelt wurde. Gemäß Art. 15 Abs. 2 lit. g i. V. m. Abs. 3 der Richtlinie sollen die Mitgliedstaaten prüfen, ob ihre Vorschriften über Mindest- oder Höchstpreise für bestimmte Dienstleistungen nicht diskriminierend ausgestaltet und sachlich zu rechtfertigen sind. Die bisherige EuGH-Rechtsprechung hat eine prinzipielle Unvereinbarkeit von Gebührenordnungen mit dem Unionsrecht nicht erkennen lassen.[317]

h. *Zwischenbilanz nach zehn Jahren* Lissabon-Strategie

Die Ziele der *Lissabon-Strategie* und der im Rahmen dieser in Kraft getretenen Dienstleistungsrichtlinie, die jeweils bis zum Jahr 2010 erreicht werden sollten, wurden nur in geringem Maß erfüllt. Der europäische Binnenmarkt hatte sich nicht zum wettbewerbsfähigsten und dynamischsten Wirtschaftsraum der Welt entwickelt und die Entwicklung des Binnenmarktes für Dienstleistungen lag auch noch hinter den Erwartungen zurück.

Es gab zwar auch einige positive Entwicklungen, etwa eine steigende Beschäftigungsquote in (fast) allen Mitgliedstaaten[318] – diese Entwicklung hielt jedoch nur

---

315 Satzungsversammlung, SV-Mat. 05/2009; vgl. *Hellwig*, AnwBl. 2011, 713, (714); *Kämmerer*, a.a.O. (Fn. 50), S. 62.

316 Vgl. *Kämmerer*, a.a.O. (Fn. 50), S. 63.

317 EuGH, Urteil v. 05.12.2006 – C-94/04 und C-202/04 = NJW 2007, 281.

318 Beirat für Wirtschafts- und Sozialfragen – Die Sozialpartner Österreich (April 2009), Positionspapier, S. 1; Anstieg der Beschäftigungsquote einsehbar in: Directorate General for Employment, Social Affairs and Equal Opportunities, Employment in Europe 2007, S. 19 ff., sowie in den monatlich erscheinenden Berichten über den europäischen Arbeitsmarkt, online verfügbar unter: http://ec.europa.eu/social/main.jsp?pager.offset=10&catId=89&langId=de.

bis 2008 an. Durch die weltweite Wirtschafts- und Finanzkrise im Sommer 2008 veränderten sich die Gegebenheiten auf dem Binnenmarkt gravierend. Kernziele der *Lissabon-Strategie* wie das 3-Prozent-Ziel der wirtschaftlichen Wachstumsrate[319] oder die Ziele für die Beschäftigungsquote[320] konnten nicht erreicht werden – im Gegenteil: In Folge der Finanzkrise stieg die Arbeitslosenquote in den Mitgliedstaaten bis 2010 auf einen Durchschnitt von 9,6 %[321]. Im Jahr 2000 hatte die Arbeitslosenquote hingegen 8,9 %[322] betragen. In den Jahren zwischen 2010 und 2014 stieg die Quote weiter auf durchschnittlich 10,2 %.[323]

Es war daher zu erwarten, dass die Kommission sich damit nicht langfristig zufriedenstellt, ihre Ziele weiterverfolgt und neue Kontrollmechanismen in die Wege leitet sowie die nationalen Regierungen dazu anhält, weitere Deregulierungsmaßnahmen zu treffen, obwohl es den EU-Organen an der erforderlichen Regelungskompetenz für solche Vorgaben mangelt. Jene Ziele der Lissabon-Strategie, die bis 2010 nicht erreicht worden waren, sollten beibehalten und bis spätestens 2020 umgesetzt werden. Die Union verabschiedete deshalb am 17.06.2010 auf Vorschlag der Kommission die *„Europa 2020-Strategie“*[324] mit einer Laufzeit von zehn Jahren. Die *„Europa 2020-Strategie“* gibt ähnlich wie die Lissabon-Strategie übergeordnete Ziele vor. Sie definiert fünf Kernziele, die die Mitgliedstaaten in nationale Ziele umsetzen sollen; diese betreffen die Beschäftigungspolitik, die Forschungs- und technologische Entwicklung sowie die Energie-, Klima- und Bildungspolitik.[325] Zur Erreichung der Ziele wurden auch sieben Leitinitiativen festgelegt, die für die EU und ihre Mitgliedstaaten bindend sind. Mit der neuen Strategie wurden zahlreiche und zunehmend unübersichtliche Verfahren und Berichtspflichten nach der Methode der offenen Koordinierung mit den nationalen Reformprogrammen der Mitgliedstaaten zusammengeführt und so vereinfacht.[326]

---

319 Schlussfolgerungen des Vorsitzes des Europäischen Rat, am 23./24.03.2000, Nr. 5 und 6.

320 Schlussfolgerungen des Vorsitzes des Europäischen Rat, am 23./24.03.2000, Nr. 6 sowie Schlussfolgerungen des Vorsitzes des Europäischen Rat, am 19./20.06.2000, Nr. 40.

321 Wirtschaftskammer Österreich – WKO Statistik, abrufbar unter: http://wko.at/statistik/eu/europa-arbeitslosenquoten.pdf (letzter Abruf: Oktober 2019).

322 Wirtschaftskammer Österreich – WKO Statistik, abrufbar unter: http://wko.at/statistik/eu/europa-arbeitslosenquoten.pdf (letzter Abruf: Oktober 2019).

323 Wirtschaftskammer Österreich – WKO Statistik, abrufbar unter: http://wko.at/statistik/eu/europa-arbeitslosenquoten.pdf (letzter Abruf: Oktober 2019).

324 Mitteilung der Kommission – EUROPA 2020, Eine Strategie für intelligentes, nachhaltiges und integratives Wachstum, Brüssel 03.03.2010, KOM (2010) 2020 endg.

325 KOM (2010) 2020 endg.

326 *Schulte* in: von der Groeben/Schwarze/Hatje, Europäisches Unionsrecht, 7. Aufl. 2015, Art. 121 AEUV, Rn. 27.

3. Änderung der Berufsqualifikationsrichtlinie im Jahr 2013

Im Jahr 2013 wurde die Berufsqualifikationsrichtlinie durch die Richtlinie 2013/55/EU, die sog. *Änderungsrichtlinie*[327], geändert. Im Fokus der dahinterstecken-den Initiative der Kommission standen die Beschränkungsregeln aller reglementierten Berufe, also auch die des Rechtsanwalts. Nach den nach Auffassung der Kommission positiven Erfahrungen mit der gegenseitigen Evaluierung im Rahmen der Dienstleistungsrichtlinie sollte ein ähnliches Evaluierungssystem in die Berufsqualifikationsrichtlinie aufgenommen werden. Die Mitgliedstaaten sollten durch die Vorlage von Aktionsplänen dazu verpflichtet werden, mitzuteilen, welche Berufe sie reglementieren und untereinander erörtern, um so mehr Transparenz auf dem Markt der freiberuflichen Dienstleistungen zu erreichen.[328] Durch die Evaluierung sollte die Mobilität von Angehörigen der reglementierten Berufe in der gesamten EU gefördert werden. Der Änderungsrichtlinie lässt sich der legislative Rahmen zur Vereinfachung der gegenseitigen Anerkennung beruflicher Qualifikation entnehmen. Der Abschluss des Evaluierungsverfahrens war für Januar 2016 vorgesehen. Die Kommission versprach sich von dem Transparenzprozess und den damit einhergehenden nationalen Reformen des Berufsrechts einen flexibleren und transparenteren rechtlichen Rahmen für die reglementierten Berufe in den Mitgliedstaaten, der die Mobilität qualifizierter Fachkräfte innerhalb des Binnenmarktes sowie die grenzüberschreitende Erbringung von Dienstleistungen erleichtern soll.[329]

a. *Änderung von Art. 59 Abs. 3 BQRL*

Durch Inkrafttreten der Änderungsrichtlinie wurden die Mitgliedstaaten durch die Neufassung des Art. 59 Abs. 3 BQRL dazu verpflichtet, eine Verhältnismäßigkeitsprüfung durchzuführen. Die Mitgliedstaaten sollten ihre Reglementierungen daraufhin überprüfen, ob sie als direkte oder indirekte Diskriminierungen aufgrund der Staatsangehörigkeit oder des Wohnsitzes zu qualifizieren sind. Es werden konkrete Prüfkriterien genannt, die es zu beachten gilt und die auf der EuGH-Rechtsprechung basieren. Beschränkungen müssen demnach durch übergeordnete Gründe des Allgemeininteresses gerechtfertigt sein.[330] Nur unter Erfüllung dieser

---

327 Richtlinie 1013/55/EU des Europäischen Parlaments und des Rates v. 20. November 2013 zur Änderung der Richtlinie 2005/36/EG über die Anerkennung von Berufsqualifikationen und der Verordnung (EU) Nr. 1024/2012 über die Verwaltungszusammenarbeit mithilfe des Binnenmarkt-Informationssystems („IMI-Verordnung"), ABl. L 354/123, 23.12.2013.

328 Erwägungsgrund 35 Änderungsrichtlinie.

329 Vgl. Kommission, Mitteilung an das Europäische Parlament, den Rat und den Europäischen Wirtschafts- und Sozialausschuss – Bewertung der nationalen Reglementierungen des Berufszugangs, COM (2013) 676 final, 2.

330 Vgl dazu *Henssler/Schäfer*, EuZW 2014, 927 (927).

Bedingungen sollte es Mitgliedstaaten möglich sein, Anforderungen aufrechtzuerhalten.

b. Ergebnis der Evaluierung

Aus den Informationen, die sich aus der gegenseitigen Evaluierung entnehmen ließen, ging hervor, dass ein Großteil der Mitgliedstaaten mit der Durchführung der Verhältnismäßigkeitsprüfungen die Richtlinie auch über ein Jahr nach deren Umsetzung noch immer nicht umgesetzt hatte und dass von den vorgelegten Verhältnismäßigkeitsprüfungen 70 % die Entscheidung trafen, die bestehende Praxis aufrechtzuerhalten.[331] Aus Sicht der EU offenbaren die Ergebnisse ein Defizit an Klarheit hinsichtlich der von den nationalen zuständigen Behörden bei der Verhältnismäßigkeitsprüfung anzuwendenden Kriterien sowie eine uneinheitliche Kontrolle auf allen Regulierungsebenen.[332] Das Ergebnis der Evaluierung führte die Kommission trotz der geringen Aussagekraft der Evaluierung in den darauffolgenden Jahren als Beleg für ihre Ansicht an, dass das unterschiedliche Maß der Regulierung der freien Berufe in den Mitgliedstaaten und die unterschiedlichen Regelungen vergleichbarer Fragestellungen Hindernisse für den freien Dienstleistungsverkehr darstellen, die nicht mehr zu rechtfertigen sind.[333]

4. Die Binnenmarktstrategie

Am 28. Oktober 2015 veröffentlichte die Kommission ihre *Binnenmarktstrategie* unter dem Titel *„Den Binnenmarkt weiter ausbauen: Mehr Chancen für die Menschen und die Unternehmen“*[334]. Im Mittelpunkt der Strategie steht weiterhin die Beseitigung von Hindernissen im Dienstleistungssektor und insbesondere bei den reglementierten Berufen.[335]

a. Ziele der Binnenmarktstrategie

Zur Stärkung eines tieferen und faireren Binnenmarktes hat die Kommission in der Binnenmarktstrategie ihr Augenmerk wieder verstärkt auf die Rechtsvereinheitlichung gerichtet.[336] Durch einheitliche Vorgaben sollten die vielen unterschiedlichen nationalen Vorschriften beseitigt werden. Dadurch sollte der Rechtsrahmen

---

331 COM (2016) 822, 3.
332 COM (2016) 822, 15.
333 COM (2016) 822, 3, Erwägungsgrund 5, S. 15.
334 Mitteilung der Kommission an das Europäische Parlament, den Rat, den Europäischen Wirtschafts- und Sozialausschuss und den Ausschuss der Regionen, den Binnenmarkt weiter auszubauen: mehr Chancen für die Menschen und die Unternehmen, COM (2015) 550 final.
335 COM (2015), 550, 9 f.
336 *Michel*, AnwBl. 2017, 128 (128).

verständlicher werden und der mit der Regulierung verbundene Aufwand im gesamten Binnenmarkt sinken und berechenbarer werden.[337] In ihrer Mitteilung nannte die Kommission die Notwendigkeit, den Mitgliedstaaten ein Raster für die Verhältnismäßigkeitsprüfung an die Hand zu geben, das sie bei der Überprüfung bestehender oder beim Erlass neuer Berufsreglementierungen anwenden könnten. Die Kommission kündigte daher eine Initiative an, die eine Verhältnismäßigkeitsprüfung festlegt, die von den Mitgliedstaaten vor dem Erlass oder der Änderung von nationalen Berufsreglementierungen durchzuführen ist. Die Kommission sah vonseiten der Mitgliedstaaten erhebliches Potential für eine Förderung von Wachstum und Beschäftigung durch eine Erhöhung der Transparenz von reglementierten Berufen und durch eine intensivere Analyse der Verhältnismäßigkeit neuer Regelungen vor ihrem Erlass; gleichzeitig könnten die reglementierten Berufe mit Blick auf die Modernisierung der jeweiligen Anforderungen reformiert werden.[338]

Den Schwerpunkt der Strategie bilden praktische Maßnahmen zur Stärkung von kleinen und mittleren Unternehmen (KMU) sowie Start-up-Unternehmen, zur Stärkung des Einzelhandels, zur Effektivierung öffentlicher Vergabeverfahren sowie zur Stärkung des Binnenmarktes für Waren und Dienstleistungen.[339] Unmittelbar thematisiert werden auch die freien Berufe.[340]

Zu den Maßnahmen zählen die Durchsetzung bestehender europarechtlicher Regelungen, eine Reform des sog. Mitteilungsverfahrens und insbesondere die Stärkung des Binnenmarktes für Dienstleistungen.[341] Aufgrund des Schwerpunktes dieser Arbeit soll ein besonderes Augenmerk auf die Stärkung des Binnenmarktes für Dienstleistungen gerichtet werden.

b. Stärkung des Binnenmarktes für Dienstleistungen

Die Kommission legt ihren Vorschlägen die These zugrunde, dass die Unternehmer und Freiberufler, die im Ausland tätig werden, nach wie vor durch unterschiedliche und zum Teil inkohärente nationalstaatliche Regelungen behindert würden. Bestimmte Berufe würden europaweit geschützt werden.[342] Unnötige Regulierungshemmnisse würden die Erbringung von Dienstleistungen erschweren und Anbieter, die in einem anderen Mitgliedstaat tätig werden wollen, hätten mit *„unklaren Verhältnissen und mangelnder Vorhersehbarkeit in bestimmten Schlüsselbranchen zu kämpfen“*.[343] Die Kommission vertritt in ihrer Binnenmarktstrategie den Ansatz, dass der Abbau von Beschränkungen die Dienstleistungserbringer

337 Vgl. KOM (2015) 550, 3.
338 Vgl. KOM (2015) 550, 3f.
339 Vgl. KOM (2015) 550, 3.
340 Vgl. KOM (2015) 550, 8 f.
341 Vgl. KOM (2015) 550, 1 ff.; vgl. dazu auch *Michel*, AnwBl. 2017, 128 (128).
342 KOM (2015) 550, 8.
343 KOM (2015) 550, 8.

konkurrenzfähiger, innovativer und effizienter machen würde; dies würde der Wettbewerbsfähigkeit der einzelnen Dienstleistungssektoren insgesamt zugutekommen.[344] Dies würde sich sodann nach Auffassung der Kommission ebenfalls positiv auf den Unternehmergeist und die Beschäftigung auswirken sowie zu sinkenden Preisen und einer effizienteren Verteilung von Ressourcen in Europa führen.[345]

(1) Einfluss der freien Berufe

Die Kommission thematisiert in diesem Rahmen auch unmittelbar die freien Berufe, die 9 % des BIP der EU erwirtschaften, und hebt ihre besondere Bedeutung für die gesamte Wirtschaft hervor.[346] Viele Regelungen über den Berufszugang und die -ausübung in den freien Berufen seien heute nicht mehr verhältnismäßig, ein unnötiges Hindernis für die Mobilität von Freiberuflern und zudem in den Mitgliedstaaten unterschiedlich ausgestaltet. Dies wirke sich nach Ansicht der Kommission nachteilig auf die Produktivität aus.[347] Auch der Wettbewerbsfähigkeit der Industrie und somit der gesamten Wirtschaft würde es zugutekommen, wenn die freiberuflichen Dienstleister konkurrenzfähiger und effizienter arbeiten würden, da sie eng mit den anderen Sektoren verflochten seien.[348]

Die Kommission beruft sich bei ihrer Darstellung auf verschiedene nationale Studien[349], die im Auftrag der Kommission erstellt wurden und zeigen sollten, wie bereits durchgeführte Reformen zur weiteren Öffnung reglementierter Berufe die Entwicklung des jeweiligen Mitgliedstaates positiv beeinflusst haben. Die Kommission vertritt die unzutreffende Auffassung, dass diese Studien belegen würden,

---

344 KOM (2015) 550, 9; siehe dazu auch *Stöbener de Mora*, EuZW 2017, 287 (287).

345 KOM (2015) 550, 9.

346 Vgl. dazu „*Measuring the prevalence of occupation regulation*", von der Kommission 2014 in Auftrag gegebene Erhebung und Studie; KOM (2015) 550, 9

347 KOM (2015) 550, 10.

348 KOM (2015) 550, 9; vgl. auch *Canton/Ciriaci/Solera*, The Economic Impact of Professional Services Liberalisation, Economic Paper 533, European Union 2014.

349 *Chini/Minichberger/Reiner/Graf*, Effects of Liberalisation in Austria using the Example of Liberal Professions, Wirtschafts Universität Wien und Forschungsinstitut für freie Berufe; *Rojek/Masior*, The Effects of Reforms liberalising Professional Requirements in Poland, Warsaw School of Economics; *Koumenta/Humphris*, „The Effects of Occupational Licensing on Employment, Skills and Quality: A Case Study of Two Occupations in the UK", Queen Mary University of London; *Pagliero*, „The effects of recent reforms liberalising regulated professions in Italy", Universität Turin und Collegio Carlo Alberto; *Athanassiou/Kanellopoulos/Karagiannis/Kotsi*, „The effects of liberalisation of professional requirements in Greece", Centre for Planning and Economic Research (KEPE), Athen; *Rostam-Afschar*, „Regulatory Effects of the Amendment to the HwO in 2004 in German Craftsmanship", Freie Universität Berlin und Deutsches Institut für Wirtschaftsforschung (DIW Berlin); abrufbar unter http://ec.europa.eu/growth/tools-databases/newsroom/cf/itemdetail.cfm?item_id=9018.

dass die Reformen neue Arbeitsplätze und günstigere Preise für die Verbraucher gebracht hätten. Die Kommission zieht aus den Ergebnissen der Studien Schlüsse, die diese nicht belegen können. Ein Großteil der Studien kommt zu dem Ergebnis, dass sich durch die Deregulierungsmaßnahmen keine, nur geringe oder noch nicht messbare positive Auswirkungen auf Beschäftigung, Preise und Qualität belegen ließen.[350]

So heißt es in der Studie des Centre of Planning and Economic Research (KEPE), die zur Analyse der Auswirkungen der Reformen des Dienstleistungssektors in Griechenland in Auftrag gegeben wurde:

> *„the analysis does not provide any clear evidence on a positive or adverse effect of the reform on prices, with the exception of the real estate agent profession.“*[351]

Einen eindeutigen Nachweis für positive Auswirkungen auf die Beschäftigung, die Preise und die Qualität von Dienstleistungen durch die Reformen liefert die Studie nicht. *Wolf* sieht dies als Beweis bzw. Glaubensbekenntnis dafür, dass *„der Markt stets und auf jedem Gebiet die besseren Ergebnisse liefert“*, und verweist darauf, dass sich bestimmte Märkte ihrer Funktion nach rein marktwirtschaftlichen Versorgungsmodellen entziehen.[352]

(2) Weiterer Reformbedarf

Die Dienstleistungsrichtlinie führte bereits zum Abbau von Regulierungen und die Mitgliedstaaten wurden dazu angehalten, bei anderen Regulierungen zu prüfen, ob sie in Bezug auf Genehmigungsanforderungen gerechtfertigt und verhältnismäßig sind.[353] Auch die Berufsqualifikationsrichtlinie sollte die Mobilität von Freiberuflern in der gesamten EU fördern, den legislativen Rahmen zur Vereinfachung der gegenseitigen Anerkennung beruflicher Qualifikationen bereitstellen und den Ablauf einer von den Mitgliedstaaten und der Kommission auf nationaler Ebene durchgeführten Evaluierung einschlägiger Vorschriften regeln.[354] Auf Grundlage dieser Richtlinien wurden in den vergangenen Jahren Reformprozesse eingeleitet, durch die Beschränkungen und Hindernisse entschärft oder beseitigt werden konnten. Die Kommission bemängelt jedoch weiterhin, dass ähnliche Berufe von Mitgliedstaat zu Mitgliedstaat ganz unterschiedlich reguliert sind.[355] Die Kommission verfolgt daher die Strategie, im Rahmen regelmäßiger Informationsangebote konkrete Maßnahmen vorzuschlagen, durch die der Zugang zu reglementierten

---

350 Vgl. dazu u.a. *Schröder*, EuZW 2016, 5; *Wolf*, ZRP 2015, Editorial.

351 Aufgrund des Schwerpunktes der Arbeit wird die KEPE-Studie, die sich auf die Auswirkung der Reformen in Griechenland bezieht unter D. III. 5. noch ausführlich analysiert.

352 *Wolf*, ZRP 2015, Editorial.

353 Siehe dazu oben unter C. IV. 2.

354 Siehe dazu oben unter C. IV. 1.

355 dazu KOM (2015) 550, 10.

Berufen und deren Ausübung auf nationaler Ebene und EU-weit verbessert werden sollen.[356] So soll ein konkreter Reformbedarf in einzelnen Mitgliedstaaten ermittelt werden. Dies soll auf Grundlage der Ergebnisse der gegenseitigen Evaluierung im Rahmen der Berufsqualifikationsrichtlinie, wissenschaftlicher Studien sowie einer aktualisierten Datenbank für reglementierte Berufe erfolgen.[357]

c. *Reaktionen auf die Binnenmarktstrategie*

Die Reaktionen auf die Binnenmarktstrategie fielen sehr unterschiedlich aus. Auf nationaler Ebene[358] ist sie auf mehr Kritik gestoßen als auf europäischer Ebene. In Deutschland äußerten sich sowohl die Bundesregierung[359] als auch der Deutsche Bundestag[360] eher zurückhaltend, aber dennoch kritisch zu der Strategie. Besonders kritisiert wurde in Deutschland das Prüfraster für die Verhältnismäßigkeit nationaler Regulierungen – dieses sei nicht differenziert genug für die verschiedenen Berufsfelder und Regelungssysteme.[361] Ferner wird bemängelt, dass die Binnenmarktstrategie die Regelungsautonomie der Mitgliedstaaten zu wenig achtet.[362] Die Kommission ignoriere überwiegend, dass es Sache der Mitgliedstaaten sei, zu beurteilen, welche Regelungen zur Wahrung der anerkannten Gemeinwohlziele geeignet und erforderlich sind. Ein Eingriff der EU ist erst dann angebracht, wenn die Maßnahmen der Mitgliedstaaten unhaltbar sind. Ferner beruhen die Annahmen der Kommission, auf die sie ihre Standpunkte stützt, oft auf Studien, die keinen geeigneten Vergleichsmaßstab bieten und zu unklaren Ergebnissen kommen.[363]

Auf europäischer Ebene fielen die Reaktionen überwiegend zustimmend aus, wenn auch nur unter bestimmten Gesichtspunkten. Der Europäische Wirtschafts- und Sozialausschuss äußerte sich zu der Binnenmarktstrategie dahin gehend, dass

---

356 KOM (2015) 550, 10.

357 KOM (2015) 550, 10.

358 Kritisch äußerten sich insb. die Verbände der Freien Berufe: Bundesverband der Freien Berufe (BFB), Positionspapier v. 09.12.2015; Bundeszahnärztekammer (Peter Engel), Stellungnahme v. 01.06.2016 anlässlich des 11. Europatages der Bundeszahnärztekammer (in Kooperation mit dem Bundesverband der Freien Berufe); Landesverband der Freien Berufe Sachsen e.V., Erklärung v. 01.07.2016: EU-Regulierung der Freien Berufe – Denkzettel BREXIT; Landeszahnärztekammer Sachsen, Stellungnahme v. 02.09.2016 anlässlich des Europa -Nachmittags zur Zukunft der Freien Berufe.

359 Bundesministerium für Wirtschaft und Energie, Stellungnahme der Bundesregierung zur Binnenmarktstrategie 2015, November 2015.

360 BT-Drs. 18/7395 v. 27.01.2016; BT-Drs. 18/8867 v. 23.06.2016.

361 U. a. Deutscher Anwaltsverein, Stellungnahme 45/2016 v. 19.08.2016 zur Konsultation der Europäischen Kommission zur Regulierung von Berufen: Verhältnismäßigkeit und nationale Aktionspläne der Mitgliedstaaten; BT-Drs. 18/8867, S. 5 Nr. 8.

362 Vgl. *Rennert*, a. a. O. (Fn. 5), S. 15 f.

363 Vgl. *Rennert*, a. a. O. (Fn. 5), S. 16.

es zwar einheitlicher Regelungen für die freien Berufe in allen EU-Mitgliedstaaten bedarf, die Besonderheiten für Freiberufler gegenüber dem allgemeinen Dienstleistungsgewerbe jedoch nicht an Bedeutung verlieren dürften.[364] Das Europäische Parlament betrachtet die Binnenmarktstrategie differenzierter.[365] Einerseits vertritt es die Auffassung, dass unterschiedliche Regulierungskonzepte nicht von sich aus ein Hindernis für die Vertiefung des Binnenmarktes darstellen, und betont, dass Berufszugangs- und Berufsausübungsregelungen zur Wahrung von Gemeinwohlbelangen und zum Verbraucherschutz notwendig sein können sowie dass deren Bewertung nur eingebettet im jeweiligen nationalen Kontext sinnvoll sei. Andererseits stimmt es der Auffassung der Kommission zu, dass viele Regelungen der Mitgliedstaaten für reglementierte Berufe in keinem Verhältnis zu den Erfordernissen stehen und Hemmnisse schaffen, die den Zugang zur Ausübung des Berufs beschränken. Im Ergebnis begrüßt das Parlament zwar die Maßnahmen der Kommission, es hebt aber hervor, dass jede Maßnahme vonseiten der Union die besonderen Standards der freien Berufe und die Sicherheit der Dienstleistungsempfänger wahren sollte.

d. Stellungnahme zur Binnenmarktstrategie

Der Ansatzpunkt der Kommission, die unterschiedliche Ausgestaltung der vielen reglementierten Berufe beheben und so einen einheitlichen Rechtsrahmen schaffen zu wollen, ist grundsätzlich zu begrüßen. So könne vermieden werden, dass Anbieter häufig zusätzliche Voraussetzungen erfüllen müssen, wenn sie ihre Dienstleistung in anderen Mitgliedstaaten erbringen oder sich in einem anderen Mitgliedstaat beruflich niederlassen möchten. Nationale Reglementierungen jeder Art können durchaus Zugangshindernisse bereiten; insbesondere, wenn zusätzliche Voraussetzungen über länderspezifische Besonderheiten hinaus erfüllt werden müssen, stellen sie ein Hindernis für einen gemeinsamen Binnenmarkt für Dienstleistungen dar.[366] Das macht sie aber noch nicht unzulässig. Die Berufsqualifikationsrichtlinie lässt zusätzliche Regelungen ausdrücklich zu.[367] Sie bedürfen jedoch eines rechtfertigenden Grundes, der mit dem Unionsrecht vereinbar ist.

Die unterschiedliche Ausgestaltung in den Mitgliedstaaten lässt sich jedoch gerade auf unterschiedliche Berufsbilder und unterschiedliche Ausbildungsvoraussetzungen zurückführen. Diese nationalen Unterschiede müssten aufgehoben oder ausgeblendet werden, wenn ein gemeinsamer Markt für Dienstleistungen vollständig umgesetzt werden soll. Dafür müssten die unterschiedlichen Berufszugangsvoraussetzungen so weit angeglichen werden, dass eine Mobilität der

---

364 KOM (2015) 550, 7.

365 Entschließung des Europäischen Parlament v. 26.05.2016 zu der Strategie für den Binnenmarkt, (2015/2354(INI)), Nr. 95 bis 100, ABl. C 76/112 v. 28.2.2018.

366 Dazu ausführlich *Michel*, AnwBl. 2017, 128 (130).

367 *Michel*, AnwBl. 2017, 128 (130).

reglementierten Berufe weitestgehend möglich wird. Es wäre Aufgabe der Mitgliedstaaten, zur Verwirklichung dieses Ziels einen Konsens darüber herzustellen, welche Voraussetzungen für die Ausübung eines bestimmten Berufes notwendig sein sollen.[368] Hierzu bedarf es eines ausführlichen Dialoges der Kommission mit den Mitgliedstaaten sowie der Mitgliedstaaten untereinander. Die von der Kommission vorgeschlagenen methodischen Instrumente dienen dazu, die für den Dialog notwendigen Informationen zu liefern. Insoweit sind die Vorschläge der Kommission zu begrüßen.

5. Das Dienstleistungspaket

Nachdem die mitgliedstaatliche Evaluation nicht die von der Kommission gewünschten Ziele erfüllte, trieb sie ihre Idee eines Analyse-Rasters weiter voran. Im Juni 2016 veröffentlichte sie eine Roadmap mit Leitlinien zur weiteren Deregulierung[369] sowie eine Folgenabschätzung zur Verhältnismäßigkeitsprüfung.[370] Ende 2016 folgte dann mit dem Richtlinienvorschlag des Europäischen Parlaments und des Rates, den die Kommission am 10.01.2017[371] als Teil des sogenannten Dienstleistungspakets veröffentlichte, die jüngste Strategie der Kommission auf dem Weg zur Liberalisierung des Binnenmarkts. In dem Richtlinienvorschlag sind konkrete Anforderungen an die Verhältnismäßigkeitsprüfung festgelegt. Neben dem Richtlinienvorschlag veröffentlichte die Kommission zeitgleich in einer Mitteilung Reformempfehlungen für die nationale Berufsreglementierung.[372] Diese Empfehlungen beziehen sich auf verschiedene Berufsgruppen und sollen den Mitgliedstaaten dabei helfen, den Reformwillen der Mitgliedstaaten voranzutreiben.

a. Verhältnismäßigkeitsprüfung

Der Richtlinienvorschlag enthält eine Verhältnismäßigkeitsprüfung, welche die Mitgliedstaaten vor Erlass neuer Berufsreglementierungen durchführen sollen, um so ein besseres Regulierungsverfahren zu fördern und bessere Ergebnisse zu erhalten. Durch die Richtlinie soll *„ein gemeinsamer Rechtsrahmen zur Durchführung*

---

368 *Michel*, AnwBl. 2017, 128 (130).

369 Europäische Kommission, Roadmap – Guidance on reforms needs for Member States in regulation of professions, 16.06.2016, http://ec.europa.eu/smart-regulation/roadmaps/docs/2016_grow_059_guidance_reform_needs_en.pdf.

370 Europäische Kommission, Inception Impact Assesment – Regulation of professions: proportionality test, 16.06.2016, http://ec.europa.eu/smart-regulation/roadmaps/docs/2016_grow_048_regulation_of_professions_en.pdf.

371 COM (2016) 822 final.

372 Mitteilung der Kommission an das Europäische Parlament, den Rat, den Europäischen Wirtschafts- und Sozialausschuss und den Ausschuss der Regionen, über Reformempfehlungen für die Berufsreglementierung, Brüssel 10.01.2017, COM (2016) 820 final, SWD (2015) 436 final.

von Verhältnismäßigkeitsprüfungen" geschaffen werden.[373] Der Vorschlag bezieht sich ausschließlich auf reglementierte Berufe und knüpft damit an die Dienstleistungsrichtlinie an.

Die Prüfung soll bei der Neueinführung oder Änderung der Regelungen für den Zugang zu reglementierten Berufen oder ihre Ausübung angewendet werden und so Hindernisse für die grenzüberschreitende Dienstleistungserbringung und Niederlassung vor allem bei freien Berufen beseitigen;[374] sie umfasst aber auch die Änderung bestehender Vorschriften. Jede Regelung bedarf einer ausführlichen Begründung, die eine Bewertung ihrer Übereinstimmung mit dem Grundsatz der Verhältnismäßigkeit ermöglicht (Art. 4 Abs. 2). Zudem sollen die zuständigen Stellen qualitative und – soweit möglich – quantitative Nachweise für die Verhältnismäßigkeit der geplanten Regelung erbringen (Art. 4 Abs. 3). Darüber hinaus sollen die Mitgliedstaaten in regelmäßigen Abständen die Verhältnismäßigkeit überwachen und Entwicklungen Rechnung tragen, die nach dem Erlass der betreffenden Maßnahme eintreten (Art. 4 Abs. 5). Ziel des Vorschlags soll erneut sein, den Binnenmarkt und die Wettbewerbsfähigkeit des Dienstleistungssektors zu fördern.[375]

Den Kernbereich des Richtlinienvorschlags bilden detaillierte Kriterien, anhand derer die Verhältnismäßigkeit einer Regulierung zu prüfen ist.[376] Der Richtlinienvorschlag berücksichtigt zwar die Rechtsprechung des EuGH zur Verhältnismäßigkeit der Anforderungen für den Zugang zu oder die Ausübung von reglementierten Berufen, belässt aber die Entscheidung über den Inhalt und die Art der Regulierung den Mitgliedstaaten, solange diese Entscheidung evidenzbasiert und auf der Grundlage einer sorgfältigen, transparenten und objektiven Prüfung getroffen wird. Ferner findet sich in dem Richtlinienvorschlag auch das in der jüngeren Rechtsprechung des EuGH vermehrt herangezogene Kriterium der Kohärenz.[377] Nach Erwägungsgrund 14 des Richtlinienvorschlages, soll „*eine Maßnahme [...] nur dann als geeignet betrachtet werden, die Verwirklichung des geltend gemachten Ziels zu gewährleisten, wenn sie tatsächlich dem Anliegen gerecht wird, es in kohärenter und systematischer Weise zu erreichen*".[378] Sodann greift Art. 6 Abs. 2 lit. (b) das Erfordernis der Kohärenz auf.

Art. 5 listet – nicht abschließend – die zur Rechtfertigung einer Maßnahme zulässigen zwingenden Gründe des Allgemeininteresses auf.[379] Gründe, die allein

373 Art. 1 Richtlinienvorschlag „über eine Verhältnismäßigkeitsprüfung", COM (2016) 822.

374 Art. 4 Abs. 1 sieht eine Ex-ante-Verhältnismäßigkeitsprüfung vor.

375 Begründung Ziff. 1 Richtlinienvorschlag „über eine Verhältnismäßigkeitsprüfung, COM (2016) 822, 2.

376 Dazu ausführlich *Stöbener de Mora*, EuZW 2017, 287 (288).

377 Zur Kohärenzkontrolle ausführlich unten unter C. V. 3.

378 Erwägungsgrund 14, COM (2016), 822, S. 17, Art. 6 Abs. 2 lit. (b) des Richtlinienvorschlag „über eine Verhältnismäßigkeitsprüfung.

379 U.a. öffentliche Ordnung, Sicherheit und Gesundheit, Schutz der Verbraucher, der Dienstleistungsempfänger und der Arbeitnehmer, die Wahrung der geordneten Rechtspflege, die Verkehrssicherheit, der Schutz der Umwelt.

wirtschaftlicher Natur sind oder protektionistische Wirkungen haben, sowie rein verwaltungstechnische Gründe sind keine zwingenden Gründe (Art. 5 Abs. 5). Weiter werden in Art. 6 die Prüfkriterien aufgelistet, die bei der Verhältnismäßigkeitsprüfung zu berücksichtigen sind. In Abs. 2 (a–k) werden spezielle Kriterien definiert, die nach Auffassung der Kommission eine besondere Berücksichtigung erfordern und zur deren Überprüfung die Mitgliedstaaten verpflichtet werden sollen. Dazu gehören die Eignung der Vorschriften, das angestrebte Ziel in kohärenter und systematischer Weise zu erreichen (b), und die Überprüfung, ob bestehende Regelungen das angestrebte Ziel nicht bereits hinreichend schützen (c). Die Vorteile dieser Initiative für Berufsangehörige, Verbraucher und öffentliche Behörden lägen darin, dass sie eine bessere Reglementierung von Berufen gewährleiste, indem sie verhindere, dass unverhältnismäßige Vorschriften erlassen werden würden.[380] Zudem würde es die Richtlinie den Mitgliedstaaten erleichtern, ihren Verpflichtungen nachzukommen. Die Art. 7 bis 9 sehen einen weitreichenden Informationsaustausch und Transparenzpflichten für die Mitgliedstaaten vor.

b. Kritik an dem neuen Richtlinienvorschlag

Der Vorschlag der Kommission stieß in einigen Mitgliedstaaten auf heftige Kritik[381] – insbesondere bei den Vertretern der freien Berufe.[382] Hauptkritikpunkte waren die Gefährdung von Qualitätsstandards und die Beeinträchtigung nationaler Gestaltungsspielräume.[383] Hinzu kamen Zweifel daran, ob der Kompetenzverteilung und dem Verhältnismäßigkeitsgrundsatz durch den Vorschlag Rechnung getragen und das Subsidiaritätsprinzip ausreichend beachtet würde. Es kam daher zu mehreren Subsidiaritätsrügen.[384]

In der Literatur wurde zudem kritisiert, dass es keine allgemeine Vermutung geben dürfe, dass Regulierung stets eine mögliche Belastung darstellt und keine zentralen Ziele verfolgt bzw. erreicht.[385] Die Erwägungen der Kommission würden erkennen lassen, dass sie davon ausgehe, dass die Mitgliedstaaten willkürlich ohne vorherige Verhältnismäßigkeitsprüfung und Abwägung Vorschriften

---

380 COM (2016) 822, 4.

381 BT-Drs. 18/11442 v. 09.03.2017; BR-Drs. 45/17 v. 10.03.2017; Französische Assemblée Nationale v. 21.02.2017; Österreichischer Bundesrat v. 15.03.2017, jeweils abrufbar unter: http://www.ipex.eu/IPEXL-WEB/dossier/document/COM20160822.do.

382 S. Stellungnahmen des Bundesverbandes der Freien Berufe v. 21.2.2017, abrufbar unter: http://www.freie-berufe.de/fileadmin/bfb/5_Themen/8_Europa/Binnenmarktstrategie/2017-02-21_BFB-Stellungnahme_zur_Verh%C3%A4ltnism%C3%A4%C3%9Figkeitspr%C3%BCfung.pdf.

383 *Stöbener de Mora*, EUZW 2017, 287 (288 f.).

384 BT-Drs. 18/11442 v. 09.03.2017; BR-Drs. 45/17 v. 10.03.2017; Französische Assemblée Nationale v. 21.02.2017; Österreichischer Bundesrat v. 15.3.2017, jeweils abrufbar unter: http://www.ipex.eu/IPEXL-WEB/dossier/document/COM20160822.do.

385 Dazu ausführlich *Stöbener de Mora*, EUZW 2017, 287 (290).

beschließen;[386] ein derartige Herangehensweise sei insbesondere aufgrund der langen Tradition vieler nationaler (Verfassungs-)Rechtsordnungen kaum haltbar. Verwiesen wird auf die bereits vorhandenen Prüfmechanismen, so ist beispielsweise im deutschen Recht diese Prüfung Teil jedes Gesetzgebungsverfahrens; die Berufsfreiheit in Art. 12 GG lässt Beschränkungen des Berufszugangs nur zur Erreichung besonders oder gar überragend wichtiger Gemeinschaftsgüter zu. Ferner wurde der deutsche Normenkontrollrat bereits 2006 per Gesetz eingerichtet und berät und kontrolliert die Bundesregierung in Fragen des Bürokratieabbaus. Auch in Österreich gibt es ein Verfahren der Wirkungsfolgenanalyse.[387] Zu Verhältnismäßigkeitsprüfungen haben sich die Mitgliedstaaten zudem bereits 2013 in Art. 59 Abs. 3 der reformierten Berufsanerkennungsrichtlinie verpflichtet. Ferner sei eine generelle Vermutung der Unverhältnismäßigkeit oder gar eine Beweislastumkehr zulasten der Mitgliedstaaten auch dort nicht berechtigt, wo im Rahmen der Transparenzinitiative einige Mitgliedstaaten die Gründe für bestimmte Regulierungsmaßnahmen nicht angemessen dargelegt haben sollten.[388]

Hinsichtlich der Grundsätze der Kompetenzverteilung und Verhältnismäßigkeit wurde kritisiert, dass die Kommission ihre Zuständigkeit überschreite.[389] Die Kommission scheint sich zwar bewusst zu sein, dass die Regulierung von Berufen in den Zuständigkeitsbereich der Mitgliedstaaten fällt und die EU im Bereich der Bildung überdies nur Unterstützungs- und Koordinierungskompetenzen aufweist[390]; sie scheint jedoch zu verkennen, dass dem EU-Gesetzgeber nicht die Zuständigkeit obliegt, allgemein das Wirtschaftsrecht zu regeln oder zu harmonisieren, wenn kein Bezug zur Herstellung des Binnenmarktes besteht. Für einen solchen Bezug reichen bloße Unterschiede zwischen den nationalen Regelungen nicht aus.[391] Die Kommission müsste für jede Anforderung nachweisen, dass eine Beeinträchtigung von Grundfreiheiten bzw. eine Wettbewerbsverfälschung tatsächlich besteht.[392] Ferner wurde angezweifelt, ob die Verpflichtung der Mitgliedstaaten zur Überprüfung der Regelungen auf so umfangreiche Prüfkriterien, wie in der Richtlinie vorgesehen, nicht selbst verhältnismäßig ist oder über das Ziel hinausschießt.[393] Nicht außer Acht bleiben darf dabei, dass es bereits bestehende Vorgaben und

---

386 COM (2016) 822, 3.

387 Öst. Bundesrat v. 15.03.2017, S. 3.

388 *Stöbener de Mora*, EUZW 2017, 287, 290.

389 Z.B. BT-Drs. 18/11442 v. 09.03.2017, S. 5f.; BR-Drs. 45/17 v. 21.03.2017, insb. Nr. 9; Öst. Bundesrat v. 15.03.2017, S. 3, jeweils abrufbar unter: http://www.ipex.eu/IPEXL-WEB/dossier/document/COM20160822.do.

390 Harmonisierung wird explizit ausgeschlossen, Art. 166 IV AEUV; vgl. COM (2016) 822, 2.

391 EuGH, Urteil v. 12.12.2006 – Rz. C-380/03 – *Deutschland/Parlament und Rat* = EuZW 2007, 46 Rn. 37.

392 *Stöbener de Mora*, EUZW 2017, 287, 290.

393 BT-Drs. 18/11442 v. 09.03.2017, S. 6; BR-Drs. 45/17 v. 21.03.2017, insb. Nr. 9; Öst. Bundesrat, Öst. Bundesrat v. 15.03.2017, S. 3.

Kontrollmechanismen zur Verhinderung von Überreglementierungen im EU-Recht gibt, insbesondere in den zuvor dargestellten Dienstleistungs- und Berufsqualifikationsrichtlinien.[394]

Es kam daher auch die Frage auf, ob überhaupt ein Bedarf für die Richtlinie besteht und ob diese mit dem Subsidiaritätsprinzip vereinbar ist.[395] Art. 59 Abs. 3 der Berufsqualifikationsrichtlinie verpflichtet die Mitgliedstaaten bereits zur Durchführung einer Verhältnismäßigkeitsprüfung und nennt konkrete Prüfkriterien, die durch die EuGH-Rechtsprechung entwickelt wurden. Die Umsetzung dieses Mechanismus sollte zunächst verbessert werden, bevor den Mitgliedstaaten ein neuer auferlegt wird.

Fraglich ist auch, ob die in den Mitgliedstaaten stattfinden den Verhältnismäßigkeitsprüfungen tatsächlich so mangelhaft sind wie von der Kommission behauptet. Dagegen spricht, dass die Anerkennungsverfahren durch die gemeinschaftlichen Reglungen zur Anerkennung von Berufsqualifikationen sehr erfolgreich und schnell laufen.[396] Maßnahmen zur Durchsetzung des geltenden Rechts – z. B. durch Anleitungen bei der Anwendung des EU-Rechts – könnten die Zielsetzung der Kommission eventuell besser vorantreiben als die Schaffung neuen Rechts.

c. *Verhältnismäßigkeitsrichtlinie*

Am 28.06.2018 haben das Europäische Parlament und der Rat die Richtlinie über eine Verhältnismäßigkeitsprüfung vor Erlass neuer Berufsreglementierungen (Verhältnismäßigkeitsrichtlinie) erlassen.[397] Angesichts substanzieller Änderungen am Vorschlag der Kommission hat die Richtlinie in den Mitgliedstaaten Zustimmung gefunden. Mit der Richtlinie wurde ein Teil des Dienstleistungspaketes angenommen. Sie trat zum 30.07.2018 in Kraft und soll von den Mitgliedstaaten bis zum 30.07.2020 in nationales Recht umgesetzt werden. Die Richtlinie gibt Regeln vor, wie das zukünftige nationale Berufsrecht der reglementierten und freien Berufe zu gestalten ist. Einerseits müssen sich die Mitgliedstaaten im Rahmen einer Ex-ante-Prüfung der Verhältnismäßigkeit detailliert mit jeder einzelnen neuen und zu ändernden regulierenden Vorschrift auseinandersetzen und andererseits fordert die Richtlinie, dass die Mitgliedstaaten ihre Entscheidung nach konkreten Beweisanforderungen sowie Informations- und Transparenzpflichten umfassend begründen.[398]

Durch die neuen Vorgaben soll sichergestellt werden, dass der Binnenmarkt ordnungsgemäß funktioniert und gleichzeitig Transparenz sowie ein hohes

394 Dazu auch Öst. Bundesrat v. 15.03.2017, S. 3.
395 Z.B. BT-Drs. 18/11442 v. 09.03.2017, insb. Nr. 6–10.
396 *Stöbener de Mora*, EUZW 2017, 287 (291).
397 Richtlinie (EU) 2018/958 v. 28.06.2018 über eine Verhältnismäßigkeitsprüfung vor Erlass neuer Berufsreglementierungen, ABl. 2018 L 173/25.
398 Vgl. dazu *Schäfer*, EuZW 2018, 789 ff.; *Stöbener de Mora*, EuZW 2018, 616.

Schutzniveau gewährleistet werden. Die Richtlinie legt dar, wann eine Reglementierung aus Gründen des Allgemeinwohls notwendig und angemessen ist. Sie gibt auch einen Katalog an einschlägigen Gemeinwohlinteressen vor, z. B. den Schutz der Gesundheit und die Gewährleistung der Qualität der Dienstleistungen; dieser ist aber nicht als abschließend zu betrachten. Jede Reglementierung muss ausführlich begründet werden und sich einer objektiven Analyse unterziehen.

Die Richtlinie verweist auch auf die grundsätzliche Kompetenz der Mitgliedstaaten, durch Reglementierungen selbst festzulegen, welche Kenntnisse und Fähigkeiten zur Ausübung des Berufs notwendig sind; eine Grenze wird jedoch dort gezogen, wo die Voraussetzungen für den Zugang zu einem Beruf bereits harmonisiert sind, und in der Pflicht, die Grundsätze der Nichtdiskriminierung, Verhältnismäßigkeit und Kohärenz einzuhalten.[399] Die Richtlinie lässt zudem mehr Spielraum für Rechtfertigungsgründe und ihre Weiterentwicklung durch die Rechtsprechung.[400] Sie wahrt dabei die Zuständigkeit der Mitgliedstaaten für die Regulierung in den Bereichen der Aus- und Weiterbildung. Die Richtlinie zielt nicht darauf ab, die für die Verhältnismäßigkeitsprüfung genannten Kriterien auf jede Regelung gleich streng anzuwenden; es soll jeweils auf die konkrete Regelung ankommen, wie intensiv die Verhältnismäßigkeitsprüfung ausfällt.

Zu den anderen Vorschlägen der Kommission, welche im Rahmen des Dienstleistungspaketes genannt wurden, wie der elektronischen Dienstleistungskarte[401] und der Vorschlag für ein Notifizierungsverfahren[402], gab es hingegen bisher noch keine Einigung.[403]

Europäisches Sekundärrecht gilt für die von der Berufsanerkennungsrichtlinie erfassten reglementierten Berufe zuweilen weiter; für Rechtsanwälte gelten die RL 98/5/EG (Niederlassungsrichtlinie) und die RL 77/249/EWG (Dienstleistungsrichtlinie für Rechtsanwälte). Das Verhältnis zu diesen Rechtsakten regelt Art. 2 Abs. 2 der Verhältnismäßigkeitsrichtlinie.[404]

V. Die Rechtsprechung des Europäischen Gerichtshofs zur Liberalisierung der freien Berufe

Eine Art Eingrenzung erfährt die Kommission auf ihrem Liberalisierungszug durch den EuGH. Der EuGH kann durch seine Rechtsprechung den Einfluss, den

---

399 EuGH, DStRE 2016, 120 (123) = EuZW 2016, 191 – X-Steuerberatungsgesellschaft (Rs. C-342/14); EuGH, BeckRS 2015, 81259 Rn. 48 m.w.N. – Brouillard (Rs. C-298/14); EuGH, NJW 2006, 1333 Rn. 29 m.w.N. = EuZW 2006, 315 – Colegio de Ingenieros de Caminos, Canales y Puertos/Administración del Estado (Rs. C-330/03).

400 Vgl. *Stöbener de Mora*, EuZW 2018, 616 (616).

401 COM (2016) 824, dazu *Wurster*, EuZW 2017, 332 (332 ff.).

402 COM (2016) 821, dazu *Stork*, EuZW 2017, 562 (562 ff.).

403 Vgl. dazu auch *Stöbener de Mora*, EuZW 2018, 616 (616).

404 Vgl dazu *Schäfer*, EuZW 2018, 789 (790).

die Kommission auf die freien Berufe und somit auf das anwaltliche Berufsrecht nehmen kann, kontrollieren. Er entscheidet über die Reichweite der einzelnen unionsrechtlichen Instrumente, die der Kommission zur Verwirklichung ihrer Vorstellungen zur Verfügung stehen.[405] Insbesondere das Kartellrecht und die Niederlassungs- und Dienstleistungsfreiheit boten der Kommission eine Möglichkeit zur Beschleunigung der Deregulierungspläne.

In einer Entscheidung aus dem Jahr 1982 erkannte der EuGH den Rechtsanwalt ausdrücklich als *„Mitgestalter der Rechtspflege und Hilfsperson der Justiz"* an.[406] Das anwaltliche Berufsrecht wurde durch den EuGH[407] im Rahmen seiner Rechtsprechung zu der Wettbewerbsförderung und den Marktfreiheiten, darunter ganz überwiegend unter dem Gesichtspunkt der Dienstleistungs- und Niederlassungsfreiheit, behandelt.[408] Dabei rückten Allgemeininteressen als Rechtfertigungsgrund für Regulierungen und die Beschränkung der Dienstleistungsfreiheit immer mehr in den Vordergrund und wurden konkretisiert.[409]

1. Entwicklung der Rechtsprechung

Bis in die 90er-Jahre galten die Berufsregeln der Anwaltschaft als unantastbar. Noch 1996 hat der EuGH in der Sache *Broede* gegen *Sandker* festgestellt, dass eine Beschränkung der Dienstleistungsfreiheit durch die nationalen Vorschriften des alten Rechtsberatungsgesetzes besteht, diese jedoch durch Gründe des Allgemeininteresses, des Schutzes des Dienstleistungsempfänger und der geordneten Rechtspflege gerechtfertigt seien und somit nicht gegen den EG-Vertrag und die Dienstleistungsfreiheit verstoßen.[410] Diese nationalen Regelungen würden den Dienstleistungsempfänger davor bewahren, dass er durch den Rechtsrat einer Person, die nicht über die erforderlichen fachlichen Kenntnisse verfügt, einen Schaden erleidet. Eine Aufhebung der Regelungen hielt der EuGH dagegen für erforderlich, wenn eine Prüfung ergab, dass die Zugangsschranken überhöhte Kosten und Informationsdefizite schaffen, statt diese zu verhindern, und wenn sie nicht zur Befriedigung der Verbraucherrechte dienen.[411]

Mit seiner Rechtsprechung positioniert sich der EuGH dahin gehend, dass den Besonderheiten der freien Berufe Rechnung getragen werden muss, und hebt die enorme Bedeutung der Anwaltschaft für die Gewährleistung einer funktionsfähigen

---

405 *Bormann*, ZZPInt 8 (2003), 3 (54 f.).
406 EuGH v. 18.05.1982, Rs. 155/79, Slg. 1982, 1575, Rn. 24.
407 EuGH, NJW 1975, 513 (514f.); NJW 1977, 1582; NJW 1985, 1275; NJW 1988, 887; NJW 1991, 2693; NJW 1996, 579 (580f.); NJW 2001, 137 (139).
408 Vgl. *Stürner/Bormann*, NJW 2004, 1481 (1483).
409 Vgl. *Oppermann/Classen/Nettesheim*, Europarecht, § 25 Rn. 18 ff.
410 EuGH, Urteil v. 12.12.1996 – C-3/95 – *Broede* = BeckRS 2004, 76480.
411 Dazu *Henssler/Kilian*, Positionspapier zur Studie des Institutes für Höhere Studien, S. 6.

Rechtspflege hervor.[412] Dies zeigt sich insbesondere in seinen Entscheidungen seit 2002, in denen er Gemeinwohlbelangen und berufsspezifischen Besonderheiten große Aufmerksamkeit zuteilwerden ließ und den Mitgliedstaaten bei Beschränkungen eine großzügige Einschätzungsprärogative einräumte.[413] Dadurch lässt der EuGH seine deutliche Positionierung dahin gehend erkennen, dass es speziell für die freien Berufe eines gewissen Maßes an Notwendigkeit von Regulierungen bedarf.

Im Mittelpunkt der Entscheidungen stand zunächst die Frage, inwieweit nationale berufsrechtliche Vorschriften dem Kartellverbot aus Art. 81 und 82 EG (heute Art. 101 und 102 AEUV) unterfallen und in welchem Umfang die Dienstleistungsfreiheit nach Art. 56 AEUV durch zwingende Interessen des Allgemeininteresses eingeschränkt werden darf.[414] Durch die Einordnung der Dienstleistungsfreiheit als Beschränkungsverbot[415] führte der EUGH gleichzeitig ein ungeschriebenes Rechtfertigungselement ein – die *zwingenden Gründe des Allgemeininteresses.*[416] Neben der vertrauten Verhältnismäßigkeitsprüfung etablierte der EuGH in seiner noch jüngeren Rechtsprechung das Erfordernis einer Kohärenzkontrolle[417] der getroffenen Regelungen.[418] Nach dem Kohärenzprinzip soll die Erreichung des Ziels, aufgrund dessen die Grundfreiheiten eingeschränkt werden, in kohärenter und systematischer Weise verfolgt werden.[419]

Der EuGH hat dahin gehend Grenzen gesetzt, inwieweit durch das europäische Wettbewerbsrecht und die Grundfreiheiten Einfluss auf das Berufsrecht freier Berufe genommen werden darf. Der EuGH hat u. a. in den Rechtssachen *Wouters*[420],

---

412 EuGH, Urteil v. 19.02.2002 – Rs C-309/99, *Wouters*, Slg. 2002, I-1577,1688 (Rn. 97); vgl. auch dazu *Wolf*, in: Gaier/Wolf/Gröcken, Anwaltliches Berufsrecht, 3. Aufl. 2019, § 2 BRAO, Rn. 30.

413 Zu den Entscheidungen des EuGH im Einzelnen unten unter C. V. 1. a. bis g.

414 *Bormann*, ZZPInt 8 (2003), 3 (54 ff.).

415 EuGH, Urteil v. 25.07.1991- Rs. C-76/90 – *Säger/Dennemeyer* = Slg 1991, I-4221, Rn. 12; zur Entwicklung der Rechtsprechung des EUGH, *Randelzhofer/Forsthoff* in: Grabitz/Hilf/Nettesheim, AEUV, 71. EL August 2020, Art. 57, Rn. 98 ff.

416 Zum Nachweis *Tiedje*, in: von der Groeben/Schwarze/Hatje, Europäisches Unionsrecht, 7. Aufl. 2015, Art. 56 AEUV, Rn. 78 ff, vgl. auch *Wolf*, in: Gaier/Wolf/Gröcken, Anwaltliches Berufsrecht, 3. Aufl. 2019, § 2 BRAO, Rn. 31 ff.

417 Dazu ausführlich unten unter C. V. 3.

418 EuGH, Urteil v. 19.05.2009, – Rs. C-171/07 = NJW 2009, 2112, Zif. 42; EuGH, Urteil v. 06.03.2007 – Rs. C-359/04 = NJW 2007, 1515 (1518), Zif. 53; EuGH, Urteil v. 06.11.2003 – Rs. C-243/01 = NJW 2004, 139 (141) Ziff. 67.

419 EuGH, EuZW 2010, 759 Ls. = NVwZ 2010, 1422; EuZW 2014, 628, Rn. 26; *Schorkopf*, in: Grabitz/Hilf/Nettesheim, 71. EL August 2020, Art. 7, Rn. 12 ff.; Allgemein zum Kohärenzkriterium *Held-Daab*, in: Freundesgaben für Schlink, 2014, 237 ff; *Lippert*, EuR 2012, 90; *Kluth*, Die Gesetzgebungskompetenz für das Recht der Spielhallen nach der Neufassung des Art. 74 Abs. 1 Nr. 11 GG, 2010, S. 68.

420 EuGH, Urteil v. 19.02.2002 – Rs. C-309/99 = EuGH, NJW 2002, 877 ff.

Arduino[421] und *Cipolla*[422] eingegrenzt, unter welchen Bedingungen durch Heranziehung des europäischen Wettbewerbsrechts (Art 101 AEUV) Einfluss auf reglementierte freie Berufe genommen werden kann.

Nachfolgend werden die für die Entwicklung des anwaltlichen Berufsrechts bedeutendsten EuGH-Entscheidungen dargestellt:

a. Wouters-*Entscheidung*

In der Sache „*Wouters*"[423], die dem EuGH im Jahr 2002 vorlag, wollte sich ein niederländischer Rechtsanwalt mit einer Wirtschaftsprüfungsgesellschaft zusammenschließen. Die niederländische Rechtsanwaltskammer untersagte ihm dies mit dem Hinweis, dass interprofessionelle Sozietäten in den Niederlanden verboten sind. Der Rechtsanwalt und die Wirtschaftsprüfungsgesellschaft gingen gegen diese Entscheidung vor und machten geltend, dass das Verbot gegen die Bestimmungen des EG-Vertrags über den Wettbewerb, die Niederlassungsfreiheit und die Dienstleistungsfreiheit verstoße – insbesondere unter Berufung auf Art. 81 Abs. 1 EG (heute Art. 101 AEUV).

Der EuGH entschied, dass eine Rechtsanwaltskammer als eine Unternehmensvereinigung im Sinne von Art. 81 Abs. 1 EG anzusehen ist. Damit unterliegen Handlungen der Rechtsanwaltskammer dem europäischen Wettbewerbsrecht. Er erklärte zudem, dass das Verbot des Zusammenschlusses von Rechtsanwälten und Wirtschaftsprüfern in den Niederlanden mit dem EG-Wettbewerbsrecht vereinbar ist und nicht gegen Art. 81 Abs. 1 EG verstößt, da die Rechtsanwaltskammer bei vernünftiger Prüfung der Umstände annehmen konnte, dass das Verbot trotz notwendig mit ihm verbundener wettbewerbsbeschränkender Wirkungen für die ordnungsgemäße Ausübung des Rechtsanwaltsberufes – Schutz der anwaltlichen Unabhängigkeit, der anwaltlichen Verschwiegenheitspflicht und des anwaltlichen Interessenkollisionsverbots – erforderlich und somit im Interesse der Allgemeinheit gerechtfertigt ist.

In der *Wouters*-Entscheidung stellte der EuGH erstmals Grundsätze für die Berufskammern auf, wonach durch Kammern verbindlich vorgeschriebene Berufsregeln zwar dem Allgemeininteresse dienen, die wesentlichen Grundsätze aber durch den Staat selbst festgelegt werden müssen. Wettbewerbsbeschränkungen sind soweit hinzunehmen, wie sie für die ordnungsgemäße Ausübung des Anwaltsberufes erforderlich sind.[424] Ferner muss der Staat die „Letztentscheidungsbefugnis" über die Inkraftsetzung der Norm innehaben; ansonsten muss die Kammer, die

---

421 EuGH, Urteil v. 19.02.2002 – Rs. C-35/99 = NJW 2002, 882 ff.

422 EuGH, Urteil v. 05.12.2006 – C-94/04 und C-202/04 = NJW 2007, 281.

423 EuGH, Urteil v. 19.02.2002 – Rs. C-309/99 – *Wouters* = Slg. 2002, U-1577, NJW 2002, 877 ff.

424 EuGH, NJW 877 (821).

eine wirtschaftliche Vereinigung darstellt, die durch das europäische Kartellrecht gezogenen Grenzen beachten.

b. Arduino-*Entscheidung*

Zeitgleich mit der *Wouters*-Entscheidung erfolgte die Entscheidung *Arduino*[425], in welcher der EuGH die Rechtmäßigkeit der italienischen anwaltlichen Gebührenordnung, die auch Mindest- und Höchstgebühren vorsah, überprüfte. Die Gebührenordnung wurde von der italienischen Anwaltskammer vorgeschlagen – im Auftrag der italienischen Regierung, welche die Letztentscheidungsbefugnis innehatte. Dem EuGH wurde die Frage vorgelegt, ob der Geltungsbereich des Kartellverbots dadurch eröffnet sei, dass die Anwaltskammer dieses festgelegt hat. Der EuGH entschied, dass das europäische Wettbewerbsrecht nicht anwendbar ist, solange der Staat die Letztentscheidungsbefugnis bei gesetzlichen Vorschriften mit unmittelbar wettbewerbsbeschränkender Wirkung behält.[426] Er führte aus, dass die Regelung den staatlichen Charakter erst verliere, wenn der Berufsverband als Interessenverband tätig wird und nicht als neutraler Gutachter, der im Allgemeininteresse handelt. Anders als im Fall „*Wouters*" ordnete der EuGH die Anwaltskammer nicht als Unternehmervereinigung ein. Ein Verstoß nach Art. 81 Abs. 1 EG war daher nicht möglich, da diese Vorschrift nur Unternehmen betrifft. Der EuGH stellte jedoch fest, dass es einem Mitgliedstaat über Art. 10 EG (heute Art. 5 EUV) in Verbindung mit Art. 81 EG untersagt ist, Maßnahmen – auch in Form von Gesetzen oder Verordnungen – zu treffen oder beizubehalten, die die praktische Wirksamkeit der für die Unternehmen geltenden Wettbewerbsregeln aufheben könnten.[427] Einen Verstoß gegen diese Vorschriften verneinte der EuGH aufgrund des staatlichen Charakters der Regelung.

c. CIF-*Entscheidung*

Auch in seiner *CIF*-Entscheidung[428] vom 09.09.2003 stellte der EuGH klar, dass sich die Art. 81 und 82 EG nicht nur an Unternehmen und Unternehmensvereinigungen richten, sondern mittelbar auch an den nationalen Gesetzgeber über Art. 10 EG. Danach darf der Gesetzgeber ein gegen Art. 81 und 82 EG verstoßendes Verhalten nicht unterstützen oder irgendwie ermöglichen. Der EuGH stellte fest, dass ein mitgliedstaatliches Gesetz, das gegen eine dieser Normen verstößt, wegen

425 EuGH, Urteil v. 19.02.2002 – Rs. C-35/99 – *Arduino* = NJW 2002, 882 ff.

426 EuGH, NJW 2002, 882 (884) Rn. 40f., so auch in der Entscheidung des EuGH v. 11.09.2003 – Rs. C-207/01 – *Altair* = HFR 2003, 1108 (Rn. 30); vgl. auch *Wolf*, in: Gaier/Wolf/Göcken, Anwaltliches Berufsrecht, 3. Aufl. 2019, § 2 BRAO Rn. 32 f.; *Lörcher*, BRAK-Mitt 2008, 2 (2).

427 EuGH, NJW 2002, 882 (884), Rn. 34.

428 EuGH, Urteil v. 09.09.2003 – Rs. C-198/01 = NJW 2004, 351.

Verstoßes gegen höherrangiges Unionsrecht unbeachtlich und von der nationalen Wettbewerbsbehörde nicht anzuwenden ist.[429]

d. Mauri-*Entscheidung*

In der *Mauri*-Entscheidung[430] aus dem Jahr 2005 entschied der EuGH, dass die italienische Regelung über die Zusammensetzung eines Prüfungsausschusses für die Zulassungsprüfung zur Rechtsanwaltschaft nicht dadurch gegen das EG-Wettbewerbsrecht verstoße, dass dem Ausschuss zwei Rechtsanwälte angehörten, die auf Vorschlag der Rechtsanwaltskammer vom Ministerium ernannt wurden. Der EuGH verwies dabei auf die Begründung der *Arduino*- und *CIF*-Entscheidung und hielt an dieser fest.[431] Auch in diesem Fall hat er entschieden, dass es sich um eine Regelung mit staatlichem Charakter handelt und eine Übertragung der Verantwortung über den Zugang zum Beruf auf den Prüfungsausschuss nicht erfolgt ist. Er führte aus, dass die Beteiligung der Rechtsanwälte zwingenden Gründen des Allgemeininteresses entspreche, um die Eignung und Befähigung der Personen, die den Beruf des Rechtsanwalts ergreifen wollen, bestmöglich beurteilen zu können.[432]

e. Cipolla-*Entscheidung*

Eine bedeutsame Weiterentwicklung brachte die *Cipolla*-Entscheidung[433] des EuGH aus dem Jahr 2006. In seiner Entscheidung nahm der EuGH Stellung zu einem italienischen Verbot der Unterschreitung von Mindestgebühren. Der EuGH verneinte einen Verstoß gegen europäisches Wettbewerbsrecht mit derselben Begründung wie in der *Arduino*-Entscheidung, der die gleiche Gebührenordnung zugrunde lag, dass die Regelung einen staatlichen Charakter hatte und ein Verstoß gegen Art. 10 EG i. V. m. Art. 81 und 82 EG nicht vorlag. Eine Untersuchung des Gesetzes durch die europäische Wettbewerbsbehörde erfolgte nicht.

Neben der wettbewerbsrechtlichen Beurteilung hatte sich der EuGH in der *Cipolla*-Entscheidung erstmals mit der Vereinbarkeit von Vergütungsregeln mit den Grundfreiheiten zu beschäftigen und insbesondere mit der Frage, ob ein Verstoß gegen die Dienstleistungsfreiheit nach Art. 49 ff. EG vorliegt.[434] Der EuGH stellte fest, dass das Verbot, durch Vereinbarung von den festgesetzten Mindesthonoraren, welche die Gebührenordnung vorsieht, abzuweichen, den Zugang zum italienischen Markt für juristische Dienstleistungen für Anwälte aus anderen Mitgliedstaaten erschweren kann, und bejahte damit einen Verstoß gegen Art. 49

429 EuGH, NJW 2004, 351 (352).
430 EuGH, Urteil v. 17.02.2005 – Rs. C-250/03 – *Mauri* = EuZW 2005, 273.
431 EuGH, EuZW 2005, 273 (274).
432 EuGH, EuZW 2005, 273 (274).
433 EuGH, Urteil v. 05.12.2006 – C-94/04 und C-202/04 – *Cipolla u.a.* = NJW 2007, 281.
434 EuGH, NJW 2007, 281 (284 f.).

EG.[435] Er stellte dann aber klar, dass ein solches Verbot gerechtfertigt sein kann. Eine Rechtfertigung könne aus *„zwingenden Gründen des Allgemeinwohls"* bestehen, wenn die Beschränkung geeignet ist, die Verwirklichung des mit ihr verfolgten Ziels zu gewährleisten, und nicht über das hinausgeht, was zur Erreichung dieses Ziels erforderlich ist.[436] Als Ziele, die zwingende Gründe des Allgemeininteresses darstellen, erkennt er den Schutz des Dienstleistungsempfängers und den Schutz einer geordneten Rechtspflege an.[437] Ob diese Voraussetzungen erfüllt sind, überließ der EuGH dem vorlegenden Gericht. Er ließ sich jedoch insoweit darauf ein, dass nach seiner Ansicht nicht von vornherein ausgeschlossen werden kann, dass Mindestgebühren dafür geeignet seien, eines dieser Schutzziele zu verwirklichen, indem sie Billigangebote mit minderer Qualität verhinderten.[438] Insbesondere bei einer extremen Anwaltsdichte können dadurch ein ruinöser Wettbewerb zwischen den Marktteilnehmern und somit der Verfall der Qualität der erbrachten Dienstleistung verhindert werden.[439] Die Beurteilung der Beratungsqualität sei für den Mandanten wegen einer Asymmetrie der Information auf dem Markt anwaltlicher Dienstleistungen erschwert.[440] Es sei ferner Sache der nationalen Gerichte zu prüfen, ob die nationale Regelung die Schutzziele erreiche oder ob nicht Berufsregeln, Kontrolle und Haftung als solche ausreichten, um Verbraucherschutz und geordnete Rechtspflege zu gewährleisten.[441]

Mit diesem Urteil hat der EuGH einen Leitfaden vorgegeben, mit dem geprüft werden kann, ob eine Beschränkung gerechtfertigt ist. Aus der Entscheidung ergibt sich ferner, dass für diese Fragen nicht mehr die Generaldirektion Wettbewerb zuständig ist, sondern die Generaldirektion Markt.[442] Diese hat die Möglichkeit, Vertragsverletzungsverfahren wegen Verletzung der Freizügigkeitsregeln einzuleiten oder eine Richtlinie oder Verordnung zu erlassen, um das Berufsrecht zu deregulieren.

f. Kommission/Italien-Entscheidung

Bestätigt hat der EuGH seine *Cipolla*-Entscheidung in seiner Entscheidung über ein von der Kommission gegen die Italienische Republik eingeleitetes Vertragsverletzungsverfahren im Jahr 2011[443]. Die Kommission hatte das Vertragsverletzungsverfahren gegen Italien wegen festgeschriebener Höchstgebühren eingeleitet. Aus Sicht des EuGH hat die Kommission es jedoch nicht geschafft darzulegen, dass

---

435 EuGH, NJW 2007, 281 (284), Rn. 58.
436 EuGH, NJW 2007, 281 (285), Rn. 61.
437 EuGH, NJW 2007, 281 (285), Rn. 64.
438 EuGH, NJW 2007, 281 (285), Rn. 67.
439 Vgl. auch *Schriever*, AnwBl. 2010, VI.
440 EuGH, NJW 2007, 281 (285), Rn. 67 f.
441 EuGH, NJW 2007, 281 (285), Rn. 65 ff.
442 Vgl. *Henssler*, AnwBl. 2009, 1 (2); *Lörcher*, BRAK-Mitt. 2008, 2 (4).
443 EuGH, Urteil v. 29.03.2011 – C-565/08 = NJW 2011, 1575.

die gesetzlichen Höchstsätze für Rechtsanwaltsgebühren in Italien den Zugang für Rechtsanwälte aus anderen Mitgliedstaaten zum italienischen Markt beeinträchtigen.[444] Der EuGH führt dazu aus, dass eine Regelung nicht „*alleine deshalb eine Beschränkung im Sinne des EG-Vertrags darstellt, weil andere Mitgliedstaaten in ihrem Gebiet ansässige Erbringer gleichartiger Dienstleistungen weniger strengen oder wirtschaftlich interessanteren Vorschriften unterwerden*"[445]. Neu an dieser Entscheidung des EuGH war, dass er nicht nur für die italienische Gebührenordnung klarstellte, dass Höchstgebühren die Grundfreiheiten nicht grundsätzlich beschränken, sondern dass es auch darauf ankommt, welche Auswirkungen das gesamte Gebührensystem auf die Tätigkeit anderer Anwälte aus anderen Mitgliedstaaten hat.[446]

g. *Aktuelle Entscheidungen*

Auch in den aktuellen Entscheidungen des EuGH bleibt er seiner Linie treu. In der Entscheidung *Kostas Konstantinides* vom 12. September 2013[447] verneinte der EuGH einen Verstoß gegen die Berufsqualifikationsrichtlinie[448] durch das deutsche Gebührensystem für Ärzte und erläuterte ferner die Möglichkeiten der Rechtfertigung einer Beschränkung der Dienstleistungsfreiheit durch zwingende Gründe der Allgemeininteressen, unter die der Schutz der Gesundheit und des Lebens von Menschen sowie der Verbraucherschutz fallen.[449] In der noch jüngeren Entscheidung *Eurosaneamientos*[450] aus dem Jahr 2016 hat der EuGH die spanische Gebührenordnung für Prozessbevollmächtigte (Real Decreto 1373/2003)[451] für vereinbar mit dem Unionsrecht erklärt. Das Real Decreto schreibt im Voraus feste Honorarbeträge vor, die zwar verhandelbar sind, aber höchstens um 12 % über- oder unterschritten werden dürfen. Zudem legt das Dekret eine Gesamthöchstgrenze von 300.000 Euro je Verfahren und Handlung fest. Der EuGH stellte zunächst fest, dass die spanische Gebührenordnung zwar als eine Beeinträchtigung des Unionsrechts geeignet ist, ein Verstoß gegen Art. 101 AEUV i. V. m. Art. 4 Abs. 3 AEUV aber nicht vorliegt.[452] Die Regelungen verlieren ihren staatlichen Charakter nicht

---

444 EuGH, NJW 2011, 1575 (1577), Rn. 52 f.
445 EuGH, NJW 2011, 1575 (1577), Rn. 50.
446 Vgl. hierzu *Henssler*, NJW 2011, 1577 f.; *Hellwig*, AnwBl. 2011, 476 (479).
447 EuGH, Urteil v. 12.09.2013, C-475/11 – *Kostas Konstantinides* = JurionRS 2013, 44535.
448 Richtlinie 2005/36/EG.
449 EuGH, Urteil v. 12.09.2013, C-475/11 – *Kostas Konstantinides* = JurionRS 2013, 44535, Rn. 51 unter Verweis auf: Urteile v. 05.12.2006 – C-94/04 und C-202/04 – *Cipolla u. a.*, Slg. 2006, I-11421, Rn. 64 und die dort angeführte Rechtsprechung, sowie v. 08.11.2007 – C-143/06 – *Ludwigs-Apotheke*, Slg. 2007, I-9623, Rn. 27 und die dort angeführte Rechtsprechung.
450 EuGH, Urteil v. 08.12.2016 – C-532/15 – *Eurosaneamientos* = BeckEuRS 2016, 489136.
451 Königliches Dekret 1373/2003 zur Annahme der Gebührenordnung für Prozessbevollmächtigte v. 7. November 2003 (BOE Nr. 278 v. 20. November 2003).
452 EuGH, Urteil v. 08.12.2016 – C-532/15 = BeckEuRS 2016, 489136, Rn. 41.

dadurch, dass die nationalen Gerichte daran gebunden sind und die Befugnis zur Ausarbeitung dieser Regelungen oder ihrer Anwendung auf die berufsständischen Vereinigungen der Prozessbevollmächtigten übertragen wurde. Eine erneute Befassung des EuGH mit der Vereinbarkeit des Art. 56 AEUV hat nicht stattgefunden, weil der EuGH die Vorlegungsfrage dazu unbeantwortet gelassen hat, da es sich um einen rein innerspanischen Sachverhalt handelte.[453]

2. Die Kohärenzkontrolle

Über die Verhältnismäßigkeitsprüfung hinaus fordert der EuGH in seiner jüngeren Rechtsprechung vermehrt, dass die getroffenen Regelungen das Kohärenzerfordernis erfüllen müssen. Das Prinzip der Kohärenz dient im Allgemeinem als eines der maßgeblichen Instrumente zur Verwirklichung des Ziels, dem Unionsrecht nach innen trotz der bestehenden Souveränität der Mitgliedstaaten bestmöglich zur vollen Wirksamkeit und einheitlichen Umsetzung in allen Mitgliedstaaten zu verhelfen.[454] Die Kohärenz soll dem Unionsrecht zu einem harmonischen Ganzen verhelfen.[455] Die zentrale Vorschrift der Kohärenz ist Art. 7 AEUV und wird insbesondere durch Art. 21 Abs. 3 UAbs. 2 S. 1 AEUV ergänzt.[456] Dabei handelt es sich um ein grundlegendes Prinzip des Unionsrechts und nicht um einen derivativen allgemeinen Rechtsgrundsatz.[457]

Der EuGH hat die Kohärenz erst in seiner jüngeren Rechtsprechung, insbesondere im Bereich der nationalen Glückspielregulierungen und somit im Zusammenhang mit den Grundfreiheiten, vermehrt herangezogen.[458] Neben der

---

453 EuGH, Urteil v. 08.12.2016 – C-532/15 = BeckEuRS 2016, 489136, Rn. 43 f.

454 *Claasen*, in Grabitz/Hilf/Nettesheim (Hrsg,), EU, Art. 197 AEUV, 71. EL August 2020, Rn. 23 ff.; *Gundel*, Verwaltung, in: Schulze/Zuleeg/Kadelbach (Hrsg.), Europarecht, § 3, Rn. 195, *Schuster*, Das Kohärenzprinzip der Europäischen Union, S. 18.

455 *Ruffert*, in: Calliess/Ruffert, EUV/AEUV, Art. 7 AEUV, 5. Aufl. 2016, Rn. 2; *Schuster*, Das Kohärenzprinzip der Europäischen Union, S. 18; *Schima*, in: Mayer/Stöger (Hrsg.), EUV/AEUV, Art. 7 AEUV, Rn. 3.

456 Vgl. dazu *Schuster*, Das Kohärenzprinzip der Europäischen Union, S. 39 f.

457 *Lippert*, EuR 2012, 90 (91); *Schuster*, Das Kohärenzprinzip der Europäischen Union, S. 51.

458 EuGH, Rs. C-243/01 – *Gambelli*, Slg. 2003, I-13076, Rn. 67; Rs. C-338/04 u.a. – *Planica u.a.*, Slg. 2007, I-1932, Rn. 53; Rs. C 42/07 – *Liga Portuguesa und Bwin*, Slg. 2009, I-7698, Rn. 61; Rs. C 258/08 – *Ladbrokes*, Slg. 2010, I-4761, Rn. 21; Rs. C-36/07 u.a. – *Markus Stoß u.a.*, Slg. 2010, I-8099, Rn. 66; Rs. C-46/08 – *Carmen Media*, Slg. 2010, I-8175, Rn. 53; Rs. C-212/08 – *Zeturf*, Slg. 2011, I-5636, Rn. 57 und Rs. C.347/09 – *Dickinger/Ömer*, Slg. I-8185, Rn. 56; verb. Rs. C-186/11, C-209/11 – *Stanleybet International*, NvwZ 2013, 785, Rn. 27; Rs. C-156/13 – *Digibet*, EuZW 2014, 628, Rn. 26 f.; siehe auch: *Kämmerer*, DStR-Beih 2015, 33 (36), dazu auch *Kilian*, Das Fremdbeteiligungsverbot im Spannungsfeld von Berufs-, Gesellschafts- und Unionsrecht, AnwBl 2014, 111 (115 ff.).

Glückspielrechtsprechung findet sich das Kohärenzgebot vor allem in den Entscheidungen des EuGH zum Gesundheitswesen.[459]

Die vom EuGH angewandte Kohärenzkontrolle hat sich mittlerweile als eigenständige grundfreiheitliche Schranken-Schranke, als neues Kriterium in der Rechtsprechung des EuGH durchgesetzt, um Beschränkungen zu rechtfertigen.[460]

Das Kohärenzprinzip beschränkt den Mitgliedstaat bei dessen Beschränkung der Grundfreiheit, indem es das mitgliedstaatliche Ermessen begrenzt.[461] Der EuGH räumt den nationalen Gesetzgebern damit zwar einen umfassenden Spielraum bei der Wahl des Schutzniveaus ein, daraus folgt aber auch, dass sich alle Regelungen des nationalen Gesetzgebers in dieses System einfügen müssen, wenn dieses Schutzniveau erst einmal festgelegt wurde.[462]

Das Kohärenzprinzip besagt, dass die Erreichung des Ziels, aufgrund dessen die Grundfreiheiten eingeschränkt werden, in kohärenter und systematischer Weise verfolgt werden muss.[463] Es stellt keinen eigenen Rechtfertigungsgrund dar; auf Grundlage des Kohärenzprinzips wird vielmehr insgesamt geprüft, ob das grundsätzlich gerechtfertigte, die Grundfreiheiten beschränkende Regelungssystem in sich widerspruchsfrei ist und der konkreten Zielverwirklichung dient.[464]

Den Begriff der Kohärenz verwendete der EuGH zwar erstmals in der Rechtssache *Gambelli*,[465] in den Entscheidungen *Läärä*[466] und *Zenatii*[467] finden sich aber bereits erste Überlegungen dazu, dass Beschränkungen der Verwirklichung eines konkreten Ziels dienen sollten. In der Rechtssache *Gambelli* ging es darum zu klären, ob gegen die Niederlassungs- und Dienstleistungsfreiheit durch eine nationale

459 s. EuGH, Rs. C-169/07 – *Hartauer*, Slg. 2009, I-1751, Rn. 55 ff.; Rs. C-531/06 – *Kommission/Italien*, Slg. 2009, I-4138, Rn. 65ff.; Rs. C-171/07 – *Apothekerkammer des Saarlandes u.a.*, Slg. 2009, I-4195, Rn. 41; Rs. C-172/07 – *DocMorris*, Slg. 2009, I-4171, Rn. 42.; Rs. C-341/08 – *Petersen*, Slg. 2010, I-71, Rn. 53 ff.

460 *Lippert*, EuR 2012, 90f, *Schuster*, Das Kohärenzprinzip der Europäischen Union, S. 79 ff., 104; *Wolf*, in: Gaier/Wolf/Gröcken, Anwaltliches Berufsrecht, 3. Aufl. 2019, § 2 BRAO, Rn 30; a.A. *Dederer*, NJW 2010, 198 (199 f.) und *Kämmerer*, DStR-Beih 2015, 33 (36), sie verorten die Kohärenzkontrolle in der Prüfung des legitimen Zwecks innerhalb der Verhältnismäßigkeitsprüfung.

461 EuGH, EuZW 2010, 759 Ls. = NVwZ 2010, 1422 Rn. 46; *Hartmann*, EuZW 2014, 814 (818).

462 *Schuster*, Das Kohärenzprinzip in der Europäischen Union, S. 84.

463 EuGH, EuZW 2010, 759 Ls. = NVwZ 2010, 1422; EuZW 2014, 628, Rn. 26; *Schorkopf*, in: Grabitz/Hilf/Nettesheim, 71. EL August 2020, Art. 7, Rn. 12 ff.; Allgemein zum Kohärenzkriterium *Held-Daab*, in: Freundesgaben für Schlink, 2014, 237 ff; *Lippert*, EuR 2012, 90; *Kluth*, Die Gesetzgebungskompetenz für das Recht der Spielhallen nach der Neufassung des Art. 74 Abs. 1 Nr. 11 GG, 2010, S. 68.

464 *Wolf*, in: Gaier/Wolf/Gröcken, Anwaltliches Berufsrecht, 3. Aufl. 2019, § 2 BRAO, Rn. 30; *Lippert*, EuR 2012, 90 (91).

465 EuGH, Rs. C-243-01 – *Gambelli*, Slg. 2003, I-13076, Rn. 67 ff.

466 EuGH, Rs, C-124/97 – *Läärä*, Slg. 1999, I-6104, Rn. 31 ff.

467 EuGH Rs. C-67/98 – *Zenatti*, Slg. 1999, I-7304, Rn. 37 ff.

Regelung verstoßen wird, wenn diese das Anbieten von Lotterien und Wetten von einer staatlichen Konzession abhängig macht und bei einem Verstoß gegen diese eine Strafe vorsieht. Der EuGH bejahte in seiner Entscheidung zwar eine Beschränkung der Niederlassungs- und Dienstleistungsfreiheit; er stellte jedoch auch fest, dass diese Beschränkung durch zwingende Gründe des Allgemeinwohls gerechtfertigt sein kann, zu denen auch die Vermeidung von Anreizen zu überhöhten Ausgaben für das Spielen und das Eindämmen der Spielsucht gehören.[468] Der EuGH führt dazu aus, dass das nationale Gericht bei der Prüfung sicherstellen muss, dass die Beschränkungen auch *„geeignet sind, die Verwirklichung der Ziele in dem Sinne zu gewährleisten, dass sie kohärent und systematisch zur Begrenzung der Wetttätigkeit beitragen."*[469] *„Soweit nun aber die Behörden eines Mitgliedstaaten die Verbraucher dazu anreizen und ermuntern, an Lotterien, Glücksspielen oder Wetten teilzunehmen, damit der Staatskasse daraus Einnahmen zufließen"*[470], könnte sich der Staat nicht mehr auf die Verwirklichung des übergeordneten Ziels der Eindämmung der Spielsucht als Rechtfertigungsgrund berufen. Der EuGH stellte fest, dass die beschränkende Regelung des italienischen Gesetzgebers inkohärent ist und damit als Rechtfertigungsgrund für die Einschränkung ausscheidet, sodass die Regelung gegen das Unionsrecht verstößt.

Im Gegensatz zur Verhältnismäßigkeitskontrolle, die nur verlangt, dass die konkrete zu überprüfende Maßnahme der Verwirklichung des Ziels dient und die Möglichkeit der Zweckerreichung besteht,[471] geht der Kohärenzgedanke weiter, indem er mindestens zwei verschiedene Maßnahmen in den Blick nimmt und überprüft, um deren Widerspruchsfreiheit feststellen zu können.[472] Durch die Kohärenzprüfung ergibt sich eine zweite unionsrechtliche Kontrollmöglichkeit auf einer der Rechtfertigungsprüfung nachgelagerten Ebene, durch die Beschränkungen noch präziser überprüft werden können.[473] Dadurch erhält der EuGH die Möglichkeit, widersprüchliche Regelungen zu beanstanden und die Glaubwürdigkeit mitgliedsstaatlicher Regelungen zu überprüfen.[474] Durch die Kohärenzkontrolle kann vermieden werden, dass Beschränkungen gerechtfertigt werden, die durch

468 EuGH, Rs. C-275/92 – *Schindler*, Slg. 1994, I-1078, Rn. 54; Rs. C-124/97 – Läärä, Slg. 199p, I-6104, Rn. 32; Rs. C-243-01 – *Gambelli*, Slg. 2003, I-13076, Rn. 67; Rs. C-338/04 u.a. – *Planica u.a.*, Slg. 2007, I-1932, Rn. 58; Rs. C 42/07 – *Liga Portuguesa und Bwin*, Slg. 2009, I-7698, Rn. 26; Rs. C 258/08 – Ladbrokes, Slg. 2010, I-4761, Rn. 18; Rs. C-36/07 u.a. – Markus Stoß u.a., Slg. 2010, I-8099, Rn. 55.

469 EuGH, Rs. C-243-01 – *Gambelli*, Slg. 2003, I-13076, Rn. 69.

470 EuGH, Rs. C-243-01 – *Gambelli*, Slg. 2003, I-13076, Rn. 69.

471 BVerfG, NJW 2016, 1261, 1264 m. w. N.

472 *Lippert*, EuR 2012, 90, (92 f.).

473 *Lippert*, EuR 2012, 90 (93); *Dörr*, DVBl. 2010, 69 (74 f.).

474 *Lippert*, JA 2012, 124, 127; *Schröder*, Genehmigungsverwaltungsrecht, 2016, S. 515; *Wolf*, in: Gaier/Wolf/Gröcken, Anwaltliches Berufsrecht, 3. Aufl. 2019, § 2 BRAO, Rn. 30.

die Mitgliedstaaten vorgegebene Zielsetzung selbst nicht widerspruchsfrei verfolgt werden, da durch sie verdeckt versucht wird, ein anderes Ziel zu verwirklichen.[475]

Kritisch zu betrachten ist, dass die Prüfung der nationalen Regelungen auf ihre Kohärenz hin es dem EuGH ermöglicht, das nationale Recht intensiv zu kontrollieren.[476] *Grzeszick* ist zwar der Ansicht, dass das Abstellen auf die Kohärenz der Systematik der nationalen Regelungen die Zuständigkeit der Mitgliedstaaten zu schonen scheint, da diese es in der Hand haben, ein legitimes Regelungssystem aufzustellen. Er verweist aber auch darauf, dass die Kohärenzkontrolle es dem EuGH ermöglicht, bei der entsprechenden Prüfung umfassend auf die Regelungen des nationalen Rechts sowie deren Durchsetzung zuzugreifen.[477] Dies ermögliche es dem EuGH, mitgliedstaatliche Regelungen weitreichend und intensiv zu kontrollieren.[478] *Schuster* verweist in diesem Zusammenhang darauf, dass sich die Kontrolle des EuGH dabei nicht isoliert auf die Kontrolle der vorgelegten Regelung beschränkt, sondern dass das gesamte nationale Regelungskonzept des Mitgliedstaates in den Blick genommen wird.[479] Die Kontrolle wirft ferner Bedenken hinsichtlich der Kompetenzverteilung zwischen den Mitgliedstaaten und der Union auf.[480] *Lippert* und *Dörr* sprechen in diesem Zusammenhang von einer *Kontrollkompetenz*, die die Union hinsichtlich mitgliedstaatlicher Begründungen erhält.[481] Der EuGH agiert darüber hinaus als Kontrolleur der nationalen Regelungskompetenz. Fraglich ist daher, auf welcher Grundlage der EuGH dies tut.

Einigkeit darüber, auf welcher Rechtsgrundlage dem EuGH diese Kohärenzkontrolle möglich ist, gibt es in der Rechtsprechung und Literatur noch nicht und bisher wurde der Problematik auch erst wenig Beachtung geschenkt.[482] Art. 7 AEUV kann nicht als Anknüpfungspunkt herangezogen werden, da er nur bei Maßnahmen der Union Anwendung findet.[483]

Teilweise wird das Kohärenzprinzip mit dem Gleichheitsprinzip (Art. 20 GrCh) vermengt[484] und dieses wird als Anknüpfungspunkt für die dogmatische Verankerung des Kohärenzprinzips in Betracht gezogen.[485] Aufgrund der unterschiedlichen

---

475 *Lippert*, EuR 2012, 90 (95).

476 *Grzeszick*, VVDStRL 71 (2012), 49, 75; *Schuster*, Das Kohärenzprinzip in der Europäischen Union, S. 84.

477 *Grzeszick*, VVDStRL 71 (2012), 49, 75.

478 *Grzeszick*, VVDStRL 71 (2012), 49, 75 m. w. N.

479 *Schuster*, Das Kohärenzprinzip in der Europäischen Union, S. 84.

480 Vgl. dazu *Schuster*, Das Kohärenzprinzip in der Europäischen Union, S. 84 und *Grzeszick*, Individualrechte und das Gebot konsistenter und kohärenter Rechtsetzung im deutschen und europäischen Recht, S. 333 (343).

481 *Lippert*, EuR 2012, 90 (94); *Dörr*, DVBl. 2010, 69.

482 Vgl. dazu *Schuster*, Das Kohärenzprinzip in der Europäischen Union, S. 84, m. w. N.

483 vgl. *Schuster*, Das Kohärenzprinzip der Europäischen Union, S. 24 ff.

484 *Streinz*, NJW 2010, 3745 (3747); ähnlich auch *Dederer*, NJW 2010, 198 (200), Fn. 25 unter Bezug auf EuGH, Rs. C-169/07 – *Hartlauer*, Slg. 2009, I-1721, Rn. 55 ff.

485 Vgl. dazu im Ergebnis aber ablehnend *Schuster*, Das Kohärenzprinzip in der Europäischen Union, S. 88.

Zielausrichtung der beiden Prinzipien ist eine Verankerung der Kohärenz im allgemeinen Gleichheitssatz jedoch nicht einschlägig. Das Kohärenzprinzip überprüft nur die Widerspruchsfreiheit der Ziele mehrerer Regelungen, das Gleichbehandlungsgesetz fordert hingegen die Gleichbehandlung vergleichbarer Sachverhalte.[486]

Ferner findet sich in der Literatur der Ansatz, unter Bezugnahme auf die in der Rechtsprechung des Bundesverfassungsgerichts angewandte Figur der Folgerichtigkeit das Rechtstaatsprinzip (Art. 2 Abs. 1 EUV) als Anknüpfungspunkt heranzuziehen.[487] *Schuster* stellt darauf ab, dass es sich bei der mit der Rechtsprechung des EuGH entwickelten Kohärenz um eine eigenständige Ausprägung des Rechtsstaatsprinzips handelt.[488] Daneben lässt sie sich nach *Schuster* auch auf das Gebot der loyalen Zusammenarbeit aus Art. 4 Abs. 3 EUV stützen.[489] Dieser Ansicht ist zuzustimmen. Schiebt ein Mietgliedstaat einen anerkannten Rechtfertigungsgrund als Ziel seiner Beschränkungen vor, um ein anderes Ziel zu verfolgen, handelt er somit rechtsmissbräuchlich. Er nutzt die Grundfreiheiten und Ziele der Union aus, um eigene Interessen zu verschleiern und voranzutreiben und verstößt so gegen den Grundsatz der loyalen Zusammenarbeit.

Eine einheitliche Tendenz, woran sich die Kohärenzkontrolle anknüpfen lässt, ist noch nicht ersichtlich; es wird jedoch bereits jetzt durch die Kohärenzkontrolle eine weitere Europäisierung der Rechtsgebiete erwartet.[490] Diese wird auch hinsichtlich der Beschränkungen im anwaltlichen Berufsrecht in Zukunft eine größere Rolle spielen und weitere Deregulierungsmaßnahmen nach sich ziehen.

3. Zusammenfassung zur EuGH-Rechtsprechung

Die Entscheidungen des EuGH haben entscheidend dazu beigetragen, dem Einfluss der Kommission auf das anwaltliche Berufsrecht Grenzen zu setzen, und tragen so den Besonderheiten der freiberuflichen Tätigkeit Rechnung. Über das Allgemeininteresse an einer geordneten Rechtspflege, die sowohl im Interesse der Verbraucher als auch im Interesse der Rechtspflegeorgane liegt, hat der EuGH eine Begründung gefunden, Einschränkungen der Dienstleistungsfreiheit im Sinne der

---

486 *Lippert*, EuR 2012, 90 (92); *Wolf*, in: Gaier/Wolf/Gröcken, Anwaltliches Berufsrecht, 3. Aufl. 2019, § 2 BRAO, Rn. 30.

487 Dazu ausführlich und m. w. N. *Schuster*, Das Kohärenzprinzip in der Europäischen Union, S. 92 ff.

488 *Schuster*, Das Kohärenzprinzip in der Europäischen Union, S. 95 ff; a. A. *Brückner*, Folgerichtige Gesetzgebung im Steuerrecht und Öffentlichen Wirtschaftsrecht, verfassungsrechtliche Grundlagen der Forderung nach Folgerichtigkeit in der Rechtsprechung des Bundesverfassungsgerichts, S. 249; *Hanebeck*, Der Staat 41 (2002), S. 429 (445 ff.).

489 *Schuster*, Das Kohärenzprinzip in der Europäischen Union, S. 98.

490 Grzeszick, VVDStRL 71 (2012), 49, 75; *Wolf*, in: Gaier/Wolf/Gröcken, Anwaltliches Berufsrecht, 3. Aufl. 2019, § 2 BRAO, Rn. 30.

Freiberufler zu rechtfertigen.[491] Bezüglich der Einflussnahme über das europäische Wettbewerbsrecht bleibt festzuhalten, dass der freie Wettbewerb nur zu beachten ist, sofern die selbstverwalteten freien Berufe eigene verbindliche Regeln verabschieden, um das Verhalten der Berufsträger auf dem Markt zu regulieren.[492] Solange die Letztentscheidungskompetenz über das Berufsrecht bei dem demokratisch legitimierten nationalen Gesetzgeber liegt, sind die Vorschriften nicht am Maßstab des Wettbewerbsrechts zu messen. Diese Kompetenz wird durch die Berücksichtigung von Interessen der Allgemeinheit gesichert.[493] Im Übrigen zieht nur der *effet utile* Grenzen.[494]

VI. Stellungnahme zu der Liberalisierungspolitik der EU

Obwohl die Kommission in ihren Initiativen erkennen lässt, dass sie sich der gehobenen Bedeutung der freien Berufe für die europäische Wirtschaft bewusst ist, führen ihre Strategien zunehmend dazu, dass die Unterschiede der freien Berufe zu den Gewerbetreibenden aufgehoben werden und die besondere Bedeutung der freien Berufe für das Gemeinwohl in den Hintergrund rückt.[495] *Filgers* ist der Ansicht, dass der *„More Economic Approach"*[496] *„der Rolle der Anwaltschaft als gebundenem Vertrauensberuf nicht gerecht wird"*.[497] Eine Deregulierung der Berufsrechte um jeden Preis wird weder den Interessen der Verbraucher noch jenen der Anwaltschaft gerecht. Regulierungen müssen beachten, was für die Unionsbürger das Beste ist, und die Kosten für sie berücksichtigen. Dabei sollte den Berufsrechten so viel Regulierung wie nötig ermöglicht werden – aber nicht mehr. *Kämmerer* unterstreicht, dass die Kommission außer Acht lässt, dass in Europa verschiedene Rechtstraditionen aufeinandertreffen:[498] auf der einen Seite die römischrechtlich-kontinentaleuropäische und auf der anderen Seite die angloamerikanische, die Staat und Gesellschaft (sowie öffentliches Recht und Privatrecht) nicht klar unterscheidet. Dadurch sei die angloamerikanische Rechtsauffassung im politischen Bereich des Öffentlichen schon strukturell marktaffiner. Nach *Kirchbergs* Auffassung werde Europa zumindest im Bereich der Rechtsberatung alles in seinen Kräften stehende tun, um – im (unterstellten) Interesse der Verbraucher – dem freien Wettbewerb und damit der Gewährleistung der Dienstleistungsfreiheit zur größtmöglichen Wirksamkeit zu verhelfen.[499] Es sei zu erwarten, dass das bestehende

---

491 Vgl. *Wolf*, in: Gaier/Wolf/Gröcken, Anwaltliches Berufsrecht, 3. Aufl. 2019, § 2 BRAO, Rn. 33.
492 *Henssler*, AnwBl. 2009, 1 (2).
493 *Ahrens*, AnwBl. 2013, 2 (2).
494 Vgl. *Henssler*, AnwBl. 2009, 1 (2).
495 Vgl. dazu auch *Henssler*, AnwBl. 2009, 1 ff.
496 siehe dazu Kämmerer, a. a. O. (Fn. 50), S. 29.
497 *Filgers*, NJW 2010, 2619 (2620).
498 Vgl. Kämmerer, a.a.O. (Fn. 50), s. auch *Henssler*, AnwBl. 2009, 1.
499 *Kirchberg*, Jahrbuch des Kammer- und Berufsrechts 2005, S. 372 (377).

Berufsrecht mithilfe der Deregulierung auf nationaler Ebene weiter durch das europäische Berufsrecht zurückgedrängt und sich dieser Bereich an rein wirtschaftlichen Ergebnissen orientieren wird. Denn aus Sicht der Kommission sei die Regulierung ein wirksames Mittel zur Steigerung des Wettbewerbs.

Kritik an der Liberalisierungspolitik der Kommission kommt aber auch aus dem Europäischen Parlament. Bereits im März 2006 verdeutlichte dieses in seinen Entschließungen zu den Rechtsberufen und dem allgemeinen Interesse an der Funktionsweise der Rechtssysteme gegenüber der Kommission die bedeutende Rolle der Rechtsberufe für die Gesellschaft.[500] Das Europäische Parlament forderte die Kommission in seinen Entschließungen auf, im Rahmen seiner Strategien die spezifische Rolle der Rechtsberufe in einer Gesellschaft zu berücksichtigen, die von Rechtsstaatlichkeit geprägt wird, und eine gründliche Analyse darüber vorzunehmen, wie die Märkte für Rechtsdienstleistung funktionieren, wenn die Kommission den Grundsatz *„weniger Regulierung ist bessere Regulierung“* fördert.[501] Zudem hebt es die Bedeutung von Vorschriften hervor, die notwendig sind, um die Unabhängigkeit, Kompetenz, Integrität und Verantwortung der juristischen Dienstleistungen zu gewährleisten, um somit die Qualität dieser zum Nutzen ihrer Mandanten und der Gesellschaft im Allgemeinen zu garantieren und das öffentliche Interesse zu wahren.[502] In Ermangelung einer Gemeinschaftsvorschrift stehe es jedem Mitgliedstaat grundsätzlich frei, die Ausübung des Rechtsanwaltsberufes selber zu regeln. Die für die anwaltliche Tätigkeit geltenden Regeln können daher auch von einem Mitgliedstaat zum anderen unterschiedlich sein. Dies bedeute aber nicht, dass Regelungen eines Mitgliedstaates, die strenger sind als die eines anderen, unverhältnismäßig und daher mit europäischen Recht unvereinbar sind.[503] Dennoch unterstützt das Parlament den Deregulierungskurs der Kommission, da die Kommission anerkenne, dass Reformen am besten auf nationaler Ebene durchgeführt werden. Die Behörden der Mitgliedstaaten seien am besten in der Lage, die Vorschriften auszuarbeiten, die für die Rechtsberufe gelten. Es erinnert die Kommission auch wiederholt daran, dass die Ziele der Regeln zur Rechtsberatung und -vertretung der Schutz der breiten Öffentlichkeit, die Sicherstellung des Rechts auf Verteidigung und Zugang zur Justiz sowie die Sicherheit bei der Rechtsanwendung

500 Entschließung des Europäischen Parlaments zu den Rechtsberufen und dem allgemeinen Interesse an der Funktionsweise der Rechtssysteme, Ziff. 10, 23. März 2006, P6_TA(2006)0108, ABl. der EU, C 292E, 49. Jg, 1. Dezember 2006.

501 Entschließung des Europäischen Parlaments zu den Rechtsberufen und dem allgemeinen Interesse an der Funktionsweise der Rechtssysteme, Ziff. 10, 23. März 2006, P6_TA(2006)0108, ABl. der EU, C 292E, 49. Jg, 1. Dezember 2006, S. 105.

502 Entschließung des Europäischen Parlaments zu den Rechtsberufen und dem allgemeinen Interesse an der Funktionsweise der Rechtssysteme, Ziff. 4, 23. März 2006, P6_TA(2006)0108, ABl. der EU, C 292E, 49. Jg, 1. Dezember 2006, S. 105.

503 Entschließung des Europäischen Parlaments zu den Rechtsberufen und dem allgemeinen Interesse an der Funktionsweise der Rechtssysteme, Ziff. 88, 23.03.2006, P6_TA(2006)0108, ABl. der EU, C 292E, 49. Jg, 1. Dezember 2006, S. 105.

seien, und dass sie aus diesen Gründen nicht auf dem Wissens- und Ausbildungsstand des Mandanten zugeschnitten sein dürften.[504] Die Entschließungen des Europäischen Parlaments lassen erkennen, dass dieses sich in der Verantwortung sieht, die Kommission an die Besonderheiten der Rechtsberufe zu erinnern. Das Parlament verdeutlicht, dass nicht allein die Interessen des Mandanten in den Vordergrund gestellt werden dürfen, sondern auch und vor allem die Interessen der nationalen Rechtssysteme.

Die Bundesrechtsanwaltskammer nahm im August 2016 zu der neuen Binnenmarktstrategie der Kommission vom 28. Oktober 2015 Stellung und begrüßte diese einerseits hinsichtlich deren Zielsetzung, die grenzüberschreitenden Dienstleistungserbringungen zu verbessern; sie verwies aber auch darauf, dass hinsichtlich des Anwaltsberufes in Deutschland eine verfassungsrechtliche Evaluierung der Berufszugangs- und Berufsausübungsregelungen für Rechtsanwälte bereits regelmäßig stattfände und dass dabei die Auswirkungen der Regulierung auf den Markt, die Qualitätssicherung und den Verbraucherschutz ausführlich überprüft würden. Sie verweist auch darauf, dass die Erbringung grenzüberschreitender Dienstleistungen sowie die Niederlassung in einem anderen Mitgliedstaat bereits durch die Richtlinien 77/249/EWG und 98/5/EG umfassend geregelt würden und keine weitere Liberalisierung des anwaltlichen Berufsrechts erforderlich sei.[505]

---

504 Entschließung des Europäischen Parlaments zu den Rechtsberufen und dem allgemeinen Interesse an der Funktionsweise der Rechtssysteme, Ziff. 8, 23.03.2006, P6_TA(2006)0108, ABl. der EU, C 292E, 49. Jg, 1. Dezember 2006, S. 105.

505 Stellungnahme Nr. 27/2016, August 2016, S. 3; so auch *Michel*, AnwBl. 2017, 128 (130).

D. Umsetzungsdruck in Griechenland – Liberalisierung des anwaltlichen Berufsrechts

Griechenland gehörte vor der Finanz- und Wirtschaftskrise 2008 zu den EU-Mitgliedstaaten mit den meisten berufsrechtlichen Beschränkungen im Bereich der freiberuflichen Dienstleistungen.[506] Der Liberalisierungsprozess der regulierten Berufe in Griechenland hat aufgrund der seit 2009 im Land herrschenden Finanz- und Wirtschaftskrise einen beispiellosen Verlauf genommen. In kürzester Zeit wurden Maßnahmen umgesetzt, Reformen durchgesetzt und Gesetze verabschiedet. Die Gesetzesänderungen führten insbesondere zur Abschaffung von Festpreisen und obligatorischen Mindestgebühren sowie von strengen Werbeverboten. Im Kreis der OECD-Staaten hat Griechenland in den letzten Jahren die meisten Reformen vorgenommen, um das Wirtschaftswachstum anzukurbeln, wobei die durchschnittlichen Reformfortschritte innerhalb der OECD-Staaten nur gering waren.[507] Die Reformen in Griechenland wurden unter der Anleitung und Kontrolle der Kommission als ein Teil der Troika durchgeführt.

I. Die Finanz- und Wirtschaftskrise in Griechenland

Die globale Finanz- und Wirtschaftskrise[508] in den Jahren 2008 und 2009 hat die Schwachstellen Griechenlands sichtbar gemacht – das Land befindet sich seither in einer kritischen Lage. Durch die Krise wurden das wachsende makroökonomische Ungleichgewicht, die hohe Staats- und Auslandsverschuldung, die geringe externe Wettbewerbsfähigkeit sowie das nicht tragfähige Rentensystem und die

---

506 *Canton/Ciriaci/Solera*, The Economic Impact of Professional Services Liberalisation, Economic Paper 533, European Union 2014, S. 7

507 *Koske/Wanner/Bitetti/Barbiero*, The 2013 update of the OECD's database on product market regulation, OECD Paris 2015, S. 35.

508 Die Finanzkrise wurde dadurch ausgelöst, dass die jahrelang steigenden Immobilienpreise in den USA, die sich zu einer Immobilienblase entwickelt hatten, stagnierten und gebietsweise fielen. Kreditnehmer konnten ihre Kreditschuld nicht begleichen und verbriefte Immobilienkredite wurden zunehmen schlechter bewertet. Mehrere große amerikanische Finanzunternehmen mussten Insolvenz anmelden oder von der Regierung gerettet werden. Rasante Kurseinbrüche an den globalen Aktienmärkten verschärften die Krise und der Interbankenmarkt kam weltweit nahezu vollständig zum Erliegen. Die Krise sprang auch auf andere Nicht-Finanzbereiche über, wegen der Verunsicherung und abnehmenden Liquidität der Banken, (Quelle: http://www.bpb.de/wissen/913DGH,0,0,Globale_Finanz_und_Wirtschaftskrise.html, zuletzt abgerufen: Oktober 2019).

schwachen Institutionen des Landes sichtbar. Erhebliche Budgetüberschreitungen und ein starker Rückgang der Staatseinnahmen führten dazu, dass das gesamtstaatliche Defizit im Jahr 2009 auf 13,6 % des BIP geschätzt wurde[509], nachdem es 2007 noch bei -6,5 %[510] gelegen hatte. Die Staatsverschuldung erreichte Ende 2009 129,7 % des BIP (97,4 % im Jahr 2003)[511]. Darüber hinaus wurde das Ausmaß der Verschlechterung der steuerlichen Lage aufgrund der schwerwiegenden Mängel in der Rechnungslegung und den statistischen Systemen in Griechenland erst sehr spät festgestellt. Dies verunsicherte die Märkte und führte dazu, dass führende Ratingagenturen die griechischen Staatsanleihen herabstuften. Im Jahr 2010 geriet Griechenland sodann in eine schwere Haushaltskrise, woraufhin die Zinsen auf Staatsanleihen bis weit in den zweistelligen Bereich stiegen. Das Land war nicht mehr in der Lage, seine Zins- und Tilgungslast selbst zu tragen. Um einen Staatsbankrott abzuwenden, wurde der damalige Ministerpräsident *Giorgos A. Papandreou* zu einer drastischen Sparpolitik aufgefordert. Schnell wurde jedoch erkannt, dass eine radikale Sparpolitik allein nicht ausreichen würde, um das Land zu retten; daher einigten sich die Staats- und Regierungschefs der europäischen Mitgliedstaaten Ende März 2010 darauf, Griechenland finanziell zu unterstützen. Die griechische Regierung legte der Bevölkerung auf Druck der Troika[512] schmerzliche Lasten auf.[513]

1. Europäische Hilfe

Im April 2010 wandte sich die griechische Regierung an die EU und den Internationalen Währungsfonds (IWF) und bat offiziell um Finanzhilfen bei der Bewältigung der Finanz- und Wirtschaftskrise. Am 21.04.2010 wurde ein Gremium bestehend aus Vertretern der Kommission, der Europäischen Zentralbank (EZB) und dem IWF, die sogenannte *Troika*, nach Athen geschickt, um eine Lösung für die instabile Lage des Landes zu finden. Am 23.04.2010 beantragte Griechenland Finanzhilfen der EU und des IWF.[514] Das Gremium und die griechische Regierung einigten sich am 02.05.2010 auf ein finanzielles Hilfsprogramm in Höhe von 110 Mrd. Euro

509 The Economic Adjustment Programme for Greece, European Commission, Directorate-General for Economic and Financial Affairs, Occasional Paper 61, 2010, S. 6, abrufbar unter: http://ec.europa.eu/economy_finance/publications/occasional_paper/2010/op61_en.htm.

510 Europäisches Parlament, Bericht über die Untersuchung über die Rolle und die Tätigkeit der Troika in Bezug auf Programmländer des Euroraumes, 2014, S. 8 (5.).

511 Ebd.

512 Dazu unten unter D. I. 1. a. ausführlich.

513 Renten wurden um etwa ein Drittel gekürzt; öffentliche Bedienstete verloren ein Viertel ihrer Bezüge (oder mehr); die Zahlen der öffentlichen Bediensteten nahm enorm ab, vgl. *Sandrock*, RIW 2015, 93 (109).

514 Vgl. Joint statement by European Commission, European Central Bank and Presidency of the Eurogroup on Greece, IP/10/446, 23.04.2010.

unter der Auflage, dass Griechenland umfangreiche Sparmaßnahmen und Strukturreformen vornimmt. Ziel sollte es zunächst sein, einen kurzfristigen ungeordneten Zahlungsausfall zu vermeiden und die Spekulationen auf Staatsschulden zu stoppen. Langfristig sollte die Wettbewerbsfähigkeit und Schuldentragfähigkeit Griechenlands wiederhergestellt und eine baldige Rückkehr an die Kapitalmärkte ermöglicht werden. Es war das erste Mal in der Geschichte der EU, dass ein derartiger Prozess und Hilfsprogramm in Gang gesetzt wurden – dementsprechend gab es keine Erfahrungswerte, auf die zurückgegriffen werden konnte.

Am 03.05.2010 legte die griechische Regierung den Unionsorganen ein umfangreiches Anpassungsprogramm vor, in dem die angestrebten Sparmaßnahmen und Strukturreformen dargelegt wurden, durch die die oben genannten Ziele erreicht werden sollten.[515] Festgehalten wurden die angestrebten Maßnahmen und Reformen sowie deren Ablauf in drei dem Anpassungsprogramm beigefügten Memoranda. Das „*Memorandum of Economic and Financial Policies*"[516] (MEFP, Memorandum für die Wirtschafts- und Finanzpolitik) skizzierte die Wirtschafts- und Finanzpolitik, die die griechische Regierung und die Bank von Griechenland im Laufe des Jahres 2010 und im Zeitraum 2011 bis 2013 zur Stärkung des Vertrauens der Märkte und der griechischen Haushalts- und Finanzlage umsetzen wollten. Das „*Memorandum of Understanding on Specific Economic Policy Conditionality*"[517] (MoU I, Absichtserklärung für eine spezifische wirtschaftspolitische Konditionalität) stellte die angestrebten Sparmaßnahmen und Strukturreformen im Einzelnen dar und das „*Technical Memorandum of Understanding*" (TMU)[518] legte die Indikatoren für die quantitativen Ziele fest und beschrieb die Methoden zur Bewertung der Programmleistung sowie des Informationsaustauschs, um eine angemessene Überwachung der Ziele zu gewährleisten.

Mit der durch das MoU I abgegebenen Absichtserklärung verpflichtete sich Griechenland als Gegenleistung für finanzielle Hilfen zu einer Reihe erheblicher Einschnitte und Reformen. Das MoU I legte detailliert die wirtschaftspolitischen Sparmaßnahmen und Strukturreformen fest, die als Maßstab für die Bewertung der politischen Leistungsfähigkeit innerhalb vierteljährlicher Überprüfungen im

515 The Economic Adjustment Programme for Greece, European Commission, Directorate-General for Economic and Financial Affairs, Occasional Paper 61, 2010, S. 37 ff., abrufbar unter: http://ec.europa.eu/economy_finance/publications/occasional_paper/2010/op61_en.htm.

516 The Economic Adjustment Programme for Greece, European Commission, Directorate-General for Economic and Financial Affairs, Occasional Paper 61, 2010, Memorandum of Economic and Financial Policies, S. 39 ff.

517 The Economic Adjustment Programme for Greece, European Commission, Directorate-General for Economic and Financial Affairs, Occasional Paper 61, 2010, Memorandum of Understanding on Specific Economic Policy Conditionality, S. 59 ff.

518 The Economic Adjustment Programme for Greece, European Commission, Directorate-General for Economic and Financial Affairs, Occasional Paper 61, 2010, Technical Memorandum of Understanding, S. 85 ff.

Rahmen des Finanzhilfsprogramms dienen sollten. Nur soweit dieser detaillierte Zeitplan und die festgelegten Maßnahmen eingehalten werden würden, sollten die entsprechenden Kredittranchen an Griechenland ausgezahlt werden.[519] Zu den Maßnahmen, die das Anpassungsprogramm vorsah, gehörte neben der Erhöhung von Verbrauchersteuern, der Mehrwertsteuer, der Lohn- und Einkommenssteuer, der Senkung der Löhne und Gehälter im öffentlichen Sektor sowie Rentenkürzungen auch die Liberalisierung der freien Berufe.[520]

Am 9. Mai genehmigte der IWF-Vorstand eine Bereitschaftskreditvereinbarung, woraufhin die Mitgliedstaaten des Euro-Währungsgebiets am 18.05.2010 ihre erste Rate in Höhe von 14,5 Mrd. Euro in einem gebündelten Darlehen an Griechenland auszahlten, gefolgt von einer Auszahlung durch den IWF in Höhe von 5,5 Mrd. Euro.

Insgesamt wurden seit 2010 drei solche Hilfsprogramme samt Anpassungsprogramm ausgehandelt.[521] Zur Überwachung der Umsetzung der vereinbarten Maßnahmen wurde die Troika als Kontrollgremium eingesetzt. Sie sollte vor jeder Auszahlung einer weiteren Tranche aus dem Kreditvertrag die wirtschaftliche Lage des Landes und die Tätigkeit der griechischen Regierung bewerten.

Nachfolgend soll die Rolle der Troika dargestellt werden sowie die einzelnen Rettungspakete und die Bedingungen, an die sie geknüpft wurden. Kritisch betrachtet werden sollen dabei insbesondere die Rechtsgrundlage, auf der die Troika tätig wurde, und der Rechtscharakter der Memoranda of Understanding (MoU).

a. Die Troika

Das bis 2015 als „Troika“ bekannte Gremium bestand aus Vertretern der Kommission, der EZB und des IWF. Die Troika wurde mit dem Beschluss der Staats- und Regierungschefs des Euroraums vom 25. März 2010 gegründet, nachdem die Eurostaaten und der IWF Griechenland erste Unterstützungskredite gewährt hatten.[522] Seit 2010 agieren diese drei Institutionen als Kontrollgremium, das Euro-Krisenstaaten bei der Umsetzung von Reformprogrammen berät und kontrolliert, wenn diese Hilfen aus dem Europäischen Finanzstabilisierungsmechanismus (EFSM) bzw. dem Europäischen Stabilitätsmechanismus (ESM) erhalten.[523] Eine förmliche Regelung, in denen die Einzelheiten der Zusammenarbeit festgelegt wurden, gab es nicht. Auch Irland, Spanien, Portugal und Zypern mussten sich in Anschluss an Griechenland Kontrollen der Troika aussetzen, nachdem auch ihnen Kredite gewährt wurden. Die Troika ist politisch sehr umstritten, da sie mittels der Konditionalität (Hilfskredite gegen Strukturreformen) tief in die staatliche

519 Vgl. *Fischer-Lescano*, KJ 1/2014, 2 (2 ff.).

520 Vgl. dazu *Kritidis*, Griechenland – auf dem Weg in den Maßnahmenstaat, S. 72.

521 Dazu unten unter D. I. 1. g.

522 *Mickel/Bergmann*, Handlexikon der Europäischen Union, T Troika, beck-online.

523 *Mickel/Bergmann*, Handlexikon der Europäischen Union, T Troika, beck-online.

Souveränität der Mitgliedstaaten eingreift und dabei vor allem harte Sparmaßnahmen sowie Einschnitte in die Sozialsysteme vornimmt.[524] Auch von europäischer Seite hat die Troika Kritik erfahren: Das Europäische Parlament hat die Troika in einem Bericht von Februar 2014[525] scharf dafür kritisiert, dass sie zu einseitig auf Sparmaßnahmen gesetzt habe und demokratisch nicht ausreichend legitimiert gewesen sei.[526] Die zwischen ihr und den Mitgliedstaaten verhandelten MoU wurden ebenfalls scharf kritisiert, weil für die Öffentlichkeit nicht bekannt wurde, wie die Verhandlungen geführt wurden, und nicht transparent dargelegt wurde, inwieweit der hilfesuchende Staat Einfluss auf das Verhandlungsergebnis nehmen konnte.[527] Der Kommissionspräsident Jean-Claude Juncker hat daher 2014 angekündigt, die Troika zu reformieren. Mit Beginn der Verhandlungen über ein drittes Hilfspaket im Juli 2015 und nach der angekündigten Reform wurde die Troika sodann nicht mehr als solche bezeichnet, sondern als *„Institutionen“*.

Die Institutionen, die die Troika bzw. Institutionen bilden, sollen nachfolgend kurz dargestellt werden.

(1) Die Europäische Kommission

Die Kommission ist eins der zentralen Organe der EU; sie gehört – gemeinsam mit dem Europäischen Parlament, dem Europäischen Rat und dem Ministerrat – zu den politischen Hauptorganen der EU.[528] Die Kommission ist zugleich Kontroll-, Initiativ- und Exekutivorgan (Art. 17 EUV, Art. 244 – 250 AEUV).[529] Sie besteht aus 28 Kommissaren, die von den Regierungen der Mitgliedstaaten der EU einvernehmlich ausgewählt, vom Europäischen Parlament bestätigt sowie vom Europäischen Rat ernannt werden und ihr Amt unabhängig ausüben. Sie ist „Motor“ der europäischen Integration und *„Hüterin der Verträge“*.[530]

---

524 *Mickel/Bergmann*, Handlexikon der Europäischen Union, T Troika, beck-online.

525 Bericht über die Untersuchung über die Rolle und die Tätigkeit der Troika (EZB, Kommission und IWF) in Bezug auf Programmländer des Euroraums (2013/2277(INI)), 28.02.2014, Europäisches Parlament, Ausschuss für Wirtschaft und Währung, Berichterstatter: Othmar Karas, Liem Hoang Ngoc, abrufbar unter: http://www.europarl.europa.eu/sides/getDoc.do?pubRef=-//EP//NONSGML+REPORT+A7-2014-0149+0+DOC+PDF+V0//DE.

526 Europäisches Parlament, Bericht über die Untersuchung über die Rolle und die Tätigkeit der Troika in Bezug auf Programmländer des Euroraumes, 2014, S. 18 ff.; *Mickel/Bergmann*, Handlexikon der Europäischen Union, T Troika, beck-online.

527 Europäisches Parlament, Bericht über die Untersuchung über die Rolle und die Tätigkeit der Troika in Bezug auf Programmländer des Euroraumes, 2014, S. 5, 13 (30.).

528 Art. 13 Abs. 1 EUV, vgl. auch *Martenczuk*, in: Grabitz/Hilf/Nettesheim, 71. EL August 2020, Art. 17 EUV, Rn. 1.

529 *Mickel/Bergmann*, Handlexikon der Europäischen Union, K Kommission, beck-online.de.

530 *Martenczuk*, in: Grabitz/Hilf/Nettesheim, 71. EL August 2020, Art. 17 EUV, Rn. 1.

Innerhalb der Troika ist die Kommission *Vertreterin der Eurogruppe*. Sie ist in Absprache mit der EZB und dem IWF dafür zuständig, im Namen der Mitgliedstaaten des Euro-Währungsraumes die Bedingungen für die einem Mitgliedstaat des Euroraums gewährten Finanzhilfen auszuhandeln. Im Rahmen der Hilfsprogramme war sie dafür zuständig, die Anpassungsprogramme im Namen und auf Anweisung der Mitgliedstaaten des Euro-Währungsraumes zu organisieren und zu überwachen. Sie trug auch zur Ausarbeitung der MoU bei, indem sie diese mit der griechischen Regierung verhandelte.

(2) Die Europäische Zentralbank

Die EZB ist der zentrale Kompetenzträger für die Geldpolitik in der Europäischen Währungsunion.[531] Zusammen mit den nationalen Zentralbanken der Mitgliedstaaten (NZB) bildet sie das Europäische System der Zentralbanken (ESZB).[532] Die EZB und die nationalen NZB, deren Währung der Euro ist, bilden das Eurosystem und betreiben die Währungspolitik der Union.[533] Vorrangiges Ziel der ESZB ist es, die Preisstabilität im Euroraum zu gewährleisten.[534] Die Organisationsstruktur und die Kompetenzen der EZB sowie die Ziele und Aufgaben des ESZB sind in den Art. 127–133 und Art. 282–284 AEUV geregelt und werden im primärrechtlichen Protokoll über die Satzung des ESZB und der EZB (ESZB-Satzung) erläutert.[535]

Im Rahmen der Griechenland-Hilfen bestand ihre Rolle bei allen Programmen darin, in Abstimmung mit der Kommission die mit einer Finanzhilfe verbundenen Reformmaßnahmen zu bewerten und die erzielten Fortschritte zu überwachen.

(3) Internationaler Währungsfonds

Der IWF ist eine Sonderorganisation der Vereinten Nationen, die 1944 zusammen mit der Weltbank auf der Währungs- und Finanzkonferenz der Gründungsmitglieder der Vereinten Nationen in Bretton Woods (USA) gegründet wurde. Ziel des IWF ist es, die Stabilität des internationalen Finanzsystems zu stärken, die internationale Zusammenarbeit in der Währungspolitik zu fördern, das Wachstum des Welthandels zu erleichtern, das Ungleichgewicht in den Zahlungsbilanzen der Mitgliedstaaten zu reduzieren sowie seinen Mitgliedern in Währungs- und Finanzkrisen durch Kredite zu helfen.[536] Der IWF umfasst heute 189 Mitgliedstaaten

---

531 *Mickel/Bergmann*, Handlexikon der Europäischen Union, E Europäische Zentralbank (EZB), beck-online.de

532 Art. 282 Abs. 1 S. 1 AEUV.

533 Art. 282 Abs. 1 S. 2 AEUV.

534 Art. 282 Abs. 2 AEUV.

535 *Mickel/Bergmann*, Handlexikon der Europäischen Union, E Europäische Zentralbank (EZB), beck-online.de

536 Vgl. Bundesministerium für wirtschaftliche Zusammenarbeit und Entwicklung, Multilaterale Zusammenarbeit, Akteure, Internationaler Währungsfonds (http://www.bmz.de/de/ministerium/wege/multilaterale_ez/akteure/iwf/index.html,

(Stand: März 2019). Diese können bei Wirtschafts- und Finanzkrisen Unterstützungsprogramme beantragen. Die Mittel des IWF stammen überwiegend aus den Quoteneinlagen der Mitglieder, sie bemessen sich je nach wirtschaftlicher und finanzieller Stärke des Mitgliedes. In Reaktion auf die weltweite Finanz- und Wirtschaftskrise leitete der IWF 2011 eine grundlegende Reform seiner Kreditinstrumente ein. In diesem Rahmen wurde die erweiterte Kreditfazilität (Extended Credit Facility, ECF) für Länder mit mittelfristigen Wachstums- und Zahlungsbilanzschwierigkeiten geschaffen. Sie begleitet diese Länder bei den strukturellen Reformen über einen Zeitraum von drei bis fünf Jahren. Die Kreditlaufzeit beträgt zehn Jahre. Für kurzfristige und vorsorgliche Hilfe wurden der „Standby Credit Faciliy“ (SCF) sowie eine Nothilfefazilität (Rapid Credit Facility, RCF) mit jeweils kürzeren Programmlaufzeiten und etwas kürzeren Kreditlaufzeiten geschaffen.[537]

Im Rahmen des ersten Hilfsprogrammes verhandelte der IWF in erster Linie die Maßnahmen des MEFP mit den griechischen Behörden. Das MEFP sollte dem IWF als Grundlage für die Überprüfung der Einhaltung der Auflagen dienen.[538]

b. Rechtsgrundlage für das Handeln der Institutionen/Troika

Die Rechtsgrundlage für das Handeln der EU-Organe EZB und Kommission ist umstritten. Im Primärrecht der Union gibt es keine passende Rechtsgrundlage für die Einsetzung der Troika; daher war es erforderlich, dass die intergouvernementalen Mechanismen – EFSF und ESM – geschaffen wurden. Die Rolle der Troika wurde damit erst 2013 in der Verordnung (EU) 472/2013 des Europäischen Parlaments und des Rates vom 21. Mai 2013 geregelt. Die Verordnung stellt einen ersten Schritt zu einer Kodifizierung der Überwachungsverfahren dar, die im Euroraum auf Länder anzuwenden sind, die sich in finanziellen Schwierigkeiten befinden. Im ESM-Vertrag hat der EuGH zahlreiche Vorgaben für das Tätigwerden der Kommission und der EZB geregelt. Maßnahmen im Rahmen des ESM müssen mit dem Unionsrecht vereinbar sein. Es obliegt den Unionsorganen, die allgemeine Wirtschaftspolitik in der Union im Einklang mit Art. 282 Abs. 2 AEUV zu fördern.[539] Auf nationaler Ebene leitet sich die demokratische Legitimation der Troika von

---

zuletzt abgerufen Oktober 2019); Art. 1 Übereinkommen über den Internationalen Währungsfonds.

537 Vgl. Bundesministerium für wirtschaftliche Zusammenarbeit und Entwicklung, Multilaterale Zusammenarbeit, Akteure, Internationaler Währungsfonds (http://www.bmz.de/de/ministerium/wege/multilaterale_ez/akteure/iwf/index.html, zuletzt abgerufen Oktober 2019).

538 Sonderbericht, Europäischer Gerichtshof, Die Rolle der Kommission in der griechischen Finanzkrise, 2017, S. 20.

539 EuGH, Urteil v. 27.11.2012 – Rs. C-370/12 – *Pringle*, Rn. 165, vgl. auch *Fischer-Lescano*, KJ 1/2014, 2 (18).

der politischen Verantwortlichkeit der Eurogruppe und der ECOFIN-Mitglieder[540] gegenüber ihren jeweiligen nationalen Parlamenten ab. Eine demokratische Legitimierung auf EU-Ebene gibt es aufgrund der Struktur der Troika jedoch nicht.

Kritisch betrachtet wird, dass seit der Einsetzung der Troika praktisch alle Gesetzesreformen in Griechenland – seien sie steuer-, struktur- oder ordnungspolitischer Natur – von der Troika vorgegeben wurden.[541] Es wird von einem „*Durchgriffsrecht*" aus Brüssel gesprochen und davon, dass sich Griechenland insgesamt „*verpfändet*" habe.[542] Durch die mit der Troika geschlossenen Verträge sei das Land nicht mehr in der Lage gewesen, selbst Abkommen mit Dritten einzugehen.

Auch verfassungsrechtlich wird das Vorgehen der Troika kritisch betrachtet.[543] Teilweise wird angenommen, dass bei der Ausarbeitung der Anpassungsprogramme keine Beteiligung des griechischen Parlaments in dem grundsätzlich erforderlichen Maß stattgefunden habe. Gemäß Art. 36 Abs. 1 der griechischen Verfassung (grV, gr.: Σύνταγμα της Ελλάδας) vertritt ausschließlich der Präsident der Republik nach Maßgabe des Art. 35 Abs. 1 grV den Staat völkerrechtlich, und er ist für den Abschluss völkerrechtlicher Übereinkommen zuständig. Gemäß Art. 36 Abs. 2 grV bedarf es zudem für Verträge mit Zugeständnissen, die nach anderen Vorschriften der grV ohne Gesetz nicht verfügt werden dürfen oder die die Griechen persönlich belasten, für ihre Gültigkeit, eines formellen Ratifizierungsgesetzes. Bei den Kreditverträgen, bei denen es sich um Verträge im Sinne von Art. 36 Abs. 2 grV handelt, wurde allerdings ein „*vereinfachtes Verfahren*" angewandt, bei dem die Zuständigkeit des Präsidenten der Republik umgangen wurde und die Unterschrift der Vertreter der Vertragsparteien genügt.[544] Eine Ratifizierung durch formelles Gesetz, wie sie grundsätzlich auch im Rahmen eines vereinfachten Verfahrens zu erfolgen hat, fand auch nicht statt.

Auch im Anschluss an die Unterzeichnung der Kreditverträge fand keine Ratifizierung durch das Parlament statt. Aufgrund dieses Versäumnisses wird in der Literatur die Nichtigkeit der Verträge nach dem Völkerrecht angenommen.[545] Trotz im Raum stehender formeller Mängel hinsichtlich der Rechtmäßigkeit wurde mit der Umsetzung der Verträge ab dem Tag ihrer Unterzeichnung begonnen.

---

540 Rat der „Wirtschaft und Finanzen"; dem Rat gehören die Wirtschafts- und Finanzminister der EU-Mitgliedstaaten an.

541 Vgl. dazu *Kritidis*, Griechenland – auf dem Weg in den Maßnahmenstaat, S. 72.

542 Vgl. dazu *Kritidis*, Griechenland – auf dem Weg in den Maßnahmenstaat, S. 72; *Agridopoulos/Papagiannopoulos*, Griechenland im europäischen Kontext, S. 141.

543 *Kassimatis*, Widerspruch 61, 2/2011, 49 (52).

544 Dieses Verfahren basiert auf einem gewohnheitsrechtlichen Vorgehen im internationalen Recht; vgl. dazu auch *Kassimatis*, S. 41.

545 Siehe dazu *Kassimatis*, S. 42, *Ioannou/Rosakis/Fatouros*, S. 121 ff., *Roukounas*, S. 149 ff.

Darüber hinaus bestimmt Art 28 Abs. 1 grV[546], dass für die Umsetzung jedes völkerrechtlichen Vertrages in innerstaatliches Recht eine Ratifizierung durch formelles Gesetz zu erfolgen hat.

In Art. 28 Abs. 1 grV heißt es:[547]

1. *Die allgemein anerkannten Regeln des Völkerrechts sowie die internationalen Verträge sind nach ihrer gesetzlichen Ratifizierung und ihrer in ihnen geregelten Inkraftsetzung integraler Bestandteil des griechischen Rechts und haben Vorrang vor allen anderen gesetzlichen Bestimmungen. Die Anwendung der Regeln des Völkerrechts und der internationalen Verträge auf Ausländer unterliegt stets der Gegenseitigkeit.*

Bei Abschluss völkerrechtlicher Verträge, mit denen die Einschränkung der nationalen Souveränität einhergeht, verlangt Art. 28 Abs. 2 und 3 grV[548] zudem eine absolute Mehrheit.[549]

Art. 28 Abs. 2 und 3:

2. *Um einem wichtigen nationalen Interesse zu dienen und die Zusammenarbeit mit anderen Staaten zu fördern, können die in der Verfassung vorgesehenen Zuständigkeiten durch einen Vertrag oder ein Abkommen an Organe internationaler Organisationen übertragen werden. Zur Verabschiedung eines Ratifizierungsgesetzes für einen solchen Vertrag oder Abkommen ist eine Mehrheit von drei Fünfteln erforderlich.*
3. *Griechenland stimmt freiwillig durch ein Gesetz, das der absoluten Mehrheit der Gesamtzahl der Abgeordneten bedarf, einer Einschränkung der Ausübung seiner nationalen Souveränität zu, sofern dies durch ein erhebliches nationales Interesse*

---

546 Art 28 Abs. 1 grV: *1. Οι γενικά παραδεγμένοι κανόνες του διεθνούς δικαίου, καθώς και οι διεθνείς συμβάσεις, από την επικύρωσή τους με νόμο και τη θέση τους σε ισχύ σύμφωνα με τους όρους καθεμιάς, αποτελούν αναπόσπαστο μέρος του εσωτερικού ελληνικού δικαίου και υπερισχύουν από κάθε άλλη αντίθετη διάταξη νόμου. Η εφαρμογή των κανόνων του διεθνούς δικαίου και των διεθνών συμβάσεων στους αλλοδαπούς τελεί πάντοτε υπό τον όρο της αμοιβαιότητας.*

547 Soweit Übersetzungen griechischer Gesetze und Text in dieser Arbeit vorgenommen wurden, erfolgte dies frei und sinngemäß durch die Autorin selbst.

548 Art 28 Abs. 2 und 3 grV:

„2. Για να εξυπηρετηθεί σπουδαίο εθνικό συμφέρον και να προαχθεί η συνεργασία με άλλα κράτη, μπορεί να αναγνωρισθούν, με συνθήκη ή συμφωνία, σε όργανα διεθνών οργανισμών αρμοδιότητες που προβλέπονται από το Σύνταγμα. Για την ψήφιση νόμου που κυρώνει αυτή τη συνθήκη ή συμφωνία απαιτείται πλειοψηφία των τριών πέμπτων του όλου αριθμού των βουλευτών.

3. Η Ελλάδα προβαίνει ελεύθερα, με νόμο που ψηφίζεται από την απόλυτη πλειοψηφία του όλου αριθμού των βουλευτών, σε περιορισμούς ως προς την άσκηση της εθνικής κυριαρχίας της, εφόσον αυτό υπαγορεύεται από σπουδαίο εθνικό συμφέρον, δεν θίγει τα δικαιώματα του ανθρώπου και τις βάσεις του δημοκρατικού πολιτεύματος και γίνεται με βάση τις αρχές της ισότητας και με τον όρο της αμοιβαιότητας.“

549 Dazu *Filos*, Die griechische Verfassung, ZaöRV 2002, 994 (1019).

erfordert wird, die Menschenrechte und die Grundlagen der demokratischen Staatsordnung nicht zu Schaden kommen und es auf den Grundsätzen der Gleichberechtigung und Gegenseitigkeit erfolgt.

Soweit das Vorgehen der Troika die nationale Souveränität Griechenlands eingeschränkt hat – wie von dem Staatsrechtlicher *Kassimatis* angenommen, der die Unterzeichnung der Kreditverträge als *„Abtretung der Souveränitätsrechte"* bezeichnet –[550], hätten die Kreditverträge einer absoluten Mehrheit des Parlaments bedurft. Da die Verträge nicht gemäß Art. 28 grV ratifiziert wurden, sind die Staatsorgane grundsätzlich nicht an diese gebunden und sie entfalten somit keine innerstaatliche rechtliche Wirkung.[551]

Seitens der unterzeichnenden Vertragsparteien wurde die ausgebliebene Ratifizierung damit gerechtfertigt, dass § 9 des einzigen Artikels des Gesetzes 3847/2010 dahin gehend geändert wurde, dass die Memoranda, Vereinbarungen und Verträge zwar zum Zweck der Debatte und Unterrichtung ins Parlament eingebracht werden, aber erst ab dem Zeitpunkt ihrer Unterzeichnung in Kraft treten und zur Anwendung finden.[552] Damit wurde die in der Verfassung verankerte Pflicht zur Ratifizierung umgangen.[553] Dem Parlament wurden die Verträge zur Sparpolitik erst einen Monat nach deren Unterzeichnung vorgelegt.

Trotz der Zweifel an der Verfassungsmäßigkeit des Gesetzes 3847/2010 und an der Rechtmäßigkeit der Kreditverträge wurden in den darauffolgenden Jahren in Griechenland beispiellos harte Maßnahmen und Reformen verwirklicht, unter denen die Bevölkerung Griechenlands am stärksten litt. Griechenland blieb aufgrund der prekären Situation, in der sich das Land befand, und der wirtschaftlichen Anhängigkeit keine andere Wahl.

c. Bedingungen für die Auszahlung der Hilfen

Die Gewährung und Auszahlung der Kredite wurde daran geknüpft, dass Griechenland sich verpflichte, strikte wirtschaftliche Bedingungen zu erfüllen, die mit der Kommission und dem IWF ausgehandelt wurden. In diesen Bedingungen enthalten waren umfangreiche Sparmaßnahmen und Strukturreformen, um die Staatsschulden zu verringern und die Kreditwürdigkeit Griechenlands auf den internationalen Finanzmärkten wiederherzustellen. Die Angebotsseite der Wirtschaft sollte dabei durch eine Verbesserung des internen Wettbewerbs und der externen Wettbewerbsfähigkeit gestärkt werden.[554] Festgehalten wurden die durchzuführenden Sparmaßnahmen und Reformen in dem jeweiligen MoU. Die

550 *Kassimatis*, Widerspruch 61, 2/2011, 49 (52).

551 Siehe dazu *Kassimatis*, S. 43 f.

552 Amtsblatt der griechischen Regierung A 67/11.05.2010.

553 Zur Verfassungswidrigkeit der Änderung des Paragrafen 9 des Gesetzes 3847/2010 *Kassimatis*, S. 39 ff.

554 OECD (2012), Better Regulation in Europe: Greece 2012, OECD Publishing, S. 36.

Auszahlung von Krediten wurde von der Einhaltung dieser MoU und der Umsetzung der in ihnen enthaltenen Maßnahmen und Reformen abhängig gemacht. Sie verfolgen dabei aber auch stets die Durchsetzung bestimmter makroökonomischer Vorstellungen.[555] Die betroffenen Staaten verpflichten sich durch die Vereinbarung der MoU dazu, die darin vorgesehenen Maßnahmen umzusetzen, wobei die MoU zwar einen konkreten Rahmen für die Umsetzung vorgeben, den betroffenen Staaten aber grundsätzlich Umsetzungsspielräume gewähren.[556]

Griechenland verpflichtete sich zur Anwendung eines rigorosen Austeritätsprogramms zur Wiederherstellung des Haushaltsgleichgewichtes, das durch aufeinanderfolgende Anpassungsprogramme umgesetzt werden sollte. Die Programme enthielten Maßnahmen, die die Steuerlast im weitesten Sinne direkt und indirekt erhöhen sollten sowie direkt auf das Lohnniveau im öffentlichen Sektor eingriffen, ungeachtet der Rechtsform des Unternehmens oder des Anstellungsverhältnisses. Darin inbegriffen sollten sein: Gehalts- und Rentenkürzungen, Abschaffung des 13. und 14. Jahresgehalts, Einführung von Gehaltsobergrenzen, ein Verbot von Gehaltserhöhungen aufgrund der Dienstzeit, Einstellungsstopp, Heraufsetzung des Renteneintrittsalters.

Ferner sollte Griechenland die Erzielung eines partiellen Schuldenerlasses mit den privaten Gläubigern erreichen und das Staatsvermögen sollte weitreichend privatisiert werden. Um die Privatisierungen voranzutreiben, wurde das Hellenic Republic Asset Development Fund (HRADF) gegründet, auf das nach Treuhandvorbild das Eigentum aller zu privatisierenden Vermögenswerte kraft Gesetzes übertragen wurden. Darüber hinaus waren Strukturreformen in fast allen Bereichen der Wirtschaft, der Fiskalpolitik, des Gesundheitswesens, der Staatsverwaltung sowie des Arbeitsmarktes vorgesehen.

d. Rechtscharakter und Rechtfertigung der Memoranda of Understanding

Die MoU stellen begleitende Vereinbarungen zur Vergabe von Krediten dar. Sie entfalten keine unmittelbare normative Wirkung in der inländischen Rechtsordnung, sondern schaffen die legislativen Vorgaben. Aus ihnen gehen die Richtung, der Inhalt und das Ziel für den nationalen Gesetzgeber hervor. Anders als völkerrechtliche Verträge müssen sie nicht ratifiziert werden, sondern werden formlos abgeschlossen und sind somit nicht verbindlich.[557] Sie sind als innerpolitisches Regierungsvorhaben zu qualifizieren.

---

555 *Fischer-Lescano*, KJ 1/2014, 2 (13), unter Bezugnahme auf EuGH Urteil v. 27.11.2012 – Rs. C-370/12 – *Pringle*, Rn. 69 und 112.

556 Vgl. EuG, Beschluss v. 27.11.2012 – Rs. T-541/10 – *ADEDY u.a. ./. Rat*, Rn. 69 f.; *Fischer-Lescano*, KJ 1/2014, 2 (13).

557 *Symvoulio tis Epikrateias* (VerwGH), Urteil 668, 11283, 1284 von 2012 = Nomiko Vima (NoB) 2012, S. 384, 2060, 2448; vgl. auch *Bakopoulos*, in: FS Klamaris, S. 36.

Eine spezifische interne Leitlinie für die eigentliche Ausgestaltung der Bedingungen gab es dabei nicht, ebenso mangelte es an einer Einordnung der Bedingungen nach ihrer relativen Bedeutung und einer umfassenden Strategie für das Land.

Die MoU stellen regelmäßig einen Rechtsakt sui generis dar. Durch ihren Abschluss *„entstehen Bindungswirkungen mit völkerrechtlichen Konsequenzen, die die jeweiligen Konditionierungen exakt festlegen und bei Zuwiderhandlung gegenseitige Schadensersatzansprüche auslösen können"*.[558] Sie haben als Rechtsakte sui generis, aber auch als Empfehlungen bzw. Realakte mit Blick auf die Beeinträchtigung von Grundrechten Eingriffscharakter.[559] Die Unionsorgane sind daher grundsätzlich dazu verpflichtet, bei der Wahl von MoU als Regulierungsform zu verhindern, dass es zu Grundrechtsbeeinträchtigungen kommt, indem sie ihrer Schutzpflicht nachkommen und durch geeignete rechtliche oder nichtrechtliche Maßnahmen die Beachtung von Grundrechten sicherstellen.[560]

Die von der Troika ausgehandelten MoU beinhalten aber regelmäßig Beeinträchtigungen fundamentaler Grund- und Menschenrechte, u. a. in die Berufsfreiheit und das Menschenrecht auf soziale Sicherheit.[561] Kritisch zu betrachten ist zudem, ob sich die Unionsorgane bei deren Vereinbarung an ihre Verbands- und Organkompetenz gehalten haben oder ihre Funktion überschritten haben. Die Unionsorgane haben sich bei der Ausübung ihrer Funktionen grundsätzlich an die Aufgaben aus dem Unionsrecht zu halten. In Bezug auf die MoU wäre das dann der Fall, wenn durch sie im Einklang mit Art. 282 Abs. 2 AEUV die allgemeine Wirtschaftspolitik der Union unterstützt würde.[562] Diese Kompetenz zur Wirtschaftskoordinierung ist aber nicht schrankenlos, sondern durch das Subsidiaritätsgebot des Art. 5 Abs. 3 EUV und das Prinzip der begrenzten Einzelermächtigung beschränkt. Detailregulierungen sind davon somit nicht umfasst. Die MoU sehen aber auch umfangreiche und detaillierte Maßnahmen auf den Gebieten Bildung, Beschäftigung, Gesundheit und Sozialpolitik vor.[563]

---

558 *Fischer-Lescano*, KJ 1/2014, 2 (15).

559 Vgl. dazu ausführlich, *Fischer-Lescano*, Austeritätspolitik und Menschenrechte, S. 34 ff.; *Fischer-Lescano*, KJ 1/2014, 2 (13 ff.); s. als Beispiel dafür, dass auch Realakte als Grundrechtseingriffe gewertet werden können: EuGH Urteil v. 20.05.2003 – Rs. C-465/00 – Österreichischer Rundfunk, Rn. 74; nach st. Rspr. des EuGh seit EuGH Urteil v. 11.07.1974 – Rs. 8/74 – *Dassonville*, stellen auch mittelbare und faktische, tatsächliche oder potentielle Beeinträchtigungen der Handelsströme einen Eingriff in Grundfreiheiten dar.

560 Vgl. *Fischer-Lescano*, KJ 1/2014, 2 (16).

561 OHCHR, Report: Austerity measures and economic, social and cultural rights, E/2013/82, 07.05.2013, vgl. auch *Fischer-Lescano*, KJ 1/2014, 2 (17).

562 EuGH, Urteil v. 27.11.2012 – Rs. C-370/12 – *Pringle*, Rn. 165

563 S. bspw. MoU on Specific Economic Policy Conditionality (Griechenland), 09.02.2012, abgedr. in: KOM, The Second Economic Adjustment Programme für Greece: First Review – December 2012, S. 187 ff. (250 f.).

Dass diese Kompetenzverteilung nicht klar eingehalten wurde, verdeutlicht auch der Hinweis des Ausschusses für Wirtschaft und Währung (engl.: Economic and Monetary Affairs Committee, ECON) des Europäischen Parlaments in seinem Entwurf des Berichtes zur Troika, indem er darauf hinweist, dass „*das Mandat der EZB durch den AEUV auf Geld- und Kreditpolitik begrenzt ist und das die Beteiligung der EZB an jeglichen Angelegenheit, die sich auf Haushalts-, Fiskal- und Strukturmaßnahmen beziehen, auf unsicherer rechtlicher Grundlage erfolgt*“.[564]

Ferner ist die Ausübung der Organkompetenz im Zusammenhang mit dem Abschluss der MoU hinsichtlich der Wahrung des Primärrechts in Art. 10 EUV geschützten Grundsatzes der Demokratie problematisch, da das europäische Parlament in den Abschluss der MoU nicht in dem Maße eingebunden wird, wie es das Unionsrecht verlangt.[565]

Darüber hinaus wird kritisiert, dass die Unionsorgane durch die MoU ohne materielle Rechtfertigung in Grundrechte eingreifen.[566] So ist anzunehmen, dass die Austeritätsmaßnahmen nicht vollumfänglich vom öffentlichen Interesse umfasst oder nicht geeignet waren, dieses zu erfüllen.[567] Das verfolgte öffentliche Interesse bezog sich dabei auf die Stabilisierung der Haushalts- und Finanzpolitik.[568] Der IWF äußerte seine Zweifel an der Eignung der Maßnahmen in Bezug auf Griechenland dahin gehend, dass die gesetzten Ziele gerade nicht erreicht wurden; u. a. konnte das Vertrauen in den Markt nicht wiederhergestellt werden, das Bankensystem hat 30 % der Einlagen verloren, die wirtschaftliche Rezession fiel sehr viel gravierender aus als erwartet und die Arbeitslosenzahl war außergewöhnlich hoch. Zudem blieb die öffentliche Verschuldung zu hoch und musste restrukturiert werden.[569]

Kritisiert wird im Rahmen der materiellen Rechtfertigung der Beeinträchtigungen durch die MoU aber nicht nur, dass die Maßnahmen nicht geeignet waren, um die verfolgten Ziele zu erreichen, sondern auch die teilweise Unverhältnismäßigkeit von Maßnahmen[570] und dass Partizipationsanforderungen keine Beachtung fanden.[571]

---

564 ECON-Report (Entwurf v. 16/01/2014), 2013/2277(INI), Ziff. 34.

565 *Starski*, Das supranational disziplinierte Völkerrecht, ELR 6 (2013), S. 186 ff. (193); *Fischer-Lescano*, KJ 1/2014, 2 (18 ff.).

566 Vgl. ausführlich dazu *Fischer-Lescano*, KJ 1/2014, 2 (20 ff.).

567 *Fischer-Lescano*, KJ 1/2014, 2 (20 f.); *Desierto*, Growth versus Austerity: Protecting, Respecting, and Fulfilling International Economic and Social Rights during Economic Crisis, Ateneo L.J. 57 (2012), 373 ff. (389 f.).

568 *Fischer-Lescano*, KJ 1/2014, 2 (20).

569 IMF, Country Report: Greece. Ex Post Evaluation of Exceptional Access under the 2010 Stand-By Agreement (13.06.2013), IMF Country Report No. 13/156, S. 1.

570 *Fischer-Lescano*, KJ 1/2014, 2 (22f.), *Hoffmann/Krajewski*, Staatsschuldenkrise im Euro-Raum und die Austeritätsprogramme von IWF und EU, KJ 2012, S. 2ff. (12 f.).

571 Der Europäische Sozialausschuss stellte fest, dass „the minimum level of research and analysis into the effects of such far-reaching measures that is necessary to assess in a meaningful manner their full impact on vulnerable groups in society,“ nicht

Im Ergebnis war die Beteiligung der Kommission und der EZB am Abschluss der MoU wohl rechtswidrig und die in den MoU enthaltenen Maßnahmen stellten unverhältnismäßige Eingriffe in Grundrechte der Unionsbürgerinnen und Unionsbürger dar. Obwohl die MoU aufgrund der Rechtsverletzungen als nicht verbindlich einzustufen sind, war der Druck auf Griechenland so groß, dass ihre rechtliche Verbindlichkeit nicht infrage gestellt wurde.

e. *Ziele und Umsetzung der Bedingungen*

Griechenland startete ab 2010 das erste wirtschaftliche Anpassungsprogramm, auf das noch zwei weitere folgten. Die grundlegenden Ziele der Programme waren: die nachhaltige Wiederherstellung der öffentlichen Finanzen, die Stabilisierung des Finanzsektors und die Umsetzung von Strukturreformen zur Stärkung der Wettbewerbsfähigkeit und des Wirtschaftswachstums.[572] Es wurden umfassende Steuerreformen eingeleitet, um die Verwaltung der öffentlichen Finanzen zu stärken und das Rentensystem zu überarbeiten. Ferner wurde eine Welle von Strukturreformen in Bereichen wie dem Arbeitsmarkt, der Wettbewerbspolitik, der Ausübung von freien Berufen, der Verwaltungsvereinfachung, der Investitions- und Exportforderung sowie der Umstrukturierung staatlicher Unternehmen durchgeführt.[573] Die oben genannten Ziele wurden u. a. wie folgt umgesetzt.

Die steuerpolitischen Maßnahmen führten dazu, dass die Steuerbelastung für die Wirtschaft während der ersten beiden Anpassungsprogrammen um 5,3 % des BIP und während des dritten Programmes aufgrund von zusätzlicher Steuermaßnahmen noch weiter anstieg.[574] Die Reform der öffentlichen Verwaltung führte zu einem enormen Personalabbau. Die vorgegebenen Ziele der Programme in diesem Bereich wurden vorzeitig erreicht (225.000 weniger Beschäftigte).[575] Dadurch

---

durchgeführt wurden – Complaint No. 76/2012, Federation of employed pensioners of Greece (IKA_ETAM) v. Greece, Entscheidung v. 07.12.2012, Ausführungen zu Art. 12 § 3; siehe ferner *Koukiadaki/Kretsos*, Opening Pandoras's Box. The Sovereign Debt Crisis and Labour Market Regulation in Greece, Industrial Law Journal 41 (2012), 276 (283): „There was no public consultation over the reforms."; ILO, Report on the High Level Mission to Greece, Athen (13.-23.10.2011), Ziff. 88; hierzu auch European Committee of Social Rights, Complaint No. 79/2012, Panhellenic Federation of pensioners of the Public Electricity Corporation (POS-DEI) v. Greece, Entscheidung v. 07.12.2012, Rn. 32.

572 OECD (2012), Better Regulation in Europe: Greece 2012, OECD Publishing, S. 36; Sonderbericht, Europäischer Rechnungshof, Die Rolle der Kommission in der griechischen Finanzkrise, 2017, S. 43 f.

573 OECD (2012), Better Regulation in Europe: Greece 2012, OECD Publishing, S. 36.

574 Eurostat, Sonderbericht, Europäischer Gerichtshof, Die Rolle der Kommission in der griechischen Finanzkrise, 2017, S. 48.

575 Eurostat; Sonderbericht, Europäischer Gerichtshof, Die Rolle der Kommission in der griechischen Finanzkrise, 2017, S. 53.

konnten die Haushaltskosten stark gesenkt werden. Parallel stiegen jedoch die Ausgaben für das Rentensystem.[576] Zur Stärkung des Finanzsektors wurde der Hellenic Financial Stability Fund (HFSF, der griechische Finanzstabilisierungsfond) errichtet. Die Reformen auf dem Arbeitsmarkt verzögerten sich zwar und teilweise wurden Bedingungen gar nicht umgesetzt, aber es konnten auch Verbesserungen festgestellt werden. Der Arbeitsmarkt verfügt heute über eine gesteigerte Flexibilität und Wettbewerbsfähigkeit.[577] Ferner wurde das Rentensystem durch mehrere Reformen erneuert.

f. Überwachung der Programme

Die Erfüllung der zwischen der griechischen Regierung und der Troika vereinbarten Bedingungen der wirtschaftlichen Anpassungsprogramme sollte ursprünglich durch vierteljährliche Konditionalitätsüberprüfungen überwacht werden. Im Endeffekt kam es im Rahmen des ersten Programmes bis letztmalig im Oktober 2011 zu fünf Überprüfungen; während des zweiten Programmes kam es zu vier Überprüfungen, die teilweise neun Monate andauerten, und das dritte Hilfsprogramm wurde nur noch zweimal überprüft.

Die Überwachung oblag überwiegend der Kommission. Diese überwachte die förmliche Erfüllung der Programmbedingungen und erstellte sogenannte „Compliance-Tabellen" (beim ersten und zweiten Programm).[578] In diesen Tabellen wurde der Stand der Erfüllung jeder Programmbedingung, die einer spezifischen Überprüfung bedurfte, dokumentiert und kurz begründet. Die Tabellen wurden nach jeder Überprüfung veröffentlicht. Die Überprüfung der Strukturreformen war jedoch nicht immer in vollem Umfang möglich, da nur begrenzt Instrumente und Daten zur Überprüfung zu Verfügung standen.[579]

g. Rettungspakete für Griechenland

Die Ziele der Finanzhilfen an Griechenland waren der Verbleib des Landes innerhalb der Eurozone und die Sicherung der Zahlungsfähigkeit. Insgesamt flossen zwischen 2010 und 2018 rund 263 Mrd. Euro (Stand: Juli 2018) aus drei Rettungspaketen nach Griechenland. Das Geld wurde zum Teil in Form von direkten Krediten (Notkredite) der Euro-Staaten geleistet, teils über den ESM und den EFSM sowie den IWF.

---

576 Sonderbericht, Europäischer Gerichtshof, Die Rolle der Kommission in der griechischen Finanzkrise, 2017, S. 54.

577 Sonderbericht, Europäischer Gerichtshof, Die Rolle der Kommission in der griechischen Finanzkrise, 2017, S. 67.

578 Vgl. Sonderbericht, Europäischer Rechnungshof, Die Rolle der Kommission in der griechischen Finanzkrise, 2017, S. 35.

579 Sonderbericht, Europäischer Rechnungshof, Die Rolle der Kommission in der griechischen Finanzkrise, 2017, S. 36.

(1) Erstes Rettungspaket

Das erste Rettungspaket, das Anfang Mai 2010 zwischen der Troika und der griechischen Regierung vereinbart wurde, umfasste Zusagen über Finanzhilfen an den griechischen Staat in Höhe von 100 Mrd. Euro, deren Auszahlung an das strikte Anpassungsprogramm geknüpft wurde. Das Programm sollte zunächst bis Juni 2013 laufen. Es wurde jedoch im März 2012 vorzeitig beendet, da der Schuldenstand und der unerwartet starke Einbruch der Wirtschaftstätigkeit zusätzliche Geldmittel notwendig machten.[580] Das Programm wurde über die Greek Ion Facility (Darlehensfazilität für Griechenland, GLF) abgewickelt. Die Hilfen sollten in Form von bilateralen Krediten der anderen Mitgliedstaaten und des IWF ausgezahlt werden. Von den 110 Mrd. Euro sollten die Mitgliedstaaten 80 Mrd. Euro[581] und der IWF 30 Mrd. Euro übernehmen. Bis zur Bedingung des Programmes wurden 73,6 Mrd. Euro ausgezahlt.[582]

Zeitnah im Anschluss an die Vereinbarung des ersten Hilfspaketes wurde jedoch klar, dass dieses eine Hilfspaket nicht ausreichen werde, um die Zahlungsunfähigkeit Griechenlands abzuwenden. Bis Ende 2011 stieg die Staatsverschuldung trotz des ersten Hilfspakets sowie der Einleitung und Durchführung zahlreicher Maßnahmen auf 172,1 % des BIP (2010: 146,2 %)[583]. Tatsächlich verschärften die Sparmaßnahmen die Rezession erheblich. Zudem gerieten auch andere Mitgliedstaaten aufgrund der Weltwirtschaftskrise zunehmend in Schwierigkeiten. Um weitere Hilfen sicherzustellen und zur Wahrung der Stabilität der Währungsunion, wurden der EFSM und eine europäische Finanzstabilisierungsfazilität (*European Fanincial Stability Facility*, EFSF) geschaffen. Diese sollen Mitgliedstaaten, die aufgrund außergewöhnlicher Ereignisse in Schwierigkeiten geraten sind, Darlehen und Kreditlinien gewähren.[584] Mit Inkrafttreten der Verordnung (EU) Nr. 407/2010 des Rates vom 11.5.2010 zur Einführung eines Finanzstabilisierungsmechanismus wurde ein zukünftiges Schutzprogramm für die Euro-Länder begründet. Die Verordnung basiert auf Art. 122 Abs. 2 AEUV, wonach einem Mitgliedstaat, der aufgrund außergewöhnlicher Ereignisse, die sich seiner Kontrolle entziehen, von Schwierigkeiten betroffen oder von gravierenden Schwierigkeiten ernstlich bedroht ist, ein finanzieller Beistand der Union gewährt werden kann.

---

580 Sonderbericht, Europäischer Gerichtshof, Die Rolle der Kommission in der griechischen Finanzkrise, 2017, S. 14.

581 Letztlich standen nur 77,3 Mrd. EUR zur Verfügung. Die Slowakei beteiligte sich nicht an den Zahlungen und Portugal und Irland schieden als Geldgeber aus, nachdem sie selbst Rettungspakete in Anspruch genommen hatten.

582 Sonderbericht, Europäischer Gerichtshof, Die Rolle der Kommission in der griechischen Finanzkrise, 2017, S. 14.

583 Eurostat: https://ec.europa.eu/eurostat/de/web/government-finance-statistics/statistics-illustrated.

584 Vgl. im Einzelnen BVerfG Urteil v. 07.09.2011- 2 BvR 987/10, Rn. 17, RIW 2011, 719.

Bis Ende 2011 flossen jedoch nur 73 Mrd. Euro nach Athen, davon rund 53 Mrd. Euro durch die Kredite der EU-Staaten und rund 20 Mrd. Euro durch den IWF. Das restliche Volumen wurde 2012 auf das zweite Rettungspaket übertragen.[585]

In der ersten Vereinbarung eines Hilfsprogrammes waren auch noch keine Bestimmungen über eine Restrukturierung der griechischen Schulden enthalten, obwohl es der üblichen Praxis des IWF entsprochen hätte, eine frühzeitige Umstrukturierung der Schulden vorzunehmen.[586]

(2) Zweites Rettungspaket

Im Jahr 2012 stellte sich heraus, dass die haushalts- und strukturpolitischen Maßnahmen nicht ausreichten, um Griechenland die Rückkehr zur Marktfinanzierung zu ermöglichen. Im Februar 2012 beschlossen die Finanzminister der Eurozone daher ein weiteres Hilfspaket für Griechenland mit einem Volumen von insgesamt 130 Mrd. Euro, das über den EFSF und Hilfen des IWF abgewickelt werden sollte. Die Euro-Länder übernahmen 112 Mrd. Euro des zweiten Hilfspaketes und der IWF 18 Mrd. Euro. Darüber hinaus sah das zweite Hilfspaket vor, dass Griechenland Hilfszusagen in Höhe von insgesamt 35 Mrd. Euro zur Verfügung gestellt werden sollten – 25 Mrd. Euro aus den Zusagen der Euro-Länder und 10 Mrd. Euro vom IWF, die Griechenland noch nicht aus dem ersten Rettungspaket abgerufen hatte.[587] Die EZB zögerte jedoch, irgendeine Form der Umschuldung in Erwägung zu ziehen – dadurch sollte ein Überspringen der Krise auf andere Mitgliedstaaten vermieden werden. Die Laufzeit des zweiten Programmes wurde bis 2015 festgelegt.

Die erste Tranche (34,3 Mrd. Euro) gaben die Euro-Finanzminister Ende 2012 frei, nachdem monatelang mit der griechischen Regierung verhandelt worden war. Die Auszahlungen waren weiterhin daran gebunden, dass die griechische Regierung die vereinbarten Maßnahmen plangemäß umsetzt.

Im Laufe des zweiten Rettungsprogrammes wurde dieses mehrfach nachverhandelt und die Euro-Staaten kamen der griechischen Regierung mit einer Verlängerung der Laufzeit der EFSF-Kredite und einem Aufschub der Zinszahlungen bis 2022 entgegen. Ein weiterer zentraler Bestandteil des zweiten Programmes war die Beteiligung des Privatsektors, in dessen Rahmen private Anlieger durch Verzicht auf einen Teil ihrer Forderungen knapp 107 Mrd. Euro beitrugen. Es kam zu zwei Schuldenumtauschprogrammen.

---

585 Dazu unter D. 2. d. (2).

586 Europäisches Parlament, Bericht über die Untersuchung über die Rolle und die Tätigkeit der Troika in Bezug auf Programmländer des Euroraumes, 2014, S. 11, (17.).

587 *Sandrock*, RIW 2012, 429 (429).

(a) Erster Schuldenschnitt

Veranlasst durch die beiden ersten Rettungspakete vereinbarten die Euro-Länder und Griechenland am 22. Februar 2012 eine Vereinbarung, wonach Griechenland seinen privaten Gläubigern ein Angebot zum Umtausch sämtlicher Anleihen unterbreiten sollte.[588] Daraufhin unterbreitete Griechenland seinen privaten Gläubigern ein Umtauschangebot (*Invitation Memorandum*)[589], wonach diese auf 53,5 % des Nennwerts ihrer Anleihen verzichten sollten. Griechenland erzielte so den ersten „Schuldenschnitt" (offiziell: *Private Sector Investment*, inoffiziell: „*haircut*"). Für die restlichen 46,5 % des Nennwerts sollten die Gläubiger als Gegenleistung für frühere Anleihen (als *Exchange-Offer*) neue Staatsanleihen, Schuldscheine sowie Besserungsscheine (*new bonds*) erhalten.[590] Das Angebot wurde von 96,9 % aller privaten Gläubiger angenommen, obwohl der Umtausch zu einem finanziellen Verlust von etwa 75 bis 80 % des Nennwerts der Anleihen geführt hat.[591] Die Verringerung der Schuldenlast belief sich auf etwa 100 Mrd. Euro.[592] Ohne die Umschuldung wäre Griechenland am 20. März 2012 zahlungsunfähig geworden, da an diesem Tag eine Anleihe in Höhe von 14,5 Mio. Euro fällig wurde.[593] An dem Schuldenschnitt beteiligten sich private Gläubiger wie Banken und Fonds, aber auch Privatanleger. Anleihen der EZB und der nationalen Notenbanken waren von dem Umtausch nicht betroffen, da sich das Angebot nur an private Inhaber von Anleihen richtete.

(b) Zweiter Schuldenschnitt

Im November 2012 gewährten die EU-Finanzminister Griechenland einen zweiten Schuldenschnitt, nachdem der Entlastungseffekt des ersten Schuldenschnitts eher gering ausgefallen war. Griechenland unterbreitete seinen Gläubigern daher erneut ein Umtauschangebot. Dieses sah einen erneuten Schuldenschnitt von 60 bis 70 % des Nennwerts der Anleihen vor.[594] Das zweite Umtauschangebot galt anders als das erste jedoch nur noch für die Gläubiger, die Griechenlands erstes Angebot bereits angenommen hatten, und beinhaltete u. a. eine Verlängerung der

---

588 BT-Drs. 17/8731 – Vereinbarung zwischen der Europäischen Kommission in Vertretung der Mitgliedstaten des EURO-Währungsgebiets und der Hellenischen Republik, vgl. dzau auch *Sandrock*, RIW 2012, 429 (429).

589 Vgl. S. 4 der BT-Drs. 17/8731 BMF v. 09.03.2012 – IV C 1 – S 2252/0: 016.

590 „*Invitation Memorandum*" der Hellenic Republic v. 14.02.2012, S. 10, 28 ff., im Internet abrufbar unter: www.greekbonds.gr, hierzu ausführlich *Sandrock*, RIW 2012, 429 (430).

591 *Sandrock*, RIW 2012, 429 (429).

592 Vgl. Press Release des griechischen Finanzministeriums v. 09.03.2012, vgl. auch *Sandrock*, RIW 2012, 429 (432).

593 Vgl. folgende Wertpapier-Kenn-Nrn.: WKN A0T6US oder ISIN GR0110021236.

594 *Sandrock*, RIW 2014, 16 (17 f.), 2015, 93 (97).

Laufzeiten für Kredite um 15 auf 30 Jahre und eine Zinssenkung oder Stundung auf zehn Jahre.

Durch die Durchführung der Schuldenschnitte in Zusammenarbeit mit der EU, der EZB und dem IWF haben diese ihre beabsichtigte Wirkung zum Großteil erzielt.[595] Klagen gegen die Verfassungsmäßigkeit des Schuldenschnitts sowie wegen eines Verstoßes gegen die EMRK und das deutsch-griechische BIT von 1961 wurden 2014 durch den griechischen Staatsrat[596] zurückgewiesen.

(3) Drittes Rettungspaket

Nach Auslauf des zweiten Hilfsprogrammes im Dezember 2014 und aufgrund der immer noch hohen Gesamtschulden[597] Griechenlands im Jahr 2015 nahmen die Euro-Staaten im Juli 2015 Verhandlungen mit Griechenland über ein drittes Rettungspaket auf. Im Jahr 2015 standen der griechischen Regierung noch Rückzahlungsverpflichtungen von mehr als 15 Mrd. Euro bevor.[598] Die Hilfen des dritten Rettungspaketes sollten über den dauerhaften Euro-Rettungsschirm, den Rettungsfond des Europäischen Stabilitätsmechanismus (ESM), laufen. Darüber hinaus wurde Griechenland ein Überbrückungskredit in Höhe von 7,16 Mrd. Euro gewährt, damit das Land seinen Zahlungsverpflichtungen gegenüber dem IWF und der EZB während der Verhandlungen und bis zum geplanten Inkrafttreten des dritten Hilfsprogramms nachkommen konnte.

Nach wochenlangen Verhandlungen und der Einschränkung des freien Kapitalverkehrs einigten sich die Euro-Staaten und Griechenland im August 2015 darauf, dass Griechenland mit einem dritten Hilfspaket Finanzhilfen aus dem ESM von bis zu 86 Mrd. Euro erhalten sollte – unter der Einhaltung eines dritten Anpassungsprogrammes. Zudem wurde sich darauf geeinigt, dass das Hilfsprogramm im August 2018 enden sollte.[599] Die Maßnahmen, die zur Auszahlung des dritten Hilfspaketes erfüllt werden mussten, wurden in einem weiteren MoU vom 19. August 2015[600] (MoU III) geregelt. In Übereinstimmung mit Art. 13 Abs. 3 ESM-Vertrag wurden in dem MoU III jene Auflagen im Einzelnen aufgeführt, die mit der den Zeitraum 2015 bis 2018 abdeckenden Finanzhilfefazilität verbunden waren. Auch diese wurden erneut vierteljährig aktualisiert. Ziele des dritten Hilfspaketes waren die Wiederherstellung der Tragfähigkeit der öffentlichen Finanzen, die Wahrung der Finanzstabilität, die Förderung von Wachstum, Wettbewerbsfähigkeit, Beschäftigung und

595 Dazu ausführlich *Sandrock*, RIW 2015, 93 (101).

596 Oberstes griechisches verfassungsrechtliches Organ.

597 2013: 177,40 %, 2014: 178,9 %; 2015: 175,9 %, Daten von Eurostat, abrufbar unter: https://ec.europa.eu/eurostat/de/web/government-finance-statistics/statistics-illustrated.

598 *Sandrock*, RIW 2015, 93 (109).

599 Bundesministerium der Finanzen, Monatsbericht, Finanzhilfen für die Stabilisierung und Reform in Griechenland. 21.09.2015.

600 Memorandum of Understanding v. 19.08.2015, abrufbar unter: https://ec.europa.eu/info/sites/info/files/01_mou_20150811_en.pdf.

Investitionen sowie die Reform der öffentlichen Verwaltung.[601] Das MoU III enthielt erneut einen detaillierten Zeitplan zur Umsetzung der Maßnahmen. Kernebereiche des Dreijahresprogramms waren u. a. eine ambitionierte Haushalts- und eine mittelfristige Finanzplanung, die Fortführung der laufenden Privatisierungen, eine nachhaltige Rentenreform und die Modernisierung und Entpolitisierung der griechischen Verwaltung.

2. Kritik des Europäischen Parlaments an der Troika

Das Europäische Parlament stand nicht hundertprozentig hinter dem Vorgehen der Troika. Es hob in seinem „*Bericht über die Untersuchung über die Rolle und die Tätigkeit der Troika in Bezug auf Programmländer des Euroraumes*“ aus dem Jahr 2014 zwar hervor, dass die Finanzhilfen, die durch die Maßnahmenpläne der Troika erzielt wurden, durchaus positiven Auswirkungen hatten.[602] Insbesondere konnte durch die Finanzhilfen erreicht werden, dass ein ungeordneter Zahlungsausfall bei den Staatsschulden vermieden wurde, der außergewöhnlich schwere – wahrscheinlich schwerere als die jetzigen – wirtschaftliche und soziale Folgen für das Land selbst und auch für die Eurogruppe gehabt hätte. Vermutlich wäre es ohne die Hilfen zum Ausscheiden Griechenlands aus der Eurogruppe gekommen. Das Parlament stellte aber auch fest, dass es keine Gewähr dafür gibt, dass es langfristig nicht zu einem Ausscheiden kommen könnte. Die Hilfs- und Anpassungsprogramme haben gerade nicht vermeiden können, dass es zu einem geordneten Zahlungsausfall Griechenlands kam und die Krise auf andere Mitgliedstaaten übersprang.

Das Europäische Parlament kritisierte hinsichtlich des Vorgehens der Troika insbesondere die Inhalte und Art der Ausarbeitung der MoU. Die Tatsache, dass die Verhandlungen, in denen die Bedingungen für die Hilfen ausgearbeitet wurden, hinter verschlossenen Türen stattgefunden haben, und dass unklar ist, ob die Vereinbarungen dem nationalen Parlament und dem Europäische Parlament rechtzeitig und in klarer Weise zur Überprüfung vorgelegt wurden, hatte negative Auswirkungen auf die Rechte der Bürger, die politische Lage im Land und das Vertrauen der Bürger in die Demokratie und das europäische Projekt.[603] Die Art der Entscheidungsprozesse der Troika wurde als unklar, intransparent und einer demokratischen Kontrolle entbehrend wahrgenommen.

Darüber hinaus äußerte das Parlament scharfe Kritik an den Inhalten und der Ausstrahlung der MoU; es wies darauf hin, „*dass die in den MoU enthaltenen*

601 Memorandum of Understanding v. 19.08.2015, S. 5.

602 Europäisches Parlament, Bericht über die Untersuchung über die Rolle und die Tätigkeit der Troika in Bezug auf Programmländer des Euroraumes, 2014, S. 15 ff. (37. ff.).

603 Europäisches Parlament, Bericht über die Untersuchung über die Rolle und die Tätigkeit der Troika in Bezug auf Programmländer des Euroraumes, 2014, S. 13 (30.).

Empfehlungen der Modernisierungspolitik zuwiderlaufen, wie sie in der Lissabon-Strategie und der Europa-2020-Strategie formuliert wurde"[604]. Zudem habe es an „*länderspezifischen Empfehlungen*" gefehlt.

Ferner kritisierte das Europäische Parlament, dass die Kommission und der IWF aufgrund einer unterschiedlichen Zielverfolgung grundlegenden und notwendigen Reformen der industriellen Basis und der institutionellen Strukturen weniger Aufmerksamkeit geschenkt hätten.[605] Das übergeordnete Ziel der Kommission war das der Haushaltskonsolidierung; das des IWF war hingegen eine interne Abwertung, u. a. durch Lohn- und Rentenkürzungen.

3. Folgen der Krise und Entwicklung durch die Hilfsprogramme

Die Finanzkrise hat sowohl zu einer wirtschaftlichen als auch zu einer sozialen Krise in Griechenland geführt. Selbst mit der Unterstützung der Finanzhilfen hatte die Krise drastische Auswirkungen auf die gesamte Gesellschaft und Wirtschaft Griechenlands, wobei die Auswirkungen ohne eine Unterstützung durch die EU und den IWF wohl noch erheblich schlimmer ausgefallen wären. Die wirtschaftliche Situation und die Entwicklungen in den Jahren nach 2010 hatten schwerwiegende und unvorhersehbare negative Auswirkungen auf die Quantität und Qualität der Beschäftigung, den Zugang zu Krediten, Einkommenshöhe, die soziale Absicherung und Gesundheits- sowie Sicherheitsstandards, die in den meisten Teilen des Landes zu einer großen wirtschaftlichen und sozialen Not in der Bevölkerung führten. Besonders stark betroffen war der Arbeitsmarkt. In den Jahren vor der Krise waren die Beschäftigtenzahlen in Griechenland sehr hoch und eher zunehmend. Im Jahr 2008 betrug die Arbeitslosenquote durchschnittlich nur 7,8 %, im Jahr 2010 stieg diese jedoch bereits auf 12,7 % und bis 2013 auf 27,4 %.[606] Zudem waren nach 2010 ein Anstieg der Ungleichheit der Einkommensverteilung und ein starker Anstieg der Armut im Land zu verzeichnen.[607] Der durch die Rezession bedingte Rückgang der Inlandsnachfrage und die interne Abwertungspolitik hatten zudem negative Effekte auf die Preisentwicklungen: Zwischen 2000 und 2008

604 Europäisches Parlament, Bericht über die Untersuchung über die Rolle und die Tätigkeit der Troika in Bezug auf Programmländer des Euroraumes, 2014, S. 14 (31.).

605 Europäisches Parlament, Bericht über die Untersuchung über die Rolle und die Tätigkeit der Troika in Bezug auf Programmländer des Euroraumes, 2014, S. 17 (44.).

606 ELSTAT, Labour Force Survey, Population of 15+ (employment status (Greece total)) (1st Quarter 2001 – 2nd Quarter 2017): nach 2013 nahm die Arbeitslosenzahlen wieder leicht ab, befanden sich aber 2016 immer noch auf einem Stand von 23,5 %, was im Verhältnis zu den Jahren vor der Krise immer noch extrem hoch ist, Zahlen abrufbar unter: https://www.statistics.gr/en/statistics/-/publication/SJO01/-.

607 Vgl. allg. Europäisches Parlament, Bericht über die Untersuchung über die Rolle und die Tätigkeit der Troika in Bezug auf Programmländer des Euroraumes, 2014, S. 14 (30.).

wiesen die gesamten monatlichen Verbraucherpreisindizes positive Veränderungsraten auf; bis 2013 blieben diese zwar positiv, aber der Index war rückläufig. Ab 2013 wurde dann eine negative Änderungsrate verzeichnet.[608]

Selten hat ein Staat institutionelle Eingriffe dieses Ausmaßes in einer sozial hochsensiblen und ohnehin schwer konsensfähigen Regelungsmaterie in so kurzer Zeit vorgenommen.[609] Analysen der Ausgestaltung und Umsetzung der Reformen in vier besonders wichtigen Politikbereichen (Steuerwesen, öffentliche Verwaltung, Arbeitsmarkt und Finanzsektor) zeigten, dass die gesetzten Ziele nicht umfangreich zufriedenstellend erfüllt werden konnten. Durch die Reformen des Steuerwesens und der öffentlichen Verwaltung konnten zwar Haushaltseinsparungen erzielt werden, die Umsetzung der strukturellen Komponenten war aber unzulänglich.[610] Auch der Finanzsektor wurde erheblich umstrukturiert; dies erforderte jedoch, dass dem Bankensystem mehr als 45 Mrd. Euro zugeführt werden mussten, die womöglich nicht wiedererlangt werden können.[611]

Aufgrund des Schwerpunktes dieser Arbeit sollen in den Abschnitten D. II. und D. III. ausschließlich die Auswirkungen der Krise sowie die Einflussnahme durch die Maßnahmen der Troika auf den Dienstleistungssektor und dabei insbesondere auf den Beruf des Rechtsanwalts und dessen Berufsrecht untersucht werden.

II. Reformendruck in Griechenlands Dienstleistungssektor

Infolge der Finanz- und Wirtschaftskrise sowie der zu ihrer Bewältigung mit der Troika vereinbarten Anpassungsprogramme hat in Griechenland eine umfangreiche Gesetzgebungsreform stattgefunden, die auf die Aufhebung von restriktiven Berufszugangs- und Ausübungsbeschränkungen in einer Vielzahl von Dienstleistungsberufen abzielte.

Der Dienstleistungsmarkt war während der Rezession besonders schweren negativen Effekten ausgesetzt. Die Entwicklung des Verbraucherpreisindexes (VPI) für Dienstleistungen wies vor und während der Rezession gravierende Schwankungen auf. Während des Zeitraumes 2000 bis 2008 lag der VPI für Dienstleistungen durchschnittlich deutlich über dem entsprechenden VPI für Waren. Im Verlauf der Rezession scheint der Druck auf die Preise für Dienstleistungen aber stärker gewesen zu sein als bei Waren. Der VPI für Dienstleistungen war über ein Jahr

608 ELSTAT Daten, Comparisons of the Overall Consumer Price Index (2001–2017), abrufbar unter https://www.statistics.gr/en/statistics/-/publication/DKT87/2014-M08.

609 *Bakopoulos*, in: FS Klamaris, S. 50.

610 Vgl. dazu näher Sonderbericht, Europäischer Gerichtshof, Die Rolle der Kommission in der griechischen Finanzkrise, 2017, S. 45 ff.

611 Vgl. dazu näher Sonderbericht, Europäischer Gerichtshof, Die Rolle der Kommission in der griechischen Finanzkrise, 2017, S. 56 ff.

vor dem VPI von Waren rückläufig und die negativen Preisänderungen waren im Falle von Dienstleistungen schwerer als bei den Waren.[612] Der Grund dafür ist, dass Griechenland einen sehr geringen Importanteil an Konsumanteilen im Vergleich zu Waren hat.[613] Daher reagieren die Preise für Dienstleistungen sensibler auf Veränderungen der inländischen Arbeitskosten als die Preise von Waren.

Aufgrund des Schwerpunktes dieser Arbeit soll im nächsten Abschnitt der Fokus auf die Reformierung des anwaltlichen Berufsrechts im Rahmen des Umsetzungsdrucks durch die MoU gelegt werden.

III. Reformierung des anwaltlichen Berufsrechts

Die Reformierung des anwaltlichen Berufsrechts in Griechenland begann mit dem MoU I und den darin vorgegebenen Maßnahmen zur Umgestaltung des Dienstleistungssektors sowie zur Umsetzung der Dienstleistungsrichtlinie[614]; darauf folgten sodann die im MoU II vorgegeben Maßnahmen zur Reformierung des anwaltlichen Berufsrechts, die zur Schaffung eines neuen anwaltlichen Berufsrechts führten.

1. Maßnahmen zur Umsetzung der Dienstleistungsrichtlinie – MoU I

Das MoU I enthielt konkrete Vorgaben für Maßnahmen, durch die Griechenland den Dienstleistungssektor überarbeiten und die Umsetzung der Dienstleistungsrichtlinie sicherstellen sollte. Bis Juni 2010 sollten die horizontalen Rechtsvorschiften für die Umsetzung der Dienstleistungsrichtlinie geschaffen und das vorgesehene Normenscreening sollte beendet werden. Innerhalb von kurzer Zeit (spätestens bis Dezember 2010) sollten sodann Sektor-spezifische Rechtsvorschriften erlassen werden – zunächst in den Bereichen Tourismus, Bildung und Einzelhandel. In den darauffolgenden Jahren sollte sodann durch den Abbau von Beschränkungen auch die Deregulierung von reglementierten Berufen wie Rechtsanwälten, Wirtschaftsprüfern und Architekten vorangetrieben werden.[615] Davon

612 *Athanassiou/Kanellopoulos/Karagiannis/Kotsi*, The Effects of Liberalization of professional requirements in Greece, KEPE, 2015, Figure 2.6; Monthly evolution of the CPI and the sub-indices for googs and services, S. 61, Quelle: ELSTAT (2014).

613 *Athanassiou/Tsouma*, 2013, S. 72 ff.

614 The Economic Adjustment Programme for Greece, European Commission, Directorate-General for Economic and Financial Affairs, Occasional Paper 61, 2010, Memorandum of Understanding on Specific Economic Policy Conditionality, 03.05.2010, Structural reforms conditionality, S. 68 f., 82.

615 The Economic Adjustment Programme for Greece, European Commission, Directorate-General for Economic and Financial Affairs, Occasional Paper 61, 2010, S. 22 und Memorandum of Understanding on Specific Economic Policy Conditionality, 03.05.2010, S. 68 f.

sollte der Abbau von Lizenzanforderungen, geografischen Beschränkungen und regulierten Tarifen umfasst sein.

Mit dem Beschluss des Rates vom 10.05.2010[616] wurden Maßnahmen und ein Zeitplan festgelegt, die Griechenland umsetzen musste, um sein übermäßiges Defizit abzubauen und Kredittranchen zu erhalten. Der Beschluss diente der Ausweitung und Intensivierung der haushaltspolitischen Überwachung und der Inverzugsetzung Griechenlands. Gestützt wurde dieser Beschluss auf Art. 126 Abs. 9 und Art. 136 AEUV. Der Rat legte für die Defizitkorrektur folgende Höchstwerte für das öffentliche Defizit fest: 8 % des BIP 2010, 7,6 % des BIP 2011, 6,5 % des BIP 2012, 4,9 % des BIP 2013 und 2,6 % des BIP 2014.[617] Mit Art. 2 Abs. 1 lit. j) des Beschlusses wurde Griechenland u. a. aufgefordert, bis Ende Juni 2010 gesetzliche Vorschriften zur Umsetzung der Dienstleistungsrichtlinie 2006/123/EG[618] zu erlassen. Die Abschaffung oder drastische Verringerung der Beschränkungen in den Dienstleistungsberufen sei erforderlich gewesen, um das erhebliche Arbeitsmarktungleichgewicht im Land zu verringern; gerade unter den ungünstigen wirtschaftlichen Bedingungen der Krisenjahre wiesen die Berufsgruppen erhebliche Wachstumshemmnisse auf.

Um den Auflagen nachzukommen, nahm Griechenland eine umfassende Überarbeitung des Gesetzgebungsrahmens für die Berufe des Dienstleistungssektors vor. Es wurden zahlreiche neue Gesetze verabschiedet und eine umfangreiche Reihe von Präsidentenverordnungen, Ministerentscheidungen und Rundschreiben wurde herausgegeben. Bisher wurde der größte Teil der die Abschaffung oder drastische Verringerung der Beschränkungen im Dienstleistungssektor betreffenden notwendigen Reformen abgeschlossen.

Griechenland setzte diese Bedingung des MoU I mit der Verabschiedung des Gesetzes Nr. 3844/2010[619] über die Anpassung der griechischen Rechtsvorschriften an die Dienstleistungsrichtlinie 2006 und das Gesetz Nr. 3919/2011[620] zum Grundsatz

---

616 Beschluss des Rates v. 08.06.2010 gerichtet an Griechenland zwecks der haushaltspolitischen Überwachung und zur Inverzugsetzung Griechenlands mit Maßgabe, die zur Beendigung des übermäßigen Defizits als notwendig erachteten Maßnahmen zu treffen, (2010/320/EU).

617 Art. 1 des Beschlusses 2010/320/EU v. 08.06.2010, Abl. L 145/6 v. 11.06.2010; die Werte wurden nachträglich noch mehrfach angepasst.

618 Zur Dienstleistungsrichtlinie vgl. oben unter C. IV. 2.

619 N. 3844 Προσαρμογή της ελληνικής νομοθεσίας στην Οδηγία 2006/123 του Ευρωπαϊκού Κοινοβουλίου και του Συμβουλίου σχετικά με τις υπηρεσίες στην εσωτερική αγορά και άλλες διατάξεις (dt.: Gesetz zur Anpassung der griechischen Rechtsvorschriften an die Richtlinien 2006/123/EG des Europäischen Parlaments und des Rates über Dienstleistungen im Binnenmarkt und andere Bestimmungen), OG 63'A v. 03.05.2010; diese und nachfolgende Übersetzungen griechischer Gesetze und Texte sind durch die Autoren frei und sinngemäß übersetzt.

620 N. 3919 Αρχή της επαγγελματικής ελευθερίας, κατάργηση αδικαιολόγητων περιορισμών στην πρόσβαση και άσκηση επαγγελμάτων (dt.: Gesetz Nr. 3919 zum Grundsatz der Berufsfreiheit, Abschaffung der ungerechtfertigten Beschränkungen

der Berufsfreiheit und die Abschaffung der ungerechtfertigten Beschränkungen für den Zugang zu sowie die Ausübung von Berufen um.

a. *Gesetz Nr. 3844/2010*

Mit der Verabschiedung des Gesetzes Nr. 3844/2010 zur Anpassung der griechischen Rechtsvorschriften an die Richtlinien 2006/123/EG[621] begann ein langwieriger und komplexer Reformprozess des Dienstleistungssektors in Griechenland. Der Zugang und die Ausübung einer Vielzahl von Berufen des Dienstleistungssektors waren bis dahin umfangreichen restriktiven Regelungen unterworfen gewesen. Viele dieser Regelungen wurden seitens der Kommission als erhebliche Wettbewerbshindernisse angesehen, ohne dass sie im Hinblick auf den Schutz des öffentlichen Interesses gerechtfertigt seien. Darüber hinaus standen einige dieser Verordnungen im Widerspruch zum Geist der Dienstleistungsrichtlinie 2006/123/EG. Mit dem Gesetz Nr. 3844/2010 wurden die Bestimmungen der Dienstleistungsrichtlinie in nationales Recht umgesetzt.[622] In Art. 2 bis 34 des Gesetzes wurden die zentralen Regelungen Art. 1 bis 33 und Art. 35 der Dienstleistungsrichtlinie in nationales Recht umgesetzt. Das Gesetz sollte die Wahrung der Niederlassungsfreiheit durch Dienstleistungserbringer und den freien Dienstleistungsverkehr im nationalen Recht verankern und erleichtern sowie gleichzeitig eine hohe Dienstleistungsqualität gewähren.[623] Das Gesetz stellt ein horizontales Rahmengesetz für die Umsetzung der Dienstleistungsrichtlinie dar. Nach Art. 38 des Gesetzes ist das Finanzministerium für die Koordinierung der Umsetzung der Verpflichtungen aus diesem Gesetz verantwortlich. Darauffolgend wurden viele weitere Vorschriften an die Vorgaben der Dienstleistungsrichtlinie angepasst. Darüber hinaus hat Griechenland seine Absicht bekundet, Änderungen an den Sektor-spezifischen Rechtsvorschriften zu verabschieden, u. a. im Bereich der reglementierten Berufe, des Bildungswesens, des Tourismussektors und des Einzelhandels. Als zentrales Portal für die einheitlichen Ansprechpartner (Εληαία Κέληξα Εμπτεξέηεζεο (E.K.E)), wie es Art. 7 des Gesetzes 3844/2010 bzw. Art. 6 der Dienstleistungsrichtlinie vorsieht, hat Griechenland die Internetplattform „*www.eu-go.gr*“ eingerichtet. Das Portal können Unternehmen nutzen, die für eine beschränkte Zeit Wirtschaftstätigkeiten in Griechenland ausüben oder sich im Land niederlassen wollen.

---

für den Zugang zu und die Ausübung von Berufen), 02.03.2011, ΦΕΚ Α' 32, geändert insbesondere durch Gesetz Nr. 4038/2012, 4152/2013 und 4261/2014.

621 N. 3844 Προσαρμογή της ελληνικής νομοθεσίας στην Οδηγία 2006/123 του Ευρωπαϊκού Κοινοβουλίου και του Συμβουλίου σχετικά με τις υπηρεσίες στην εσωτερική αγορά και άλλες διατάξεις (dt. Gesetz zur Anpassung der griechischen Rechtsvorschriften an die Richtlinien 2006/123/EG des Europäischen Parlaments und des Rates über Dienstleistungen im Binnenmarkt und andere Bestimmungen), OG 63'A v. 03.05.2010.

622 Art 1 des Gesetzes 3844/2010.

623 Art 3 Abs. 1 des Gesetzes 3844/2010.

b. Gesetz Nr. 3919/2011

Das zweite entscheidende Gesetz während des Reformprozesses im Dienstleistungssektor war das Gesetz Nr. 3919/2011[624] zum Grundsatz der Berufsfreiheit sowie der Abschaffung der ungerechtfertigten Beschränkungen für den Zugang zu und der Ausübung von Berufen. Dieses Gesetz stellte den zentralen Gesetzgebungsakt im Rahmen des Reformprozesses der Dienstleistungsberufe dar und zielte darauf ab, den Markteintritt und das Verhalten in einem breiten Feld von Berufen des Dienstleistungssektors zu liberalisieren, indem alle ungerechtfertigten Beschränkungen der beruflichen Freiheit abgeschafft werden sollten.[625] Das Gesetz beinhaltet u. a. eine Regelung, nach der innerhalb von vier Monaten nach Veröffentlichung des Gesetzes im Amtsblatt eine Reihe von bestehenden Maßnahmen, die den Zugang zu und die Ausübung von Berufen einschränken, automatisch ungültig werden sollte.[626]

Für eine bestimmte Gruppe von Berufen (darunter u. a. Rechtsanwälte, Notare und Wirtschaftsprüfer) sind in den Art. 4 bis Art. 8 spezielle Regelungen festgelegt, die bestimmte Änderungen von individuellen Gesetzen, die nur für diese Berufe gelten, abändern.[627] Diese Gesetzesänderungen mussten innerhalb der viermonatigen Übergangszeit verabschiedet werden und nicht aufgehobene Beschränkungen mussten aufgrund zwingender Gründe des Allgemeininteresses gerechtfertigt sein.[628]

Konkret sah das Gesetz 3919/2011 in Art. 2 Abs. 2 die Abschaffung folgender Berufszugangs- und Ausübungsbeschränkungen vor:

- Quotenbeschränkungen, die es nur einer bestimmten Anzahl von Personen erlauben, in einem Gebiet tätig zu werden (Art. 2 Abs. lit. a).
- Abhängigkeit einer Berufsausübungsgenehmigung von einer Notwendigkeitsbeurteilung durch die Verwaltungsbehörde (Art. 2 Abs. lit. b).
- Verbot der Ausübung des Berufs über die Grenzen eines bestimmten geografischen Bezirks hinaus (Art. 2 Abs. lit. c).
- Auferlegung von Mindestabständen zwischen den Räumlichkeiten der Praktiker (Art. 2 Abs. lit. d).

---

624 N. 3919 Αρχή της επαγγελματικής ελευθερίας, κατάργηση αδικαιολόγητων περιορισμών στην πρόσβαση και άσκηση επαγγελμάτων (dt.: Gesetz Nr. 3919 zum Grundsatz der Berufsfreiheit, der Abschaffung der ungerechtfertigten Beschränkungen für den Zugang zu und der Ausübung von Berufen), 02.03.2011, ΦΕΚ Α' 32, geändert insbesondere durch Gesetz Nr. 4038/2012, 4152/2013 und 4261/2014.

625 *Athanassiou/Kanellopoulos/Karagiannis/Kotsi*, The Effects of Liberalization of Professional requirements in Greece, KEPE, 2015, S. 11.

626 Art. 2 des Gesetzes Nr. 3919/2010.

627 Auf die Regelungen zum Beruf des Rechtsanwaltes wird aufgrund des Schwerpunktes der Arbeiten unten unter D. III. 4. ausführlich eingegangen.

628 Art. 2 Abs. 1 und Abs. 3 des Gesetzes Nr. 3919/2010.

- Verbot einer Person, mehr als eine Einrichtung (Zweigniederlassung) zu gründen oder in mehr als einer Einrichtung zu üben (Art. 2 Abs. lit. e).
- Ausschließliches Recht oder Verbot der Erbringung von Dienstleistungen aus bestimmten Arten von Berufseinrichtungen (Art. 2 Abs. lit. f).
- Beschränkungen der Geschäftsform (Art. 2 Abs. lit. g).
- Auferlegung von Bedingungen bei Kapitalbeteiligungen basierend auf Kriterien, die sich auf den beruflichen Status der Beteiligten beziehen (Art. 2 Abs. lit. h).
- Auferlegung von obligatorischen Mindestpreisen (Art. 2 Abs. lit. i).
- Verpflichtung für den Dienstleistungsgeber, zusammen mit seinen Dienstleistungen andere spezifische Dienstleistungen anzubieten (Art. 2 Abs. lit. j).

Neben der Aufhebung der oben genannten Beschränkungen hat das Gesetz auch die Anforderung und das Verfahren für die Erteilung einer Verwaltungsgenehmigung zur Ausübung eines Berufs radikal vereinfacht. Das Verfahren wurde durch eine einfache Benachrichtigung über den Beginn der Tätigkeit, begleitet von den notwendigen Unterlagen, ersetzt.[629] Hat die zuständige Behörde innerhalb von drei Monaten nach einer Benachrichtigung die Ausübung aus Gründen der Nichteinhaltung einer gesetzlichen Verpflichtung nicht versagt, so kann der Beruf frei ausgeübt werden. In diesem Fall war auch ein Präsidentenbeschluss für die Aufrechterhaltung eines Genehmigungsverfahrens durch Ausnahme erforderlich; andernfalls galten die Vorschriften innerhalb von vier Monaten nach der Veröffentlichung des Gesetzes automatisch als aufgehoben.[630] Die darauffolgenden Änderungen für freie Berufe betrafen zunächst insbesondere Bestimmungen zu Mindesthonoraren sowie zu territorialen und demografischen Beschränkungen für den Berufszugang. Ferner haben sie dazu geführt, dass z. B. Zugangsbeschränkungen für den Taxi-Markt, insbesondere Beschränkungen für die Zahl der Lizenzen und die Kosten neuer Lizenzen, aufgehoben wurden. Der Umsetzungsprozess dieses Gesetzes erwies sich jedoch als wesentlich komplexer als erwartet, was zu erheblichen Verzögerungen über die viermonatige Übergangszeit hinaus führte.[631] Die Umsetzung des Gesetzes führte zur Verabschiedung einer Reihe weiterer Gesetze, die vorab teilweise nicht vorgesehen waren.[632]

629 Art. 3 Abs. 1 des Gesetzes 3919/2010.

630 Art. 3 Abs. 2 des Gesetzes 3919/2010.

631 *Athanassiou/Kanellopoulos/Karagiannis/Kotsi*, The Effects of Liberalization of Professional requirements in Greece, KEPE, 2015, S. 12.

632 N. 4038/2.02.2012, ΦΕΚ 28 Α'; 4046/14.02.2012, ΦΕΚ 14 Α'; 4070/10.04.2012, ΦΕΚ 82 Α'; 4093/12.11.2012, ΦΕΚ 222 Α'; 4111/25.01.2013, ΦΕΚ 18 Α'; 4152/09.05.2013, ΦΕΚ 107 Α'; 4254/07.04.2014, ΦΕΚ 85 Α'; vgl. dazu auch vgl. *Athanassiou/Kanellopoulos/Karagiannis/Kotsi*, The Effects of Liberalization of Professional requirements in Greece, KEPE, 2015, S. 102, Anhang 1.

2. Vorgaben des zweiten Memorandum of Understanding

Im Rahmen des zweiten Anpassungsprogrammes im Jahr 2012 wurde das zweite „*Memorandum of Understanding on Specific Economic Policy Conditionality*“[633] (MoU II) zwischen der griechischen Regierung und der Troika vereinbart. Das MoU II enthielt wie bereits das MoU I Maßnahmen, die Griechenland innerhalb der vierteljährlichen Konditionalitätsüberprüfungen erfüllen musste, damit die weiteren Kredittranchen ausgezahlt wurden. Nachdem Griechenland im Rahmen des ersten Anpassungsprogrammes das Gesetz 3919/2011 verabschiedet hatte, um die Dienstleistungsrichtlinie umzusetzen, beinhaltete das MoU II die Erfüllung von Maßnahmen zur Umsetzung des Gesetzes.[634] Die Deregulierung der reglementierten Berufe sollte so weiter vorangetrieben werden.

a. Inhalt des zweiten Memorandum of Understanding

Das MoU II sah die Umsetzung des Gesetzes Nr. 3919/2011 vor, das in Art. 5 explizit auch Reformen für den Beruf des Rechtsanwalts vorsah. Zudem sah das MoU II vor, dass die Regierung Gesetze erlassen sollte, die die Transparenz der Arbeitsweise der Anwaltskammern stärken sollte. Jahresabschlüsse, Gebührensätze und die Vergütung der Mitglieder des Lenkungsorgans sollten u. a. auf der jeweiligen Website zur Erfüllung dieses Ziels veröffentlicht werden.

Ferner sollte die Regierung im Hinblick auf die festen Gebührensätze bei wichtigen regulierten Berufen – darunter bei Anwälten – Untersuchungen durchführen, inwieweit die von ihnen geleisteten Beiträge zur Deckung der Betriebskosten ihrer jeweiligen Berufsvereinigung angemessen, verhältnismäßig und gerechtfertigt sind. Darüber hinaus sollten in Zukunft die von Anwälten an ihre jeweilige Berufsvereinigung zu entrichtenden Beiträge von der Regierung und nicht mehr von den Kammern selbst festgelegt werden.[635]

b. Vorgaben zur Reform des anwaltlichen Berufsrechts

Das MoU II enthielt explizite Maßnahmen zur Reform der Anwaltsordnung.[636] Diese sahen vor, dass die Regierung die Bedingungen für den Berufseintritt bzw. die Berufswiederaufnahme ebenso ändert wie die Bedingungen für die

---

633 Memorandum of Understanding on Specific Economic Policy Conditionality v. 09.02.2012, BT-Drs. 17/8731, Anlage 5a abrufbar unter: http://dipbt.bundestag.de/doc/btd/17/087/1708731.pdf.

634 Memorandum of Understanding on Specific Economic Policy Conditionality v. 09.02.2012, BT-Drs. 17/8731, Anlage 5a, Ziff. 4.2.

635 Memorandum of Understanding on Specific Economic Policy Conditionality v. 09.02.2012, BT-Drs. 17/8731, Anlage 5a, Ziff. 4.2.

636 Memorandum of Understanding on Specific Economic Policy Conditionality v. 09.02.2012, BT-Drs. 17/8731, Anlage 5a, S. 130, Ziff. 4.2.

Berufsausübung. Bei der Umsetzung der Maßnahmen sollte sich die griechische Regierung zudem an einen strikten Zeitplan halten. Ein Gesetzesentwurf sollte der Kommission bis Ende Februar 2012 vorgelegt werden und bis Ende Juni 2012 sollte das Gesetz verabschiedet werden.[637] Ferner sollten bis Ende Juni 2012 Gesetze mit den Zielen verabschiedet werden, die Vorschriften über die Honorargestaltung und den Zugang zu bzw. die Ausübung von berufsständischen und gewerblichen Tätigkeiten zu ändern oder aufzuheben, soweit diese gegen das Gesetz 3919/2011, EU-Recht und die europäischen Wettbewerbsregeln verstoßen.[638] Per Gesetz sollten insbesondere der Art. 42.1. des Gesetzeserlasses 3026/1954, der die Anwesenheitspflicht eines Anwalts bei der Errichtung von Urkunden vor einem Notar bei einer Reihe von Rechtsgeschäften regelte,[639] sowie Art. 92.2 und 92 A des Gesetzeserlasses 3026/1954, die die Mindesthonorare und die Staffelung der Mindesthonorare für Anwälte regelten, deren Leistungen mit einem regelmäßig zu entrichtenden Festhonorar entgolten wurden, aufgehoben werden.[640]

Die griechische Regierung setzte die Maßnahmen durch die vollständige Reformierung der anwaltlichen Berufsordnung um. Mit der Rechtsverordnung Nr. 4194 vom 27. September 2013 über den Kodex der Rechtsanwälte (gr.: *Κώδικας Δικηγόρων*, im Folgenden: Kodikas Dikigoron)[641] wurden die alten Regelungen zum anwaltlichen Berufsrecht, die in der Rechtsverordnung Nr. 3026/1954[642] (gr.: *Κώδικας περί δικηγόρων*, im Folgenden: Kodikas peri Dikigoron) und in zahlreichen Änderungen geregelt waren, vollständig ersetzt.

3. Zulassungsvoraussetzungen und Organisation der Anwaltschaft nach der Gesetzesreform

In dem nachfolgenden Abschnitt sollen die Zulassungs- und Ausübungsregelungen im griechischen anwaltlichen Berufsrecht sowie die Organisation der Anwaltschaft in Griechenland dargestellt werden. Dabei soll untersucht werden, wie sich das Berufsrecht durch die Reformen verändert hat und welche Beschränkungen aufgehoben wurden. Dabei soll der Beruf des griechischen Rechtsanwalts insgesamt (sein Weg vom Studium bis zur Zulassung) dargestellt werden.

---

637 Memorandum of Understanding on Specific Economic Policy Conditionality v. 09.02.2012, BT-Drs. 17/8731, Anlage 5a, S. 130, Ziff. 4.2.

638 Memorandum of Understanding on Specific Economic Policy Conditionality v. 09.02.2012, BT-Drs. 17/8731, Anlage 5a, S. 130, Ziff. 4.2.

639 Memorandum of Understanding on Specific Economic Policy Conditionality v. 09.02.2012, BT-Drs. 17/8731, Anlage 5a, S. 130, Ziff. 4.2.

640 Memorandum of Understanding on Specific Economic Policy Conditionality v. 09.02.2012, BT-Drs. 17/8731, Anlage 5a, S. 130, Ziff. 4.2.

641 Rechtsverordnung Nr. 4149/2013 v. 29.09.2013, ΦΕΚ Α 208/2013.

642 Rechtsverordnung Nr. 3026 v. 08.10.1954, „*Κώδικας περί δικηγόρων*", ΦΕΚ Α 235/1954.

a. Organisation

Der griechische Rechtsanwalt „*Dikigoros*" (gr.: Δικηγόρος) übt eine freiberufliche Tätigkeit[643] aus, indem er entweder selbstständig oder in einem Angestelltenverhältnis arbeitet. Die Stellung des Rechtsanwaltes ist unabhängig, unabdingbar und von grundlegender Bedeutung für die Rechtspflege und den Rechtsstaat.[644] Er setzt sich für die Freiheit, die Demokratie und die Wahrung der Verfassung ein. Jeder Anwalt ist verpflichtet, jegliche Tätigkeit nach bestem Gewissen und nach dem Gesetz auszuüben.

Rechtsanwälte in Griechenland sind in 63 Rechtsanwaltskammern organisiert.[645] Jede Kammer unterliegt der räumlichen Zuständigkeit eines Gerichtes erster Instanz, deren Präsidenten den Rat der Präsidenten bilden (gr.: *ολομελεια προεδρων δικηγορικων συλλογων ελλαδοσ*), da es keine nationale Anwaltskammer gibt. Der Rat schafft den Verhaltenskodex für Rechtsanwälte, den sogenannten *„Kodikas Deontologias" (gr.: Κώδικας δεοντολογίας)*, während die Regierung das anwaltliche Berufsrecht in einem Gesetz, dem Kodikas Dikigoron, bestimmt. Für die Beschäftigungsbedingungen ist das Ministerium für Justiz, Transparenz und Menschenrechte zuständig.[646]

Geregelt wird das anwaltliche Berufsrecht in Griechenland durch den Kodikas Dikigoron, der die alte Rechtsanwaltsordnung (Gesetz Nr. 3026/1954) vollständig ersetzt hat. In dem Kodikas Dikigoron sind die rechtliche Stellung und der Berufsstand des Rechtsanwalts, die Zulassung zur Rechtsanwaltskammer und die Anwaltshonorare geregelt.[647] Neben dem Kodikas Dikigoron gelten die durch die einzelnen Rechtsanwaltskammern erlassenen berufsethischen Verhaltenskodexe „*Kodikas Deontologias*" (gr.: *Κώδικας δεοντολογίας*)[648], welche die allgemeinen und beruflichen Verhaltenspflichten der Rechtsanwälte regeln.

Nach Art. 41 des Kodikas Dikigoron hat sich jeder Rechtsanwalt in Griechenland an den Verhaltenskodex zu halten. Ein Verstoß gegen die Regelungen des Kodikes Deontologias führt, da es sich um rein interne Vorschriften der Rechtsanwaltskammern handelt, nur zu einem Disziplinarverfahren.

Gemäß Art. 2 Kodikas Dikigoron und Art. 1 Kodikes Deontologias ist ein Rechtsanwalt ein Organ der Rechtspflege, als das er sich neben den Richtern und den Gerichtsbeamten für die Sicherstellung der ordnungsgemäßen Ausübung der Rechtspflege einsetzt.

---

643 Art. 3 Abs. 2 Kodikas Dikigoron.

644 Vgl. Art. 1 – 3 Kodikas Dikigoron.

645 International Bar Association, https://www.ibanet.org/Regulation_Directory_project_Greece.aspx, Stand: 01.08.2017.

646 Art. 4 lit. b Kodikas Dikigoron.

647 Vgl. *Kerameos*, Der Rechtsanwalt in Griechenland, AnwBl. 2001, 349 (349).

648 Vgl. „Kodex Deontologias" v. 04.01.1980, abrufbar über die Rechtsanwaltskammer Athen unter: https://www.eanda.gr/askoymenoi-dikigoroi/kodikas-dikigoron-kodikas-deontologias-dikigorikoy-leitoyrgimatos.

b. Voraussetzungen für die Zulassung zum Rechtsanwalt

Um in Griechenland als Rechtsanwalt zugelassen werden zu können, ist erforderlich: ein Abschluss von einer inländischen oder anerkannten ausländischen Hochschule (dazu unter (1) (a)), eine 18-monatige Referendarausbildung (dazu unter (1)(b)) und das Bestehen der Zulassungsprüfung (dazu unter (2)) sowie die Ernennung zum Rechtsanwalt (dazu unter (3)).

Zusätzlich zu diesen Voraussetzungen darf ein Anwärter nicht rechtskräftig wegen eines Verbrechens oder einer der in Art. 6 Abs. 3 lit. b Kodikas Dikigoron genannten Straftaten wie u. a. Diebstahl, Wucher, Meineid oder Betrug verurteilt sein. Ferner dürfen ihm seine Bürgerrechte nicht unwiderruflich entzogen worden sein, es darf keine Vormundschaft bestehen und es darf sich bei dem Anwärter nicht um einen Geistlichen oder Mönch handeln.[649]

(1) Ausbildung

Die Ausbildung zu einem Rechtsanwalt dauert in Griechenland grundsätzlich fünfeinhalb Jahre und besteht aus einem rechtswissenschaftlichen Studium als theoretischem Teil und einem Referendariat, in dem das theoretisch erlernte Wissen praktisch angewendet wird.

(a) Rechtswissenschaftliches Studium

Zunächst muss ein rechtswissenschaftliches Studium abgeschlossen werden. Für den Hochschulzugang sind die Ergebnisse der in ganz Griechenland einheitlich stattfindenden Schulabschlussprüfungen am Lykio[650] (gr.: *Λύκειο*) entscheidend.[651] Darüber hinaus entscheidet über die Zulassung zu einem Studium das Abschneiden in den landesweiten Aufnahmeprüfungen Panelladikes Exetasis (gr.: *Πανελλαδικές εξετάσεις*), die jährlich im Mai stattfinden. Wie viele Studierenden aufgenommen werden, entscheidet das Ministerium für Bildung, Forschung und religiöse Angelegenheiten in jedem akademischen Jahr aufs Neue in Abstimmung mit den einzelnen Hochschulen.[652] Ein Jurastudium kann nur an drei Universitäten des Landes absolviert werden: in Athen, Thessaloniki oder Komotini. Das Studium dauert acht Semester (vier Jahre) und endet mit einem Hochschuldiplom einer juristischen

649 Art. 6 Abs. 4 – 6 Kodikas Dikigoron.

650 Als Lykio werden im griechischen Schulsystem die auf das Gymnasio (gr. Γυμνάσιο) folgenden Jahrgangsstufen 10 – 12 bezeichnet, die auf das Studium vorbereiten sollen und dessen Abschluss Voraussetzung für ein Studium ist.

651 *Kerameos*, Der Rechtsanwalt in Griechenland, AnwBl. 2001, 349 (349).

652 DAAD-Länderstand, Griechenland, kurze Einführung in das Hochschulsystem und die DAAD-Aktivitäten, 2017, S. 3.

Fakultät, dem Ptychio Nomikis[653] (gr.: *Πτυχίο Νομικής*).[654] Das Ptychio Nomikis entspricht dem deutschen ersten Staatsexamen. Um das Diplom zu erhalten, muss an 41 Kursen teilgenommen und erfolgreich eine Prüfung abgelegt werden. 31 der Kurse sind Pflichtmodule und 10 Kurse sind Wahlmodule. Von den zehn Wahlmodulen müssen mindestens sechs rechtswissenschaftliche Module sein. Im Rahmen der Prüfungen werden die Kernbereiche der Rechtswissenschaft, d. h. Zivil- und Zivilprozessrecht, Handels-, Gesellschafts- und Wertpapierrecht, Straf- und Strafprozessrecht, Staats- und Verwaltungsrecht, Internationales und Europäisches Recht schriftlich oder mündlich geprüft. Diese Prüfungen können beliebig wiederholt werden.[655] Die angebotenen Vorlesungen und Prüfungen sind an den drei Universitäten zu 90 % identisch.[656] Neben den Vorlesungen gibt es Tutorien, die in kleinen Gruppen stattfinden und der Festigung der gelehrten Materie dienen.

(b) Anwaltsorientiertes Rechtsreferendariat

Nach dem Studium und dem Erhalt des Hochschuldiploms müssen die Rechtsanwaltsanwärter eine 18-monatige Referendarausbildung absolvieren, innerhalb derer Richter, Staatsanwälte und Rechtsanwälte – anders als in Deutschland – getrennt voneinander ausgebildet werden.[657]

Dieser berufsorientierte Abschnitt der Ausbildung schließt für zukünftige Rechtsanwälte mit der Zulassungsprüfung zur Anwaltschaft ab. Bis zum Erlass der neuen Rechtsanwaltsordnung im Jahr 2013 oblag die Ausbildung zum Rechtsanwalt gemäß der Rechtsverordnung Nr. 3026 vom 6./8.10.1954 den 63 griechischen Anwaltskammern (Dikigorikos Syllogos, gr. *Δικηγορικός Σύλλογος*) und war in den einzelnen Kodikes Deontologias geregelt. Nun untersteht sie dem Justizministerium[658] und ist einheitlich in dem Kodikas Dikigoron geregelt.[659]

Der Antrag zur Aufnahme des Referendariatsanwärters ist innerhalb einer angemessenen Frist nach Erhalt des Pytichou Nomikis beim Präsidenten der zuständigen Anwaltskammer zu stellen.[660] Unter bestimmten Umständen kann die Anmeldung auch bis zu fünf Jahre später erfolgen, dafür müssen aber bestimmte

---

653 Das Ptychio Nomikis ist eine universitäre Abschlussprüfung und nicht mit der deutschen ersten Prüfung gleich. Die Hochschule organisiert und beaufsichtigt die Prüfungen.

654 Art. 6 Abs. 2 Kodikas Dikigoron; *Kerameos*, Der Rechtsanwalt in Griechenland, AnwBl. 2001, 349 (349).

655 Vgl. *Kerameos*, Der Rechtsanwalt in Griechenland, AnwBl. 2001, 349 (349).

656 *Klamaris*, Das rechtswissenschaftliche Hochschulstudium in Griechenland in der Epoche des Bologna-Prozesses und dessen Evaluierungs-Verfahrensregelungen nach dem Gesetz 3374/2005, ZZPInt 10 (2005), 181 ff.

657 Art. 13 Abs. 1 Kodikas Dikigoron.

658 Art. 4 lit. b Kodikas Dikigoron.

659 Art. 10 bis 17 Kodikas Dikigoron.

660 Art. 10 Abs. 1 Kodikas Dikigoron.

gesetzlich geregelte Gründe[661] vorliegen und es muss ein Nachweis erbracht werden, dass keine Entfremdung zum Recht vorliegt.[662] Für ihre Tätigkeit während der praktischen Ausbildungszeit erhalten die Referendare eine geringe Vergütung.[663]

Neben Absolventen mit einem griechischen Hochschuldiplom einer juristischen Fakultät können auch Absolventen einer ausländischen Hochschule als Referendare in Griechenland zugelassen werden. Sie müssen aber bestimmte in Art. 15 Kodikas Dikigoron geregelte Voraussetzungen erfüllen: Sie müssen u. a. einen mit dem griechischen Diplom vergleichbaren Abschluss einer juristischen Fakultät vorweisen. Absolventen einer juristischen Hochschule außerhalb Europas, deren Diplom anerkannt wird, müssen zusätzlich noch an einem Eignungstest[664] teilnehmen.[665]

Während des Referendariats arbeitet der Referendar bei einem Rechtsanwalt oder einer Kanzlei mit Zulassung an einem griechischen Oberlandesgericht, dem Arios Pagos (gr.: *Αρείου Πάγου*)[666] oder bei dem Nomiko Symboulio tou Kratous (gr.: *Νομικό Συμβούλιο του Κράτους*, „der Staatsrat"[667]).[668] Einzelne Stationen können ferner für bis zu sechs Monate beispielsweise in der Verwaltung eines Gerichts, im Staatsrat, in einer Rechtsanwaltskammer oder im Justizministerium absolviert werden.[669] Der Referendar ist in berufs- und standesrechtlicher Hinsicht einem zugelassenen Rechtsanwalt gleichgestellt und untersteht ebenfalls der Disziplinaraufsicht.[670]

Er hat die Befugnis, als Vertreter in erstinstanzlichen Strafsachen (den „*Πταισματοδικεία*"), bei den Ermittlungsbehörden, in Verfahren vor den Amtsgerichten (nur Bagatelldelikten), bei der Entgegennahme eidesstattlicher Erklärungen und vor jeder Verwaltungsbehörde aufzutreten.[671] Vor anderen Gerichten darf er nur in Begleitung eines zugelassenen Rechtsanwalts auftreten. Er hat u. a. auch die Befugnis, Schriftsätze für erst- und zweitinstanzliche Verfahren zu fertigen und zu unterzeichnen.[672]

Die juristische Ausbildung findet nach Maßgabe eines für alle Rechtsanwaltsanwärter einheitlichen Lehrplans statt. Dieser Lehrplan wird von jeder

---

661 Darunter fällt der Militärdienst, Erwerb des Masters oder gesundheitliche Gründe.
662 Art. 20 Abs. 2 und 3 Kodikas Dikidoron.
663 Art. 13 Abs. 10 Kodikas Digigoron.
664 Ablauf und Inhalt der Eignungsprüfung sind in Art. 17 Kodikas Dikigoron geregelt.
665 Art. 15 Abs. 3 Kodikas Dikigoron.
666 Der Arios Pagos ist der oberste Gerichtshof Griechenlands für Zivil- und Strafsachen, vergleichbar mit dem BGH in Deutschland.
667 „Staatsrat" wird das oberste griechische verfassungsrechtliche Organ genannt.
668 Art. 13 Abs. 2 und 3 Kodikas Dikigoron.
669 Art. 13 Abs. 5 und 6 Kodikas Dikigoron.
670 Art. 11 Abs. 2 und 3 Kodikas Dikigoron.
671 Art. 12 Abs. 1 Kodikas Dikigoron.
672 Art. 12 Abs. 2 Kodikas Dikigoron.

Anwaltskammer einzeln aufgestellt und ist für alle Anwaltsanwärter derselben Anwaltskammer gleich. Einen einheitlichen Lehrplan für das gesamte Land gibt es nicht.

(2) Zulassungsprüfung

Im Anschluss an das 18-monatige Referendariat müssen die Rechtsanwaltsanwärter an den nationalen schriftlichen Zulassungsprüfungen teilnehmen.[673] Vor der Reform des anwaltlichen Berufsrechts beinhalteten diese auch eine mündliche Prüfung – diese wurde allerdings mit der neuen Rechtsanwaltsordnung abgeschafft. Zur Bewertung der Leistungen der Anwaltsanwärter wurde ein zentrales Examen für die Zulassung als Rechtsanwalt eingeführt, das die Abschlussprüfungen der Anwaltskammern ersetzt.[674]

Die Anwärter sind verpflichtet, an der nächsten oder übernächsten stattfindenden Prüfung teilzunehmen, die nach Abschluss ihrer 18-monatigen Ausbildung stattfindet. Eine spätere Teilnahme muss beantragt werden und wird nur bei Vorliegen eines wichtigen Grundes genehmigt.[675] Die Zulassungsprüfungen werden zweimal im Jahr durchgeführt, nämlich im April und im Oktober. Die Termine werden vom Justizministerium festgelegt sowie mindestens 40 Tage vorher im Staatsanzeiger veröffentlicht und den Anwaltskammern gemeldet. Die Kandidaten werden in den Bereichen Zivil- und Zivilprozessrecht, Straf- und Strafprozessrecht, Handelsrecht und öffentliches Recht sowie anwaltliches Berufsrecht geprüft.[676] Um an den Prüfungen teilnehmen zu können, muss eine Bewerbung eingereicht und eine Gebühr gezahlt werden, die vom Finanz- und Justizministerium festgelegt wird.

Für die Durchführung und Überwachung der Prüfungen werden eine zentrale Prüfungskommission und Organisationskomitees gegründet, bestehend aus Gerichtspräsidenten, Staatsanwälten, Vertretern des Staatsrates, Professoren, Vertretern des Justizministeriums und Vertretern der Anwaltskammern, sowie ein Bewertungskomitee.[677] Die Prüfungen werden nach einem in Art. 21 Kodikas Dikigoron geregelten Bewertungssystem bewertet und im Anschluss an die Benotung veröffentlicht.[678] Wer die Prüfung nicht besteht, hat die Möglichkeit, noch einmal daran teilzunehmen. Er muss die Fortsetzung seiner Bewerbung aber innerhalb von zwei Monaten nach Ausgabe der Ergebnisse erklären, da er ansonsten aus dem Bewerbungsregister gelöscht wird.[679]

---

673 Art. 18 f. Kodikas Dikigoron.
674 Art. 18 – 22 Kodikas Dikigoron.
675 Art. 19 Abs. 4 Kodikas Dikigoron.
676 Art. 19 Abs. 3 Kodikas Dikigoron.
677 Art. 20 Kodikas Dikigoron.
678 Art. 22 Abs. 1 Kodikas Dikigoron.
679 Art. 22 Abs. 4 Kodikas Dikigoron.

(3) Ernennung zum Rechtsanwalt

Wer die Zulassungsprüfung bestanden hat, kann seine Zulassung als Rechtsanwalt bei der zuständigen Rechtsanwaltskammer beantragen. Über den Antrag entscheidet das Justizministerium.[680] Ein Rechtsanwalt muss in dem Bezirk des erstinstanzlichen Gerichtes, in dem er seine Zulassung beantragt, seinen Hauptsitz und ein Büro haben. Wird dem Antrag des Rechtsanwaltsanwärters zugestimmt, muss dieser vor seiner Ernennung noch einen Eid ablegen.[681] Anders als in Deutschland muss keine Berufshaftpflichtversicherung als Voraussetzung für die Zulassung nachgewiesen werden.

c. Der nicht griechische Rechtsanwalt in Griechenland

Nach Art. 6 Abs. 1 der Anwaltsordnung kann als Anwalt in Griechenland auch zugelassen werden, wer Bürger eines Mitgliedstaates der EU oder eines anderen Staates ist, der Vertragspartei der Europäischen Wirtschaftsunion ist – vorausgesetzt er kann einen gleichwertigen Abschluss eines anderen Landes vorweisen, in Übereinstimmung mit den rechtlichen Verfahren.[682] Ein spezieller Ausschuss, der extra für die Bewertung der ausländischen Bewerber vom Justizministerium errichtet wird, entscheidet über die Anträge und Eignung der Bewerber.[683] Der Ausschuss ist auch alleine dafür zuständig, Berufsqualifikationen von EU-Bürgern, die in Griechenland als Anwalt tätig sein möchten, nachdem sie ihre Berufsqualifikationen in einem anderen Mitgliedstaat erworben haben, entsprechend der Berufsqualifikationsrichtlinie, die durch das Präsidialdekret 122/2010 (A'200) in nationales Recht umgesetzt wurde, anzuerkennen.[684]

4. Reform der Berufsausübungsvorschriften

Eingeleitet wurde die Reform des anwaltlichen Berufsrechts in Griechenland wie viele andere Reformprozesse im Dienstleistungssektor mit der Rechtsverordnung 3919/2011. Art. 5 des Gesetzes Nr. 3919/2011 sah spezielle Änderungen für das anwaltliche Berufsrecht – den Kodex der Rechtsanwälte – in Griechenland vor.[685]

Nachfolgend sollen die für die Rechtsanwälte bedeutsamsten Änderungen des Berufsrechts dargestellt werden. Insbesondere die Lockerung des Lokalisationsprinzips (a.), die Abschaffung der Singularzulassung (b.), die Abschaffung des Werbeverbots (c.), die Änderung der Gebührenordnung (d.) und die Lockerung des Anwaltszwangs (e.) sowie die Änderungen für Kanzleien (f.) sind Ergebnisse der

680 Art. 6 Abs. 1 S. 2, Art. 23 Kodikas Dikigoron.
681 Art. 24 Kodikas Dikigoron.
682 Art. 15 Kodikas Dikigoron.
683 Art. 16 Kodikas Dikigoron.
684 Art. 16 Abs. 3 Kodikas Dikigoron.
685 Siehe oben unter D. III. 2.

Reformierung des anwaltlichen Berufsrechts, die sich enorm auf die Tätigkeit der Rechtsanwälte in Griechenland ausgewirkt hat.

a. Lockerung des Lokalisationsprinzips

Nach der alten Anwaltsordnung Gesetz Nr. 3026/1954 gab es für Rechtsanwälte geografische Einschränkungen hinsichtlich der Ausübung ihrer Dienstleistung.[686] In Zivil- und Verwaltungsverfahren beschränkte sich ihre Postulationsfähigkeit nur auf den Landgerichtsbezirk, in dem der jeweilige Rechtsanwalt lokalisiert, also als Mitglied in einer Rechtsanwaltskammer im Kammerbezirk zugelassen war. Ausschließlich in Strafsachen war es einem Rechtsanwalt erlaubt, vor allen Gerichten, unabhängig von seinem Zulassungsbezirk, aufzutreten. In anderen Bezirken durften Rechtsanwälte nur in Begleitung eines zu dem Bezirk gehörigen Rechtsanwalts vor den Gerichten auftreten.[687]

Durch das Gesetz Nr. 3919/2011 wurde das sogenannte Lokalisationsprinzip weitgehend aufgehoben. Die neuen Bestimmungen traten gemäß Art. 10 des Gesetzes Nr. 3919/2011 am 02.07.2011 – vier Monate nach dessen Veröffentlichung – in Kraft. Durch Art. 5 Abs. 1 und 2 des Gesetzes Nr. 3919/2011 wurden die Vorschriften der alten Rechtsanwaltsordnung[688] bereits derart geändert, dass Rechtsanwälte auch außerhalb des Gerichtsbezirks, in dem sie zugelassen waren, auftreten durften.

In dem neuen Kodex der Rechtsanwälte wurden die Vorschriften zur Zuständigkeit in Art. 28 neu angegliedert. Seither ist es Rechtsanwälten erlaubt, im ganzen Land tätig zu werden; sie müssen jedoch weiterhin ein Büro in dem Bezirk, in dem sie zugelassen sind, unterhalten[689].

Das Lokalisationsprinzip war früher europaweit verbreitet und wurde damit gerechtfertigt, dass es dem Gemeinwohl diene, indem es gewährleistet, dass anwaltliche Dienstleistungen regional flächendeckend angeboten werden können. Es war die Annahme verbreitet, dass Zivilprozesse durch die örtliche Gebundenheit schnell durchgeführt werden würden, eine vertrauensvollere Zusammenarbeit von Gerichten und Anwälten erfolgen würde und die örtlichen Gepflogenheiten so besser bedient werden könnten.[690] Diese Beschränkung der Postulationsfähigkeit war jedoch unter Heranziehung der Dienstleistungsrichtlinie nicht verhältnismäßig sowie durch zwingende Gründe des Allgemeininteresses gerechtfertigt und wurde daher abgeschafft.

---

686 Art. 44 und 54 der Rechtsverordnung Nr. 3026 v. 06/08.10.1954.

687 *Athanassiou/Kanellopoulos/Karagiannis/Kotsi*, The Effects of Liberalization of Professional requirements in Greece, KEPE, 2015, S. 14.

688 Art. 44 a.F. der Rechtsverordnung Nr. 3026 v. 06/08.10.1954.

689 Art. 23 Abs. 1 Kodikas Dikigoron.

690 Vgl. dazu auch BVerfG, NJW 1996, 1882; BT-Drs. 12/7868, S. 2.

Für Rechtsanwälte, die sich in der Region (insbesondere im ländlicheren Gebieten des Landes) etabliert hatten, bedeutete dies jedoch die Gefahr, dass Kollegen aus anderen Bezirken ihre Mandanten abwerben könnten. In Griechenland sind ca. 43.000[691] Rechtsanwälte in den 63 Anwaltskammern registriert. Bei einer Einwohnerzahl von 10,74 Millionen (2018)[692] bedeutet dies einen Anwalt für rund 250 Personen. In anderen Staaten fallen auf einen Anwalt wesentlich mehr Personen an: In Deutschland besteht z. B. ein Verhältnis von 1:500 und in Frankreich 1:1102.[693] Für griechische Anwälte ist ihr Mandantenkreis somit sehr schutzbedürftig vor Konkurrenz. Durch die Abschaffung des Lokalisationsprinzips muss jeder Rechtsanwalt noch mehr um den Erhalt seines Mandantenstammes kämpfen.

b. Abschaffung der Singularzulassung

Neben der Abschaffung des Lokalisationsprinzips wurde auch die Beschränkung der Postulationsfähigkeit der Anwälte durch die Singularzulassung aufgehoben. Unter Singularzulassung ist die Eingrenzung der Postulationsfähigkeit auf bestimmte Gerichte zu verstehen. Grundsätzlich war es Anwälten nach dem alten Rechtsanwaltskodex von 1954 nur erlaubt, vor dem „*Eirinodikeion*“ und „*Protodikeion*“ (diese entsprechen den deutschen Amtsgerichten und Landgerichten), die sich in dem Bezirk der Rechtsanwaltskammer befanden, bei der sie zugelassen waren, aufzutreten. Nur eine bestimmte Anzahl von Anwälten konnte die Zulassung zu den Oberlandesgerichten sowie zum obersten Gerichtshof beantragen und nur dieser ausgewählten Gruppe von Anwälten war der Zugang zu den Gerichten erlaubt. Vor den oberen Gerichten und dem Berufungsgericht, dem sogenannten „*Efeteio*“ (Εφετείο), durften Rechtsanwälte erst nach vierjähriger Berufsausübung auftreten. Der Zugang zu dem obersten Gerichtshof, dem „*Areios Pagos*“ (Άρειος πάγος), wurde ihnen nach fünfjähriger Tätigkeit am oberen Gericht ohne die Erfüllung weiterer Voraussetzungen gestattet.[694] Gerechtfertigt wurde diese Beschränkung für die anderen Anwälte, die nicht zu der Gruppe gehörten, damit, dass es einer außergewöhnlich hohen juristischen Qualität bedürfe, um vor den höheren Instanzen auftreten zu dürfen.

---

691 Vgl. *Rozou*, Overpopulation of lawyers in Greece and rest of Europe: myths vs reality, 2016 abrufbar unter: https://www.nomikosodigos.info/en/articles/824-overpopulation-of-lawyers-in-greece sowie *Kosmidis*, The Greek Lawyers Code of Practice, 2018, abrufbar unter: http://www.greece-lawyer.com/practice-areas-of-law/general-information/greek-lawyers-code-practice/.

692 Statista 2019, abrufbar unter: https://de.statista.com/statistik/daten/studie/19300/umfrage/gesamtbevoelkerung-in-griechenland/ (Stand: September 19).

693 Vgl. *Rozou*, Overpopulation of lawyers in Greece and rest of Europe: myths vs reality, 2016 abrufbar unter: https://www.nomikosodigos.info/en/articles/824-overpopulation-of-lawyers-in-greece.

694 U.a. Art. 35 Kodex peri Dikigoron der Athener Rechtsanwaltsordnung bis 2013.

Nach der Reformierung des anwaltlichen Berufsrechts dürfen Rechtsanwälte, die bei einem Gericht erster Instanz zugelassen sind, nunmehr in Zivilsachen an allen Amts- und Landgerichten des Landes tätig werden. Vor einem Berufungsgericht darf ein Rechtsanwalt aber nur in Begleitung eines an diesem Gericht zugelassenen Rechtsanwalts Berufung einlegen oder wenn er eine zehnjährige anwaltliche Tätigkeit nachweisen kann.[695] In Strafsachen darf ein an einem Gericht erster Instanz zugelassener Rechtsanwalt bei allen Straf- oder Ermittlungsbehörden sowie bei allen Strafgerichten erster oder zweiter Instanz und dem obersten Gerichtshof tätig werden.[696] Vor dem obersten Gerichtshof muss er sich jedoch von einem Rechtsanwalt begleiten lassen, der an diesem zugelassen ist.[697] Eine Beförderung zum Rechtsanwalt am Berufungsgericht kann ein Rechtsanwalt bei seiner Anwaltskammer unter bestimmten Voraussetzungen beantragen, dazu zählen der Nachweis einer bestimmten Fallzahl, vier Jahre Berufserfahrung oder andere geeignete Mittel.[698] Nach vierjähriger Tätigkeit am Berufungsgericht kann ein Rechtsanwalt sodann auch seine Zulassung zum obersten Gerichtshof beantragen.[699] Ohne Zulassung kann ein Rechtsanwalt, der beim Berufungsgericht zugelassen ist, nach sechsjähriger Tätigkeit dort gemeinsam mit einem Anwalt, der beim obersten Gerichtshof zugelassen ist, in Fällen auftreten, die er in der ersten oder zweiten Instanz vertreten hat.[700] Neben der Tätigkeit an den höheren Gerichten darf ein Anwalt weiterhin an Gerichten niedrigerer Instanz tätig werden.[701]

c. *Abschaffung des Werbeverbots*

Bis zur Gesetzesänderung im Jahr 2012 durch das Gesetz Nr. 4038/2012 war es Rechtsanwälten in Griechenland verboten, durch Werbung Mandanten auf ihre Kanzlei aufmerksam zu machen. Dieses Verbot war in dem jeweiligen Verhaltenskodex für Rechtsanwälte der jeweiligen Anwaltskammer festgeschrieben.[702]

Mit dem Gesetz Nr. 4038/2012[703] wurde Art. 38 A in den alten Rechtsanwaltskodex von 1954 aufgenommen, der schließlich die Werbung für Rechtsanwälte und Anwaltskanzleien erlaubte. Mit Einführung dieser Vorschrift wurde Art. 24 der Dienstleistungsrichtlinie umgesetzt, die vorschreibt, dass die Mitgliedstaaten alle

695 Art. 28 Abs. 1 Kodikas Dikigoron.
696 Art. 28 Abs. 2 S. 1 Kodikas Dikigoron.
697 Art. 28 Abs. 2 S. 2 Kodikas Dikigoron.
698 Art. 28 Abs. 3 Kodikas Dikigoron.
699 Art. 28 Abs. 4 Kodikas Dikigoron.
700 Art. 28 Abs. 6 Kodikas Dikigoron.
701 Art. 28 Abs. 7 Kodikas Dikigoron.
702 z.B. Verhaltenskodex der Anwaltskammer Athen, „Kodex Deontologias" (gr. Κώδικας Δεοντολογίας Δικηγορικού Λειτουργήματος) v. 04.01.1980, Art. 9 Verhaltenskodex in der Fassung v. 14.05.2009 und Art. 10 Verhaltenskodex in der Fassung v. 04.01.1980.
703 Ab 02.02.2012, durch § 1 des Art. 6 des Gesetzes Nr. 4038/2012, ABl. A`14/02.02.2012.

absoluten Verbote der kommerziellen Kommunikation für reglementierte Berufe aufheben müssen. Durch Art. 38 A wurde es Rechtsanwälten und Kanzleien gestattet, ihre Tätigkeitsbereiche in Griechenland oder im Ausland in einer Weise zu bewerben, die der Funktion des Rechtsanwaltes angemessen ist und seiner Würde und Funktion entspricht. Ferner wurde es den Rechtsanwälten gestattet, durch Veröffentlichung ihrer Kontaktdaten und Referenzen oder den Nachweis fachlicher Qualifikationen in gedruckter oder elektronischer Form in Zeitungen und Zeitschriften zu werben, solange dies mit ihrem Verhaltenskodex vereinbar ist. Verboten blieb die Veröffentlichung unerlaubter, falscher oder irreführender Werbung sowie von Hinweisen auf andere Fälle, die der Rechtsanwalt oder die Kanzlei vor Gericht abgeschlossen haben, und seiner Erfolgsrate. Es ist ihm auch nicht gestattet, sich mit anderen Rechtsanwälten oder Kanzleien zu vergleichen und Bezug auf Servicequalität und Stundenlöhne oder andere Arten der Abrechnung zu nehmen. Weitere Verbote sind die Veröffentlichung von Mandantennamen, es sei denn es liegt eine Zustimmung vor, und die Provozierung von abfälligen Eindrücken oder Kommentaren über die Anwaltschaft.

Die berufliche Werbung wird in dem neuen Kodex der Rechtsanwälte in Art. 40 Kodikas Dikigoron geregelt und entspricht inhaltlich der Fassung des Art. 38 A der Rechtsanwaltsordnung von 1954 in der Fassung vom 02.02.2012.

In Art. 40 Abs. 4 der neuen Rechtsanwaltsordnung wird auch geregelt, dass es Anwälten oder Kanzleien nicht gestattet ist, Informationen über laufende Verfahren an die Presse weiterzugeben. Art. 40 Abs. 5 enthält die Pflicht eines jeden Anwalts, seine Kammer über eine von ihm geführte Website zu informieren. Verstöße gegen die Werbevorschriften oder die in Abs. 4 und 5 enthaltenen Vorgaben werden gemäß Art. 40 Abs. 6 mit einem Disziplinarverfahren und einer Geldstrafe geahndet. Die neue Regelung über die Werbung entspricht nun den Vorgaben der Dienstleistungsrichtlinie und gestattet es Rechtsanwälten zu werben, solange dies mit den anwaltlichen Grundprinzipien im Einklang steht. Werbeformen wie unaufgefordertes Ansprechen von Personen auf der Straße oder an einem Unfallort dürften damit auch künftig verboten bleiben.[704]

d. *Änderung der Gebührenregelungen – Abschaffung der Mindestgebühren*

Eine gesetzliche Regelung der Rechtsanwaltsgebühren, vergleichbar mit dem Rechtsanwaltsvergütungsgesetz in Deutschland, existiert in Griechenland nicht. Der neue Kodex der Rechtsanwälte sieht aber, wie auch schon die alte Rechtsanwaltsordnung (Nr. 3026/1054), ebenfalls Gebührenregelungen für Rechtsanwälte vor.[705] Sowohl vor der Reformierung des anwaltlichen Berufsrechts als auch heute

704 Vgl. zur Liberalisierung des Werberecht: *Henssler*, AnwBl. 2013, 394 (396).
705 Art 58 ff. Kodikas Dikigoron.

wird das Honorar jedoch überwiegend zwischen dem Mandanten und dem Rechtsanwalt frei vereinbart.

Im Gegensatz zu den alten Regelungen für die Vereinbarung einer Vergütungsvereinbarung muss diese nach dem neuen Kodex der Rechtsanwälte zwingend schriftlich erfolgen.[706] In die schriftliche Vereinbarung können alle juristischen Dienstleistungen oder auch nur spezifische Handlungen innerhalb eines Verfahrens einbezogen werden. Wenn keine schriftliche Vereinbarung getroffen wird, bestimmt sich das Honorar nach den Vorschriften des Kodikas Dikigoron prozentual nach dem Streitwert.[707] Soweit der Gegenstand des Verfahrens nicht in einem Geldwert bewertet werden kann, wird die Gebühr auf Grundlage der in Anhang 1 des Kodexes beigefügten Tabelle berechnet.[708] Zwischen den Anwälten und ihren Mandanten ist es auch zulässig, ein Erfolgshonorar zu vereinbaren.[709]

Griechische Rechtsanwälte müssen seit der Reform zudem eine Vorschusszahlung an die zuständigen Rechtsanwaltskammern leisten, deren Höhe von der jeweils zu erbringenden Dienstleistung abhängig gemacht wird und sich nach einem Prozentsatz des jeweiligen Streitwerts berechnet.[710] Die Vorschusspflicht gilt für jede neue Verhandlung, für etwaige Zwischenverfahren und in jeder Instanz erneut. Rechtsanwälte, die gegen die Vorschusspflicht verstoßen, werden mit Geld- und Disziplinarstrafen belegt. An den Anwalt wird das Honorar erst zu einem späteren Zeitpunkt ausgezahlt – nach Abzug von Steuern und Rentenbeiträgen.

Die alte Rechtsanwaltsverordnung sah vorgeschriebene Mindestgebühren für Rechtsanwälte vor, die nicht unterschritten werden durften.[711] Anders als in Deutschland galten diese festgeschriebenen Mindestgebühren ohne Ausnahme sowohl im gerichtlichen als auch im außergerichtlichen Bereich. Diese Mindestgebühren wurden mit der Reformierung des anwaltlichen Berufsrechts abgeschafft.

Die Regelung zu den Mindestgebühren war eine der bedeutendsten Regelungen in der alten Rechtsanwaltsordnung zu den Anwaltskosten.[712] Die festgeschriebenen Mindestgebühren galten für alle im Land tätigen Rechtsanwälte ausnahmslos. Die Mindestgebühren wurden anhand eines festen und proportionalen Wertes, der sich am Streitwert bemessen ließ, festgestellt. Die Mindestgebühr für eine Klage, die sich auf eine Geldforderung bezog, betrug 2 % des Streitwertes.[713] Bei Forderungen, bei denen es sich nicht um eine Geldforderung handelte, bestimmte sich die Mindestgebühr nach dem zugrunde zulegenden Zeitwert der Forderung.[714] Je

706 Art. 58 Kodikas Dikigoron.
707 Art. 63 Abs. 1 und 2 Kodikas Dikigoron.
708 Art 63 Abs. 3 Kodikas Dikigoron.
709 Art. 60 Kodikas Dikigoron.
710 Art. 61 Kodikas Dikigoron.
711 Art. 92, 98 ff. der Rechtsverordnung Nr. 3026/1954.
712 Art. 92/98 der Rechtsverordnung Nr. 3026/1954 und Art. 2 Abs. 2 der Rechtsverordnung 2753/1999.
713 Art. 100 Abs. 1 der Rechtsverordnung Nr. 3026/1954.
714 Art. 100 Abs. 2 der Rechtsverordnung Nr. 3026/1954.

nach Streitgegenstand sah die alte Rechtsanwaltsordnung eine solche Berechnung der Mindestgebühr vor.[715] Die Berechnung einer niedrigeren Gebühr war nicht möglich. Verbraucher konnten keinen günstigeren Rechtsbeistand in Anspruch nehmen. Unter dem Maßnahmen- und Reformendruck durch die Troika wurden diese Mindestgebühren im Rahmen der Reformierung des anwaltlichen Berufsrechts vollumfänglich abgeschafft. Art. 5 Nr. 6a UAbs. 5 des Gesetzes Nr. 3919/2011 normiert, dass alle Bezeichnungen von Mindestgebühren ersetzt werden müssen.

Bereits vor der Reformierung des anwaltlichen Berufsrechts in Griechenland sah die Kommission durch die festen Mindestgebühren für Rechtsdienstleistungen im Land europäische Grundrechte verletzt. Sie leitete daher gegen Griechenland ein Vertragsverletzungsverfahren (Art. 258 AEUV) wegen Verletzung der Freizügigkeitsvorschriften ein. Anfang Mai 2010 forderte die Kommission Griechenland offiziell dazu auf, die Rechtsvorschriften in Bezug auf die von den Rechtsanwälten für ihre Dienste zu berechnenden Mindestgebühren zu ändern.[716] Die Kommission war der Auffassung, dass die griechischen Vorschriften, die ein festes Mindesthonorar vorsahen, die Vertragsfreiheit einschränken und somit gegen die Niederlassungs- und Dienstleistungsfreiheit verstoßen. Rechtsanwälte aus anderen Mitgliedstaaten würden dadurch bei der Ausübung ihrer Tätigkeit in Griechenland beeinträchtigt werden, da sie unter ihrem jeweiligen nationalen Recht nicht an die griechische Mindestgebühr gebunden waren. Zudem werde das Rechtsbeistandsangebot für griechische Bürger begrenzt. Ein festes Mindesthonorar sei zudem aus Gründen des Verbraucherschutzes oder der Qualitätssicherung nicht gerechtfertigt. Schlechte Dienstleistungsqualität könne nicht allein durch ein verbindliches Preissystem verhindert werden.[717]

Nach Ansicht der Kommission hindert die feste Mindestgebühr die Rechtsanwälte daran, eine niedrigere Gebühr gegenüber ihren Mandanten zu berechnen, um so ihre Wettbewerbsfähigkeit auf dem griechischen Markt zu verbessern. Nach Ansicht der Kommission bedarf der Verbraucher einer Auswahl an preisgünstigen Rechtsanwälten.[718] Befürworter eines festen Mindesthonorars argumentieren hingegen, dass Mindesthonorare helfen würden, einen ruinösen Wettbewerb zwischen den Marktteilnehmern zu vermeiden, der das Risiko eines Preis- und Qualitätsverfalls erhöhen könnte.[719] Der EuGH hatte in seiner *Cipolla*-Entscheidung[720] in Bezug auf die italienischen Mindestgebühren geurteilt, dass Mindesthonorare

715 Art. 100ff. der Rechtsverordnung Nr. 3026/1954.

716 Europäische Kommission, Pressebericht v. 05.05.2010, Brüssel, IP/10/498, abrufbar unter: http://europa.eu/rapid/press-release_IP-10-498_de.htm.

717 Europäische Kommission, Pressebericht v. 05.05.2010, Brüssel, IP/10/498, abrufbar unter: http://europa.eu/rapid/press-release_IP-10-498_de.htm.

718 Europäische Kommission, Pressebericht v. 05.05.2010, Brüssel, IP/10/498, abrufbar unter: http://europa.eu/rapid/press-release_IP-10-498_de.htm.

719 Vgl. dazu*Islam*, S. 40.

720 EuGH, NJW 2007, 281.

unter Umständen gerechtfertigt sein können, um den Verbraucherschutz und die geordnete Rechtspflege zu gewährleisten, und dass es Aufgabe der nationalen Gerichte sei zu prüfen, ob die Regelungen über Mindestgebühren oder ob bereits andere Berufsregelungen, Kontrollen und Haftungen diese Schutzziele erreichen.[721]

In Griechenland kam es jedoch nicht zu einer weiteren Entscheidung des EuGH über die Mindestgebühren, denn dadurch, dass die Troika die Reformierung der Rechtsanwaltsordnung und eine darin enthaltene Abschaffung der festen Mindestgebühren für Rechtsanwälte zu Bedingungen gemacht haben, die die griechische Regierung umsetzen musste, um Kredittranchen ausgezahlt zu bekommen, hat sich die Kommission die Fortsetzung des Vertragsverletzungsverfahrens gegen Griechenland erspart und die Abschaffung der festen Mindestgebühren ohne ein Verfahren vor dem EuGH schneller durchsetzen können.

e. Lockerung des Anwaltszwangs

Im Bereich des Anwaltszwangs ist es nach Erlass des Gesetzes Nr. 3919/2011 und der anschließenden Reformierung des anwaltlichen Berufsrechts in Griechenland zu Lockerungen gekommen. Bis zu den Reformierungsmaßnahmen war es gemäß Art. 42 Kodikas peri Dikigoron bei einer Vielzahl von Rechtsgeschäften ab einem bestimmten Wert zwingend erforderlich, dass ein Rechtsanwalt dabei anwesend war und die Verträge unterzeichnete, u. a. bei Immobiliengeschäften, Firmengründungen, Schenkungen, Darlehen und Schiffskäufen. Zudem bedurfte es der Mitwirkung eines Rechtsanwalts bei notariellen Beurkundungen, deren Gegenstandswert einen bestimmten Betrag überstieg (in Athen und Piräus lag der Wert wesentlich höher als im restlichen Land – um die 29.500,00 Euro) .[722] Durch die Rechtsverordnung Nr. 4093/2012 wurden die Bestimmungen der alten Anwaltsverordnung dahin gehend geändert, dass es nicht mehr zwingend notwendig war, dass ein Rechtsanwalt bei den Verhandlungen, der Vertragsgestaltung und Unterzeichnung einer Gründung einer Gesellschaft mit beschränkter Haftung oder einer Aktiengesellschaft[723] anwesend sein musste. Ab dem 1. Januar 2014 sollte sodann auch die bis dahin noch zwingende Anwesenheit eines Rechtsanwalts bei der Übertragung, Belastung, Änderung oder Aufhebung von dinglichen Rechten an Immobilien über einem Vertragswert von 80.000,00 Euro entfallen.[724] Ab 1. Januar 2014 wurde die Beteiligung eines Rechtsanwalts in diesen Fällen für alle Parteien freiwillig. Auch die zwingende Anwesenheit eines Rechtsanwalts bei notariellen Beurkundungen von Eigentumsüberschreibungen wurde aufgehoben. Anwaltszwang besteht grundsätzlich weiterhin vor griechischen Gerichten. Ausnahmen gelten für die Strafgerichte (mit Ausnahme des Agios Pagos und der Schwurgerichte),

721 Sie dazu oben unter C. V. 1. e.
722 Art. 42 Abs. 3, 4 Kodikas peri Dikigoron.
723 Paragraf IC. 1 Abs. 7 Gesetz Nr. 4093/2012.
724 Paragraf IC.1 Abs. 8 Nr. 1 Gesetz Nr. 4093/2012.

Zivilsachen vor den Amtsgerichten, Bagatellsachen und dringende Fälle zur Schadensabwendung.[725]

f. Änderungen für Kanzleien

Zwei oder mehr Rechtsanwälte, die in der gleichen Anwaltskammer zugelassen sind, können in Griechenland eine Anwaltskanzlei nach dem nationalen Zivilrecht gründen. Auch die Bestimmungen zur Gründung und Ausgestaltung von Anwaltskanzleien wurden durch die Reformen liberalisiert. Anwaltskanzleien dürfen nunmehr auch in den Zuständigkeitsbezirken anderer Anwaltskammern und in anderen EU-Mitgliedstaaten Zweigniederlassungen errichten.[726] Sie müssen aber ihren Hauptsitz weiterhin in dem Bezirk nachweisen, in dem einer der Partner registriert ist.[727] Die Gründung einer Zweigniederlassung bedarf nicht der Zustimmung der zuständigen Anwaltskammer, diese gibt lediglich die Gründung bekannt. Es gilt aber weiterhin die Beschränkung, dass eine Anwaltskanzlei nur zwischen Rechtsanwälten bestehen darf, die den alleinigen Zweck der Erbringung von Rechtsdienstleistungen verfolgen.[728] Der Zusammenschluss mit anderen natürlichen oder juristischen Personen, die keine Rechtsanwälte sind, ist nicht erlaubt. Anwaltskanzleien müssen auch weiterhin eine spezifische Rechtsform verfolgen und sind nicht als Kapitalgesellschaften zulässig. Jeder Partner der Kanzlei darf nur in einer Kanzlei tätig sein und es ist ihm verboten, gleichzeitig als Einzelanwalt tätig zu werden.

5. Auswirkungen der Deregulierung des anwaltlichen Berufsrechts auf die Anwaltschaft in Griechenland

In den nachfolgenden Abschnitten sollen die Auswirkungen der Deregulierung der Berufszugangs- und Ausübungsbeschränkungen durch die Reformprogramme der Troika auf regulierte Berufe und insbesondere auf die Anwaltschaft in Griechenland dargestellt werden.

a. Auswirkungen aus Sicht der Europäischen Kommission

Die Kommission steht weiterhin hinter ihren Maßnahmen und ihrer Strategie; sie sieht ihre Effizienz durch angeblich überwiegend positive Entwicklungen als bestätigt an. Um darzustellen, welche positiven Auswirkungen die Deregulierung von Berufsbeschränkungen auf die Wirtschaft der Mitgliedstaaten hat, gab

725 Art 94 gr. ZPO.

726 Gesetz 3919/2011, Art. 6 Abs. 4 des Gesetzes Nr. 2038/2012 und Art. 49 Kodikas Dikigoron.

727 Art. 49 Abs. 3 Kodikas Dikigoron.

728 Art. 49 Abs. 1 Kodikas Dikigoron.

die Kommission sechs nationale Studien[729] in Auftrag. Alle Studien basieren laut der Kommission auf einer soliden Datenbasis sowie auf zuverlässigen Methoden und wurden von fachlichen Experten durchgeführt. Die Studien sollen die in der Binnenmarktstrategie vorgelegten Folgemaßnahmen belegen und einen positiven Ausblick für die weitere Entwicklung des Binnenmarktes geben. Dass dies nicht der Fall ist und die Studien keinen Beleg dafür liefern, dass die durch die Kommission in die Wege geleiteten Reformen zur Deregulierung der Berufsbeschränkungen zu einer positiven Entwicklung der Wirtschaft geführt haben, soll nachfolgend anhand einer Auswertung der Ergebnisse der für die Entwicklung in Griechenland erstellten Studie dargestellt werden; aufgrund des Schwerpunktes dieser Arbeit erfolgt ausschließlich eine Darstellung und Auswertung der Ergebnisse der griechischen Studie. Für die griechische Studie wurde das „*Centre of Planning and Economic Research*"[730] (KEPE) beauftragt, das im Oktober 2015 eine Studie unter dem Titel „*The Effects of Liberalization of Professional requirements in Greece*" veröffentlichte.[731]

(1) Die griechische Studie

In der Studie unter dem Titel „*The Effects of Liberalization of Professional requirements in Greece*" wurden vom KEPE die Auswirkungen der Reformen, die zur Umsetzung der Dienstleistungsrichtlinie durch Deregulierung der Zugangs- und Ausübungsbedingungen vorgenommen wurden, auf die Beschäftigung, Preise und Servicequalität in elf Berufen untersucht. Bei den untersuchten Berufsgruppen handelt es sich u. a. um Rechtsanwälte, Notare, Wirtschaftsprüfer, Steuerberater, Zahnärzte, Physiotherapeuten und Immobilienmakler.[732] Bei der Auswahl der Berufe wurde eine Kombination von Kriterien berücksichtigt – zu diesen zählten

729 *Chini/Minichberger/Reiner/Graf,* Effects of Liberalisation in Austria using the Example of Liberal Professions, Wirtschafts Universität Wien und Forschungsinstitut für freie Berufe; *Rojek/Masior,* The Effects of Reforms liberalising Professional Requirements in Poland, Warsaw School of Economics; *Koumenta/Humphris,* „The Effects of Occupational Licensing on Employment, Skills and Quality: A Case Study of Two Occupations in the UK", Queen Mary University of London; *Pagliero,* „The effects of recent reforms liberalising regulated professions in Italy", Universität Turin und Collegio Carlo Alberto; *Athanassiou/Kanellopoulos/Karagiannis/Kotsi,* „The effects of liberalisation of professional requirements in Greece", Centre for Planning and Economic Research (KEPE), Athen; *Rostam-Afschar,* „Regulatory Effects of the Amendment to the HwO in 2004 in German Craftsmanship", Freie Universität Berlin und Deutsches Institut für Wirtschaftsforschung (DIW Berlin); abrufbar unter http://ec.europa.eu/growth/tools-databases/newsroom/cf/itemdetail.cfm?item_id=9018.

730 Gr.: Κέντρο Προγραμματισμού και Οικονομικών Ερευνών.

731 *Athanassiou/Kanellopoulos/Karagiannis/Kotsi,* The Effects of Liberalization of professional requirements in Greece, KEPE, 2015.

732 *Athanassiou/Kanellopoulos/Karagiannis/Kotsi,* The Effects of Liberalization of professional requirements in Greece, KEPE, 2015, Executive Summery, S. 6.

u. a. die wirtschaftliche Bedeutung, die Intensität der geltenden Vorschriften vor den Reformen, der Umfang der späteren Liberalisierung, der Zeitpunkt der Reformen und die Verfügbarkeit von Daten.

Im Rahmen der Studie unterscheiden die Autoren zwischen Berufseintrittsregelungen und Berufsausübungsregelungen.[733] Den Berufseinstiegsregelungen unterfallen Berufsqualifikationen, Pflichtmitgliedschaften sowie Beschränkungen in der Anzahl der Personen, die den Beruf ausüben dürfen. Unter die Berufsausübungsregelungen werden die Regulierung von Preisen und Gebühren, von Werbung und Marketing, von Standorten, interprofessioneller Zusammenarbeit und Geschäftsformen oder Strukturen gefasst.

Die Autoren betrachten berufsrechtliche Reglementierungen überwiegend als Hemmnis; dazu argumentieren sie auf der Grundlage von Literaturansichten, die Einwände und Vorbehalte gegenüber ehemaligen und bestehenden Regulierungsformen haben.[734] Ungerechtfertigte Regulierungen des Marktzugangs und der Ausübungsbedingungen würden den Wettbewerb erheblich schädigen und der Entwicklung des europäischen Binnenmarktes für Dienstleistungen Hindernisse bereiten.[735] Überwiegend verweisen die Autoren auf die Ausführungen der Kommission oder auf andere Studien, die von der Kommission in Auftrag gegeben wurden.[736]

Die Autoren schließen sich dabei der Ansicht an, dass die Berufsbeschränkungen vor deren Deregulierung zu einem erheblichen Arbeitsmarktungleichgewicht in Griechenland geführt hätten, das insbesondere unter den ungünstigen wirtschaftlichen Bedingungen der Krisenjahre erhebliche Wachstumshemmnisse verursacht habe.[737] Viele der reglementierten Berufe hatten ein Mindesteinkommen für ihre Berufsgruppe gesichert, waren daher für die Jugend besonders attraktiv und zeichneten sich daher durch ein übermäßiges Arbeitskräfteangebot aus.[738]

---

733 *Athanassiou/Kanellopoulos/Karagiannis/Kotsi*, The Effects of Liberalization of professional requirements in Greece, KEPE, 2015, S. 9.

734 Verwiesen wird beispielhaft auf eine eigene frühere Studie des KEPE, *Kotsi*, The impact of the implementation of Law 3919/2011, 2012 und ein Arbeitspapier der Kommission selbst aus dem Jahr 2004, Extended impact assessment of proposal for a directive on services in the internal market sowie *Cox/Foster*, The costs and benefits of occupational regulation, 1990 und *Barone/Cingano*, Service regulation and growth: evidence from OECD countries, 2010.

735 *Athanassiou/Kanellopoulos/Karagiannis/Kotsi*, The Effects of Liberalization of professional requirements in Greece, KEPE, 2015, S. 9

736 Siehe Fn. 729.

737 *Athanassiou/Kanellopoulos/Karagiannis/Kotsi*, The Effects of Liberalization of professional requirements in Greece, KEPE, 2015, S. 10.

738 *Athanassiou/Kanellopoulos/Karagiannis/Kotsi*, The Effects of Liberalization of professional requirements in Greece, KEPE, 2015, S. 10 unter Verweis auf *Kotsi*, The impact of the implementation of Law 3919/2011 on the principle of freedom of professions, KEPE (2012).

Daher wurde erwartet, dass die Aufhebung von Beschränkungen einen positiven Effekt auf die Wirtschaft haben würde.[739]

(a) Auswirkungen auf die Beschäftigung allgemein

Zunächst werden in der Studie die Auswirkungen der Liberalisierung der regulierten Berufe auf die Beschäftigung im Land analysiert. Die Liberalisierung der reglementierten Berufe sollte dazu beitragen, das Schutzniveau auf dem Arbeitsmarkt zu verringern, um die Auswirkungen der Wirtschaftskrise (Anstieg der Arbeitslosenquote und Rückgang des Arbeitsmarktes) zu mildern und die Schaffung neuer Arbeitsplätze schrittweise zu erleichtern. Um die Auswirkungen der Liberalisierungspolitik auf die Beschäftigungszahlen darstellen zu können, standen die Autoren jedoch vor der Herausforderung, diese von den Auswirkungen des wirtschaftlichen Abschwungs loszulösen.

Für die Ermittlung der Auswirkungen auf die Beschäftigungszahlen wurden Daten aus verschiedenen Quellen verwendet. Dazu gehört die „*Greek Labour Force Survey*" (LFS, Arbeitskräfteerhebung), die alle drei Monate von der „*Hellenic Statistical Authority*" (ELSTAT) durchgeführt wird. Die Erhebung sammelt Informationen über die Berufe aller Beschäftigten – sowohl angestellter als auch selbstständiger. Sie enthält Informationen über demografische Merkmale sowie über aktuelle und vorherige Beschäftigungen der Befragten. Die LFS gilt grundsätzlich als zuverlässige Datenquelle und wird von der ELSTAT zur Berechnung der nationalen und regionalen Beschäftigungs- und Arbeitslosenquoten verwendet.

Anhand der Daten der LFS wurden die Entwicklungen in den von den Reformen betroffenen reglementierten Berufen mit anderen Berufen oder Berufsgruppen verglichen, die keinen Reformen unterlagen.[740] Beachtenswert dabei ist, dass die Autoren selbst darauf verweisen, dass es grundsätzlich an geeigneten Daten über den Beschäftigungsgrad und die -dynamik in der erforderlichen Form gefehlt hat. Die von der ELSTAT erhobenen Daten seien nicht detailliert genug gewesen, um zwischen genauen Berufsgruppen zu unterscheiden. Die von der ELSTAT angewandte Aufschlüsselung der offiziellen Daten erfolgte bis 2011 nur auf Basis einer dreistelligen Aufschlüsselung – STEP-92[741]. Diese Klassifikation unterscheidet zwar zwischen einzelnen Berufsgruppen, doch sie unterteilt nicht innerhalb

---

739 *Athanassiou/Kanellopoulos/Karagiannis/Kotsi*, The Effects of Liberalization of professional requirements in Greece, KEPE, 2015, S. 10 unter Verweis auf *Kotsi*, The impact of the implementation of Law 3919/2011 on the principle of freedom of professions, KEPE (2012); Council of Economic Advisors, Position study on closed professions, 2010; IOBE, The Greek Economy, no. 59, (2010); *Zonzilos*, Assessing the Macroeconomic Impact of Structural Reforms in Greece, IOBE (2014).

740 *Athanassiou/Kanellopoulos/Karagiannis/Kotsi*, The Effects of Liberalization of professional requirements in Greece, KEPE, 2015, Executive Summary, S. 6.

741 STEP ist ein nationales Klassifizierungssystem von Berufen, basierend auf der Internationalen Standardklassifikation der Berufe (ISCO-88).

der Berufsgruppen. Beispielsweise wurden zwar Daten zu juristischen Dienstleistungen gesammelt, diese wurden aber nicht mehr auf Rechtsanwälte, Richter und Staatsanwälte aufgegliedert. Daher wurden auch Daten aus alternativen Quellen verwendet, darunter solche aus dem „*General Secretariat of Information Systems*" (GSIS), und Hilfsquellen wie Kammern und Gewerkschaften. Im Jahr 2011 wurde auf die ISCO-08-Klassifikation[742] umgestellt, mit der auch innerhalb einer Berufsgruppe noch einmal eine Unterteilung nach Berufsgattung stattfand. Dieser Wechsel führte aber zu einem strukturellen Bruch, da zwischen den beiden Klassifikationen kein idealer Austausch möglich war. Dieser Umstand ließ nicht zu, dass der Zeitraum vor Beginn der Reformen optimal mit dem Zeitraum während und/oder nach den Reformen verglichen werden konnte.

Darüber hinaus handelt es sich bei der LFS um eine Haushaltsbefragung und nicht um eine Volkszählung, sodass davon ausgegangen werden muss, dass die Ergebnisse von den tatsächlichen Zahlen abweichen.

Hinzu kommt, dass Veränderungen in den Beschäftigtenzahlen von der wirtschaftlichen Rezession und dem Konjunkturabschwung betroffen sind, und dass der Liberalisierungsprozess, der mit dem Gesetz 3919/2011 Ende 2011 begann, zum Zeitpunkt der Erstellung der Studie für einige Berufe noch nicht abgeschlossen war.

Um die Auswirkungen der Liberalisierungspolitik gesondert von den Auswirkungen der Krise betrachten zu können, wandten die Autoren eine Variation der „*shift and share*"-Methode[743] an. Diese Methode wird verwendet, um Veränderungen in der Beschäftigung zwischen Regionen und Sektoren darzustellen.[744] Dazu wurde die Entwicklung der Beschäftigung in den reglementierten Berufen der Entwicklung in nicht reglementierten Berufen gegenübergestellt, wobei sich die Entwicklungen nur dadurch unterscheiden, dass die eine von den Reformen betroffen

742 ISCO steht für International Standard Classification of Occupations (dt.: Internationale Standardklassifikation der Berufe). Die ISCO-08 wurde von der internationalen Arbeitsorganisation (International Labour Organisation, ILO) konzipiert, als Instrument für amtliche Statistik und international vergleichende Forschung. Ab dem Jahr 2011 wurde sie weltweit eingeführt. Die ISCO gruppiert keine Berufe, sondern Tätigkeiten im Sinne von Aufgaben und Pflichten, die eine Person wahrnimmt. Diese werden entsprechend ihrer Ähnlichkeit anhand von zwei Dimensionen – skill level und skill specification – strukturiert. Die strukturgebende Dimension ist das skill level. Das skill level wird in vier Stufen erfasst und spiegelt den Komplexitätsgrad der entsprechenden beruflichen Tätigkeit wider. Die zweite Dimension – skill specialisation – ist ein berufsfachliches Kriterium, das die Art der ausgeübten Tätigkeit abbildet. (http://www.ilo.org/public/english/bureau/stat/isco/isco08/index.htm)

743 Die Shift-Share-Analyse wird insbesondere in der Regionalökonomik häufig angewandt, um die Entwicklungsdynamik von Regionen im Vergleich zu übergeordneten Regionen abschätzen zu können.

744 *Athanassiou/Kanellopoulos/Karagiannis/Kotsi*, The Effects of Liberalization of professional requirements in Greece, KEPE, 2015, S. 40.

ist und die andere nicht. Dieser Unterschied sollte die Auswirkungen der Reform darstellen. Ein positiver Unterschied würde dann dafürsprechen, dass die Reform die Beschäftigung hilfreich beeinflusst hat.[745]

Die Autoren stellen zudem dar, dass in den Jahren 2004 – 2010, also vor der Reform des Dienstleistungsmarktes und während der Krise, die Beschäftigungszahlen der regulierten Berufe eine positive und bedeutsame durchschnittliche Änderungsrate verzeichneten und auf der anderen Seite Berufe, die keinen Beschränkungen unterliegen einen negativ entwickelten.[746] Das lasse sich nach Ansicht der Autoren darauf zurückführen, dass während der Krise ab 2008 tausende von Berufen verloren gegangen sind. Der Rückgang war aber bei regulierten Berufen weniger ausgeprägt. Im Gegenteil, stark regulierte Berufe verzeichneten im Zeitraum zwischen 2004–2010 eine positive und signifikante durchschnittliche Änderungsrate (2,38 %) wohingegen Berufe, die keinen Einschränkungen unterlagen, einen Rückgang verzeichneten (-0.10%).[747]

Regulierte Berufe verzeichneten somit trotz des Konjunkturabschwungs einen Beschäftigungszuwachs, während nicht regulierte Berufe eine Reduzierung der Beschäftigungszahlen verzeichneten. Diese Entwicklung beruhte laut den Autoren darauf, dass es in vielen regulierten Berufen Bestimmungen gegeben habe, die eine Mindestgebühr festlegten und eine bestimmte Anzahl an Beschäftigten gesetzlich vorgaben. Dadurch wurden die Nachfrage und das Beschäftigungsniveau künstlich erhöht. Darüber hinaus seien diese Berufsgruppen eng mit den wirtschaftlichen Entwicklungen verbunden und folgten diesen. Hinzu kam, dass sich viele der Beschäftigten, die zu einer bestimmten reglementierten Berufsgruppe zugelassen wurden, nicht einfach arbeitslos melden oder eine andere Tätigkeit wahrnehmen konnten und aufgrund ihres Berufes auch einer bestimmten Sozialversicherung angehörten. Sie blieben dann aufgrund ihres Berufsstandes trotz fehlenden Einkommens als beschäftigt registriert. Damit dämmten sie den Beschäftigungsrückgang in ihrer Berufsgruppe ein.

Für den Zeitraum 2011 bis 2014 ergab die Analyse der Beschäftigten, dass die Beschäftigung der reglementierten Berufe im Jahr 2011 zwar schneller zurückging als die Gesamtbeschäftigung, dass der Rückgang 2012 jedoch weniger wurde. 2013 wurde sodann eine Stabilisierung und Erholung der Beschäftigten in den reglementierten Berufen beobachtet, während diese Phase bei der Gesamtbeschäftigung und nicht reglementierten Berufen bis 2014 dauerte.[748] Diese Entwicklung zeige,

745 Vgl. *Athanassiou/Kanellopoulos/Karagiannis/Kotsi*, The Effects of Liberalization of professional requirements in Greece, KEPE, 2015, S. 40.

746 *Athanassiou/Kanellopoulos/Karagiannis/Kotsi*, The Effects of Liberalization of professional requirements in Greece, KEPE, 2015, Tabelle 2.2, S. 36.

747 *Athanassiou/Kanellopoulos/Karagiannis/Kotsi*, The Effects of Liberalization of professional requirements in Greece, KEPE, 2015, Tabelle 2.2, S. 36.

748 *Athanassiou/Kanellopoulos/Karagiannis/Kotsi*, The Effects of Liberalization of professional requirements in Greece, KEPE, 2015, Tabelle 2.3, S. 44.

dass die Entwicklung der Beschäftigung in den reglementierten Berufen in der Zeit vor den Reformen deutlich weniger günstig war als die der Gesamtbeschäftigung und dass sie in der Folgezeit günstiger war als die der Gesamtbeschäftigung. Das könne insbesondere damit zusammenhängen, dass die Beschränkungen verringert wurden, die die Anzahl der Personen regeln, die diese Berufe ausüben dürfen.

Die Autoren nehmen an, dass die Öffnung der Berufe durch Deregulierung nicht unbedingt zu einem weiteren Anstieg der Beschäftigungszahlen führen würde, sondern eher zu einer Umstrukturierung der Beschäftigung, und dass durch die Gesetzesreformen auch die geringer qualifizierten Berufsgruppen einen Beschäftigungsanstieg verzeichnen könnten.

Insbesondere durch die Abschaffung von Bestimmungen, die ein regelmäßiges Einkommen sichern (Mindestgebühr), würden die Berufe, die solche bisher vorsahen, für die Beschäftigten weniger attraktiv werden und in Zukunft würden sich weniger für die Ausübung eines solchen Berufes entscheiden. Die Autoren nehmen an, dass die Reformen zwar insgesamt zu einer Verringerung der Beschäftigung in den reglementierten Berufen führen werden, aber nicht zu einer Verringerung der Gesamtbeschäftigung, da die Beschäftigten in andere Wirtschaftssektoren gelenkt würden.[749] Ferner bestehe nach Ansicht der Autoren die Möglichkeit, dass durch diese Umstrukturierung des Arbeitsmarktes die Produktionsprozesse von im Inland in Anspruch genommenen Dienstleistungen auf international handelbare Güter verlagert werden können.[750]

Ein konkretes Ergebnis für die Entwicklung der Beschäftigung ist der Auswertung der Autoren nicht zu entnehmen; trotzdem stellen sie die Behauptung auf, dass die Liberalisierung der regulierten Berufe insgesamt eine positive Auswirkung auf die Beschäftigungsverhältnisse in Griechenland haben werde, ohne dies anhand ihrer Studie belegen zu können. Die Studie zeigt vielmehr, dass die bis dahin gesammelten Daten weder ausreichend noch aussagekräftig waren, um eine positive oder negative Entwicklung für die Beschäftigungsverhältnisse beurteilen zu können. Zudem waren die Annahmen der Autoren zum Zeitpunkt der Veröffentlichung der Studie spekulativ, da noch nicht alle Reformprozesse abgeschlossen waren. Ohne belegende Daten positionierten sich die Autoren dahin gehend, dass sich die Auswirkungen der Liberalisierungspolitik auf die Beschäftigung erst mit Verzögerung bemerkbar machen würden.[751] Ferner vermuten die Autoren lediglich, dass im Ergebnis die rezessionsbedingte Verringerung der Beschäftigung ohne die Liberalisierungsmaßnahmen größer gewesen wäre und dass sich die

---

749 *Athanassiou/Kanellopoulos/Karagiannis/Kotsi*, The Effects of Liberalization of professional requirements in Greece, KEPE, 2015, 2.1.1., S. 38.

750 *Athanassiou/Kanellopoulos/Karagiannis/Kotsi*, The Effects of Liberalization of professional requirements in Greece, KEPE, 2015, 2.1.1., S. 38.

751 *Athanassiou/Kanellopoulos/Karagiannis/Kotsi*, The Effects of Liberalization of professional requirements in Greece, KEPE, 2015, S. 36.

Erholung der Beschäftigungszahlen stärker verzögert hätte.[752] Auch dafür liefern sie aber keinen geeigneten Nachweis.

(b) Auswirkungen auf die Preise allgemein

In einem nächsten Schritt haben sich die Autoren mit den Auswirkungen der Reformen auf die Preisentwicklung in den betroffenen Berufen beschäftigt.

Um die Auswirkungen der Reformen auf die Preise darzustellen, haben die Autoren zunächst eine vorläufige Bewertung von Preisänderungen anhand des VPI vorgenommen. Die Bewertung erfolgte, obwohl die Reformen noch nicht vollständig umgesetzt waren und daher nicht für alle Berufe genügend Daten zu Verfügung standen. Ferner sind in dem Index nicht alle Berufsgruppen klar getrennt und der Beitrag des Dienstleistungssektors zum VPI ist niedriger als der entsprechende Betrag zur Wertschöpfung und zur Beschäftigung, da viele Dienstleistungen in Vorleistung gehen und daher ein erheblicher Anteil in den Preisen anderer Güter enthalten ist. Zudem gab es Schwierigkeiten, die Auswirkungen der Wirtschaftskrise auf die Preise von den Auswirkungen der Reformen zu trennen. Die Autoren vermuten in ihrer Bewertung daher lediglich, dass eingetretene Preissenkungen teilweise auf die Reformen zurückzuführen seien, aber sie halten auch die Veränderung der Konsumausgaben der privaten Haushalte infolge der Wirtschaftskrise für ausschlaggebend für die Preisentwicklung.[753]

Um den Einfluss der Rezession abzugrenzen, haben die Autoren ihre Untersuchungen auf Basis eines Vergleichs der Entwicklung des tatsächlichen Niveaus des VPI in den reglementierten Berufen mit einer kontrafaktischen Entwicklung, die sich an der Veränderungsrate von nicht reglementierten Berufen orientiert, vorgenommen. Ziel war es, so zwei VPI-Entwicklungen herauszufiltern, wobei beide von der Rezession beeinflusst wurden, aber nur eine noch zusätzlich von einer Gesetzesreform. Die Differenz dieser beiden Entwicklungen sollte dann Aufschluss über die Auswirkungen der Deregulierung geben. Sowohl ein positiver als auch ein negativer Effekt im Sinne einer Senkung oder Erhöhung der Preise würde dazu führen, dass der tatsächliche VPI unterhalb oder oberhalb der kontrafaktischen Situation liegt.[754] Sollten die Reformen keine Auswirkungen auf das Preisniveau haben, erwarteten die Autoren, dass die tatsächlichen und die kontrafaktischen Entwicklungen sehr nah beieinanderliegen würden.

Die von den Autoren ausgewerteten Daten zeigen, dass die Entwicklung des VPI für Dienstleistungen in den Jahren 2000 bis 2008 zwar stabil war und über dem entsprechenden VPI für Waren lag, sich die Änderungsrate des VPI für

---

752 *Athanassiou/Kanellopoulos/Karagiannis/Kotsi*, The Effects of Liberalization of professional requirements in Greece, KEPE, 2015, Executive Summary, S. 6.

753 *Athanassiou/Kanellopoulos/Karagiannis/Kotsi*, The Effects of Liberalization of professional requirements in Greece, KEPE, 2015, S. 64.

754 *Athanassiou/Kanellopoulos/Karagiannis/Kotsi*, The Effects of Liberalization of professional requirements in Greece, KEPE, 2015, S. 69.

Dienstleistungen ab 2009 aber stark und kontinuierlich negativ veränderte.[755] Der Druck auf die Preise für Dienstleistungen war im Verlauf der Rezession deutlich stärker als bei Waren. Als möglichen Grund dafür nennen die Autoren, dass ein erheblicher Anteil von Zwischen- und Endprodukten importiert wird und die Preise importierter Güter nicht so stark von den Veränderungen der inländischen Arbeitskosten beeinflusst werden.

Die Auswertung der Veränderungsrate des VPI in den Jahren 2009 bis 2014 von sieben der in der Studie untersuchten Berufen zeigt, dass in vier von diesen die Preise in den Jahren 2010 und 2011 sanken, während die Preise für Taxifahrer deutlich stiegen und jene für Immobilienmakler stabil blieben.[756] Auch im Folgejahr blieben die Preise in diesen Berufsgruppen stabil. Erst im Jahr 2013 gingen die Preise auch bei den Immobilienmaklern zurück, während sie bei den Taxifahrern bis 2014 weiter stabil blieben, auch der Gesamt-VPI ging zurück.

Die Autoren schließen aus den Zahlen und den deutlichen Senkungen der Preise im Zeitraum 2012 – 2014, auch im Vergleich mit den entsprechenden Veränderungen des Gesamt-VPI darauf, dass diese Veränderungen, neben der Rezession auch im Zusammenhang mit den Reformen stehen könnten.[757]

Der Vergleich der Entwicklung des VPI der reglementierten und nicht reglementierten Berufe im Zeitraum zwischen 2009 bis 2014 anhand der in der Studie ausgewerteten Daten zeigt, dass die Entwicklung bis 2011 ähnlich zunehmend war.[758] Ab dem letzten Quartal 2011 ist der VPI für die nicht reglementierten Berufe jedoch systematisch um 2 % höher als der der reglementierten Berufe. Erst dann verändert sich der Verlauf und ein systematischer Rückgang wird verzeichnet, wobei dieser bei den reglementierten Berufen mit einem Jahr Verzögerung erst eintritt.

Bei Betrachtung der tatsächlichen und kontrafaktischen Entwicklung des VPI durch die Autoren zeigt sich, dass der tatsächliche VPI vom zweiten Quartal 2012 bis zum zweiten Quartal 2013 niedriger ist als der kontrafaktische Preis, was nach Ansicht der Autoren darauf hindeutet, dass möglicherweise infolge der Reformen, die Preise in den reglementierten Berufen, stärker zurückgingen als in den nicht reglementierten Berufen.[759] Ab dem dritten Quartal 2013 und bis zum zweiten Quartal 2014 lag der tatsächliche VPI jedoch höher als das kontrafaktische Szenario, was darauf hindeutet, dass die Preise in den reglementierten Berufen

755 *Athanassiou/Kanellopoulos/Karagiannis/Kotsi*, The Effects of Liberalization of professional requirements in Greece, KEPE, 2015, S. 61; Figure 2.6.

756 *Athanassiou/Kanellopoulos/Karagiannis/Kotsi*, The Effects of Liberalization of professional requirements in Greece, KEPE, 2015, S. 63f., Tabelle 2.15.

757 *Athanassiou/Kanellopoulos/Karagiannis/Kotsi*, The Effects of Liberalization of professional requirements in Greece, KEPE, 2015, S. 64.

758 *Athanassiou/Kanellopoulos/Karagiannis/Kotsi*, The Effects of Liberalization of professional requirements in Greece, KEPE, 2015, Figur 2.8, S. 66.

759 *Athanassiou/Kanellopoulos/Karagiannis/Kotsi*, The Effects of Liberalization of professional requirements in Greece, KEPE, 2015, S. 69.

sogar niedriger sein könnten, wenn sie die Entwicklung der nicht reglementierten Berufe verfolgt hätten. Für die verbleibenden zwei Quartale 2014 ist das kontrafaktische Szenario aber entsprechend der Auswertung der Autoren erneut höher als das beobachtete.[760]

Ihr Ergebnis zeigt, dass die Auswirkungen der Preisreformen in den reglementierten Berufen nicht eindeutig sind und stark schwanken, eine klare Aussage zu positiven oder negativen Auswirkungen der Reformen auf die Preise ist den Autoren daher nicht möglich.[761] Das im Ergebnis nur wenig aussagestarken Ergebnisse erzielt werden, wird aber erneut auf die Beeinflussung der Rezession zurückgeführt. Trotzdem kommen die Autoren zu dem Ergebnis, dass ihre Analyse keine eindeutigen Beweise auf positive oder nachteilige Auswirkungen der Reformen auf die Reise liefert, mit Ausnahme des Maklerberufes.[762]

(c) Auswirkungen auf die Qualität allgemein

Als letztes haben die Autoren die Auswirkungen der Reformen auf die Qualität von reglementierten Berufen untersucht. Auch hinsichtlich dieses Merkmals ergaben sich bei der Untersuchung Schwierigkeiten – insbesondere dadurch, dass die Qualität von Dienstleistungen oft keine physisch messbaren Attribute aufweist, die Wahrnehmung von Qualität subjektiv ist und sich im Laufe der Zeit ändert.[763]

Für die Auswirkungen der Reformen auf die Qualität wurden die Ergebnisse der europäischen „*Consumer Markets Monitoring Survey*“[764] und des dazugehörigen „*10th Consumer Markets Scoreboard*“[765] der Kommission ausgewertet. Dabei handelt es sich um Verbraucherumfragen, in denen die Verbraucher nach ihren Erfahrungen mit der Nutzung einer bestimmten Dienstleistung gefragt werden.[766]

---

760 *Athanassiou/Kanellopoulos/Karagiannis/Kotsi*, The Effects of Liberalization of professional requirements in Greece, KEPE, 2015, S. 69 (Figure 2.11).

761 *Athanassiou/Kanellopoulos/Karagiannis/Kotsi*, The Effects of Liberalization of professional requirements in Greece, KEPE, 2015, S. 69, Figure 2.11.

762 *Athanassiou/Kanellopoulos/Karagiannis/Kotsi*, The Effects of Liberalization of professional requirements in Greece, KEPE, 2015, S. 70,

763 *Athanassiou/Kanellopoulos/Karagiannis/Kotsi*, The Effects of Liberalization of professional requirements in Greece, KEPE, 2015, S. 88.

764 Europäische Kommission 2013, abrufbar unter: http://ec.europa.eu/consumers/consumer_evidence/consumer_scoreboards/market_monitoring/index_en.htm.

765 Europäische Kommission 2014 abrufbar unter: http://ec.europa.eu/consumers/consumer_evidence/consumer_scoreboards/10_edition/index_en.htm.

766 Der im „*Consumer Markets Scoreboard*“ der Europäischen Kommission verwendete „*Market Performance Indicator*“, wird zur Bewertung der Marktbedingungen in einem Land in einem bestimmten Zeitraum herangezogen. Er berücksichtigt fünf Schlüsselaspekte, die Verbrauchererfahrungen berücksichtigen (Vertrauen, Vergleichbarkeit, Probleme, Erwartungen und Auswahl). Die fünf Bestandteile des Index werden auf der Grundlage ihrer relativen Bedeutung gewichtet, die von den Verbrauchern angegeben wird und die maximale Gesamtpunktzahl 100 beträgt.

Die Ergebnisse des „*10th Consumer Markets Scoreboard*" zeigen, dass die Bewertung der Verbrauchermärkte für das Jahr 2013 in Griechenland durchschnittlich höher war als in der EU insgesamt, und dass seit 2010 eine Verbesserung zu verzeichnen war.[767] Der *Market Performance Indicator* (MPI) lag für 2013 im Bereich der Dienstleistungen von Griechenland bei 78,1, während der durchschnittliche Wert der EU 2008 bei 75,6 lag. Diese Entwicklung lasse nach Ansicht der Autoren darauf schließen, dass sich insbesondere die Qualität der Rechts- und Buchhaltungsdienstleistungen sowie der Immobiliendienstleistungen in Griechenland in der jüngeren Vergangenheit erheblich verbessert hat.

Ferner haben die Autoren versucht, bestimmte Qualitätsindikatoren wie Bildungsqualifikationen zu identifizieren und deren Niveau und Entwicklung zu untersuchen. Die Bildungsqualifikation konnte aber nur für Berufe aufschlussreich herangezogen werden, für die gesetzlich kein bestimmter Abschluss vorgesehen ist und deren Qualität durch die Reform der Bildungsqualifikation beeinflusst wurde. Der einzige Beruf, der diesen Anforderungen gerecht wurde, war der des Fremdenführers. Daher untersuchten die Autoren die Entwicklung der Qualität von Dienstleistungen durch die Reformen in Bezug auf dieses Qualitätsmerkmal nur anhand des Berufes eines Fremdenführers.[768] Die Ergebnisse aus der Untersuchung des Berufes des Fremdenführers ermöglichen allerdings keine aussagekräftigen Schlüsse zu den Auswirkungen der Reformen und sollen für diese Arbeit daher nicht weiter untersucht werden.

Einen letzten Ansatzpunkt für die Auswertung der Auswirkungen auf die Qualität der betroffenen Berufe lieferten spezifische Gesetzesänderungen. Diese wurden isoliert im Hinblick auf ihre Auswirkungen auf die Dienstleistungsqualität in den untersuchten Berufen begutachtet.[769] Viele der neuen Gesetze würden zu einer positiven Entwicklung der Qualität führen, so auch die Abschaffung des Lokalisationsprinzips bei Rechtsanwälten, wodurch die Mandanten freier entscheiden können, welchen Anwalt sie auswählen möchten, oder die Einführung neuer Kategorien von Taxis mit sechs bis neun Sitzen und Taxis mit Einrichtungen für Personen mit Behinderung. Auch die Reform der Ausbildung habe nicht zu einer Verringerung der Absolventen geführt.

Auch in Bezug auf die Ergebnisse der Auswirkungen auf die Qualität der Dienstleistungen stellen die Autoren vor der Erläuterung der Ergebnisse klar, dass sich die Wirtschaftskrise genau wie bei den Ergebnissen zu den Beschäftigten und Preisen auch auf die Qualität ausgewirkt haben könnte. Sie kommen, ohne entsprechende Nachweise zu liefern, zu dem Ergebnis, dass die schlechte wirtschaftliche

---

767 *Athanassiou/Kanellopoulos/Karagiannis/Kotsi*, The Effects of Liberalization of professional requirements in Greece, KEPE, 2015, S. 91, Tabelle 2.21.

768 *Athanassiou/Kanellopoulos/Karagiannis/Kotsi*, The Effects of Liberalization of professional requirements in Greece, KEPE, 2015, S. 89.

769 *Athanassiou/Kanellopoulos/Karagiannis/Kotsi*, The Effects of Liberalization of professional requirements in Greece, KEPE, 2015, S. 89.

Lage im Land in einigen Fällen zu einer Qualitätssteigerung geführt habe, da eine geringere Nachfrage bedeutet, dass Fachkräfte weniger Kunden bedienen und somit Zeit haben, einen besseren Service zu bieten, sowie einen größeren Anreiz verspüren, Kunden zufriedenzustellen. In anderen Fällen könnte die Krise jedoch negative Auswirkungen gehabt haben – etwa dadurch, dass weniger Investitionen getätigt wurden.

(2) Analyse der juristischen Dienstleistungen

Ein Teil der Studie befasst sich explizit mit den Auswirkungen der Reform der Regularien für Rechtsanwälte und Anwaltskanzleien,[770] wobei den Autoren bis 2011 keine konkreten Zahlen für den Beruf des Rechtsanwalts als solchen vorlagen. Erst seit 2011 unterscheidet die LFS zwischen den einzelnen juristischen Berufen und fasst diese nicht mehr wie bis dahin unter dem Gesamtbegriff „*Legal professions*", unter den Anwälte, Richter und andere Juristen fallen, zusammen.[771] Auch in dieser Berufsgruppe werden zum Teil positive Auswirkungen unterstellt, obwohl insbesondere hier zum Zeitpunkt der Studie noch nicht alle Reformen vollendet waren.[772] Es wird behauptet, dass die positiven Effekte genauso wie in den anderen Berufsgruppen eintreten würden – lediglich mit einer gewissen Verzögerung.

(a) Entwicklung der Beschäftigungszahlen

In Bezug auf die Auswirkungen auf den Beruf des Rechtsanwalts wurden zunächst die Zahlen der Neuzugänge im Beruf des Rechtsanwalts (natürliche und juristische Personen) der Jahre 2010 bis 2014 untersucht, basierend auf den Daten von GSIS.[773] Die Anzahl der Neugründungen hat seit 2010 zunächst kontinuierlich abgenommen. Aus der abgelichteten Tabelle[774] ergibt sich, dass es im Jahr 2010 noch 183 Neugründungen gab, 2011 nur noch 98, 2012 nur noch 75 und 2013 nur noch 69. Im Jahr 2014 stiegen die Neugründungen im Vergleich zum Vorjahr dann wieder auf 92, blieben aber verhältnismäßig gering. Im Verhältnis zum insgesamt aktiven Business machten die Neugründungen 2010 noch 3,2 % aus, 2014 hingegen nur noch 1,7 %. Dem gegenüber stehen die Zahlen der Schließungen von Einzelbüros

770 *Athanassiou/Kanellopoulos/Karagiannis/Kotsi*, The Effects of Liberalization of professional requirements in Greece, KEPE, 2015, S. 48 f.

771 *Athanassiou/Kanellopoulos/Karagiannis/Kotsi*, The Effects of Liberalization of professional requirements in Greece, KEPE, 2015, S. 39.

772 „[...] our analysis identifies ..., positive effects with a significant lag in the Legal professions [...]", Executive Summary, S. 6.

773 *Athanassiou/Kanellopoulos/Karagiannis/Kotsi*, The Effects of Liberalization of professional requirements in Greece, KEPE, 2015, S. 48.

774 *Athanassiou/Kanellopoulos/Karagiannis/Kotsi*, The Effects of Liberalization of professional requirements in Greece, KEPE, 2015, Tabelle 2.3, S. 48.

und Kanzleien im Zeitraum 2011 bis 2014. 2010 lag die Zahl der jährlichen Schließungen bei 95, im Jahr 2014 bereits bei 161.[775] Der durchschnittliche Anteil der Schließungen an dem gesamten aktiven Geschäft nahm von 1,7 % auf 3,0 % zu.

Die Verantwortung für die schlechten Zahlen in den Jahren 2011 bis 2014 wird allein der Finanz- und Wirtschaftskrise zugeschrieben. Diese habe gerade die positiven Auswirkungen der Reformen auf die Beschäftigung verhindert.[776]

(b) Preisentwicklung

Der VPI für Rechtsdienstleistungen wies entsprechend der dargestellten ELSTAT-Daten von 2007 (93,76 Einheiten) bis 2011 (106,5) einen Aufwärtstrend und danach bis 2014 (105,2)einen Abwärtstrend auf.[777] Der VPI für Rechtsdienstleistungen verzeichnete somit in den ersten Jahren der Rezession noch ein Wachstum (durchschnittlich 3,2 %) und verringerte sich 2012 und 2014 verhältnismäßig gering.[778] Im Vergleich zu der monatlichen Wachstumsrate des gesamten VPI, die ab 3/2013 negativ ausfiel, schwankt die Wachstumsrate des VPI für Rechtsdienstleistungen im Zeitraum 2011 bis 2014 zwar ebenfalls mit abnehmender Wachstumsrate, sie verzeichnet aber nur in den Zeiträumen 5/2012 bis 4/2013 und 2/2014 bis 12/2014 eine negative Wachstumsrate.[779] Nach Ansicht der Autoren kann diese Verringerung teilweise auf die Auswirkungen der Finanzkrise auf das verfügbare Einkommen der Verbraucher und der griechischen Wirtschaft im Allgemeinen zurückgeführt werden. Andererseits könne diese Entwicklung aber auch auf die Abschaffung des Mindesthonorars und die Einführung der Gebührenverhandlungen zwischen Rechtsanwälten und Verbrauchern nach der Umsetzung des Gesetzes 3919/2011 zurückzuführen sein.

(c) Qualitätsentwicklung

In Bezug auf die Qualität der Dienstleistungen gibt es laut der Studie Hinweise auf mögliche positive Effekte der Reformen in Rechtsdienstleistungen. Im Einzelnen können die gesetzlichen Regelungen, die in den Reformen der juristischen Dienstleistungen enthalten sind, zu einer Qualitätssteigerung führen. Verwiesen wird auf die Aufhebung des Lokalisationsprinzips, die dazu führt, dass Rechtsanwälte

775 *Athanassiou/Kanellopoulos/Karagiannis/Kotsi*, The Effects of Liberalization of professional requirements in Greece, KEPE, 2015, Tabelle 2.3, S. 48.

776 *Athanassiou/Kanellopoulos/Karagiannis/Kotsi*, The Effects of Liberalization of professional requirements in Greece, KEPE, 2015, S. 49.

777 *Athanassiou/Kanellopoulos/Karagiannis/Kotsi*, The Effects of Liberalization of professional requirements in Greece, KEPE, 2015, Tabelle 2.13, S. 72.

778 *Athanassiou/Kanellopoulos/Karagiannis/Kotsi*, The Effects of Liberalization of professional requirements in Greece, KEPE, 2015, S. 72.

779 *Athanassiou/Kanellopoulos/Karagiannis/Kotsi*, The Effects of Liberalization of professional requirements in Greece, KEPE, 2015, S. 73, (Figure 2.14).

in Zukunft im ganzen Land praktizieren dürfen und es den Mandanten freisteht, den Anwalt zu wählen, von dem sie glauben, dass er sie vor Gericht am besten vertreten würde.

Insbesondere die Betrachtung des MPI in Bezug auf die juristischen Dienstleistungen zeigt den Autoren, dass es in diesem Dienstleistungsbereich eine positive Entwicklung gegeben hat. Der MPI stieg von einer Punktzahl von 71,5 im Jahr 2010 auf 79,1 im Jahr 2013. Der Wert im Jahr 2010 lag noch unter dem europäischen Durchschnittswert bei juristischen Dienstleistungen und Buchhaltungen. 2013 lag der europäische Durchschnittswert hingegen bei 75 und somit 4,1 Punkte unter dem griechischen.[780] Diese Entwicklung zeige gemäß der Einschätzung der Autoren eine erhebliche Verbesserung der Qualität der Rechts- und Buchhaltungsdienstleistungen; da die Entwicklung wesentlich besser verlief als in anderen Mitgliedsstaaten, lasse sich diese auf eine positive Beeinflussung durch die Reformen zurückführen.[781] Ferner sei ein weiterer Beleg für eine mögliche positive Auswirkung der Reformen auf die Qualität der juristischen Dienstleistungen, dass zwischen 2011 und 2013 die Meldung von Problemen in diesem Berufsfeld um 6 % gesunken ist und die Neigung der Verbraucher zu Beschwerden gesunken sei.[782]

(3) Zusammenfassung

Die Autoren kommen abschließend zu der Bewertung, dass die Deregulierung der berufsrechtlichen Beschränkungen von reglementierten Berufen für einige der untersuchten Berufe positive Auswirkungen hatte, obwohl diese zu dem Zeitpunkt zu einem nicht unerheblichen Teil noch gar nicht abgeschlossen waren und entsprechende Nachweise nicht dargelegt werden konnten. Die Autoren merken selbst an, dass schlüssige Beweise für die positiven Effekte erst durch eine Wiederholung der Analyse in Zukunft erhalten werden können, sobald eine höhere Menge an Daten zu den Beschäftigungszahlen und Preisentwicklungen verfügbar ist. Nur so könne die Reaktion des Marktes auf die Reformen aussagekräftig bewertet werden. Um die Auswirkungen auf die Qualität genauer beurteilen zu können, wäre es zudem nützlich, eine Umfrage unter den Verbrauchern in Griechenland durchzuführen, die sich auf die Dienste der von den Reformen betroffenen Berufe konzentriert.[783] Ihre These, dass die erheblichen Folgen durch Beschränkungen von Berufen – verbunden mit der Tatsache, dass die Verbesserung des Wettbewerbs erheblich zur Erholung und zum Wachstum der Wirtschaft beitragen kann – auf

780 *Athanassiou/Kanellopoulos/Karagiannis/Kotsi*, The Effects of Liberalization of professional requirements in Greece, KEPE, 2015, S. 93, Abb. 2.24.

781 *Athanassiou/Kanellopoulos/Karagiannis/Kotsi*, The Effects of Liberalization of professional requirements in Greece, KEPE, 2015, S. 92.

782 *Athanassiou/Kanellopoulos/Karagiannis/Kotsi*, The Effects of Liberalization of professional requirements in Greece, KEPE, 2015, S. 94, Abb. 2.25.

783 *Athanassiou/Kanellopoulos/Karagiannis/Kotsi*, The Effects of Liberalization of professional requirements in Greece, KEPE, 2015, S. 97 ff.

die hohe Notwendigkeit der Reformen hinweisen und ihre Durchführung zu kurz- und langfristigen wirtschaftlichen Vorteilen führen würden, wird durch ihre Studie gerade nicht belegt.

b. Beurteilung der Studie und ihrer Ergebnisse in Bezug auf die juristischen Dienstleistungen

Insgesamt kommt die Studie zu dem Ergebnis, dass die Reformen keine nachweisbaren Auswirkungen hatten. Sie liefert dafür keinerlei Nachweise. Die Studie teilt nicht die Ansicht der Kommission, dass die Deregulierungen zu einem leistungsstärkeren Dienstleistungssektor mit einer höheren Allokationseffizienz führen.[784] Aus diesem Grund wurde bezüglich der Entwicklungen in Griechenland die Aussagekraft der Studie sowie jene der weiteren von der Kommission in Auftrag gegebenen Case Studies, die ebenfalls keinen Nachweis für die Feststellungen der Kommission bieten, in der Literatur stark kritisiert.[785]

Die Schlüsse, die von den Autoren aus den Entwicklungen in Griechenland gezogen werden, sind zweifelhaft. Es kann nicht belegt werden, dass sich die regulierten Berufe aufgrund der Reformen schneller stabilisiert und erholt haben. Vor den Reformen im Jahr 2013 litten alle Berufsgruppen in Griechenland unter der starken Rezession und verzeichneten Abwärtstrends in den Beschäftigungszahlen. Ab 2013 begann die griechische Wirtschaft sich langsam wieder zu erholen. Der in den darauffolgenden Jahren zu verzeichnende Aufwärtstrend kann daher genauso gut mit diesen Entwicklungen zusammenhängen.

Die Preisentwicklung bei den Anwälten veränderte sich bis 2018 dahin gehend, dass der VPI im Dezember 2015 einen Wert von 100,16[786] und 2016 einen Wert von 100,18[787] aufwies; von Dezember 2017 bis Dezember 2018 wies er einen vergleichbaren Wert von kontinuierlich 100,30[788] (2009 = 100) auf. Daraus ist zu entnehmen, dass sich das Preisniveau seit Beginn der Rezession und nach den Reformen nicht stark verändert hat.

---

784 *Wolf*, in: Gaier/Wolf/Gröcken, Anwaltliches Berufsrecht, 3. Aufl. 2019, § 2 BRAO, Rn. 29c mit Verweis auf die Feststellungen der Kommission in KOM (2016) 820 final, dagegen auch bereits *Wolf*, ZRP 2015, 225.

785 Vgl. *Wolf*, in: Gaier/Wolf/Gröcken, Anwaltliches Berufsrecht, 3. Aufl. 2019, § 2 BRAO, Rn. 29c m. w. N.

786 ELSTAT, Monthly sub-indices of groups of items of CPI (2009 = 100.0) (January 2015 – December 2015) abrufbar unter: https://www.statistics.gr/en/statistics/-/publication/DKT87/2015-M12.

787 ELSTAT, Monthly sub-indices of groups of items of CPI (2009 = 100.0) (January 2016 – December 2016) abrufbar unter: https://www.statistics.gr/en/statistics/-/publication/DKT87/2016-M12.

788 ELSTAT, Monthly sub-indices of groups of items of CPI (2009 = 100.0) (January 2018 – November 2019), abrufbar unter: https://www.statistics.gr/en/statistics/-/publication/DKT87/2018-M12.

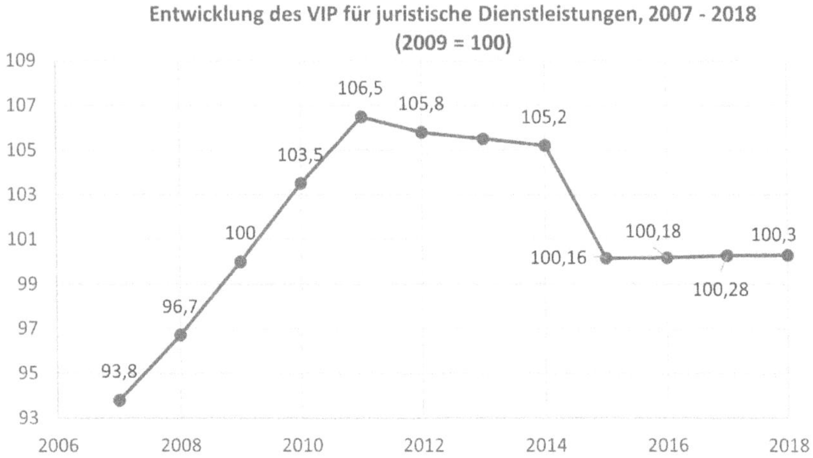

Quelle: ELSTAT, 2019

Die Autoren der Studie nennen es bemerkenswert, dass der VPI für juristische Dienstleistungen in den Jahren 2007 bis 2011 um 13,6 % stieg, in den Jahren 2011 bis 2014 nur um 1,2 % sank und somit in den ersten Jahren der Rezession eine durchschnittliche Wachstumsquote von 3,2 % und nur in den Jahren 2012 und 2014 eine negative Wachstumsrate aufwies.[789] Die Aussagekraft der Werte aus den Jahren vor 2014 ist zweifelhaft in Anbetracht dessen, dass ELSTAT seit 2015 eine neue Methode zur Datenerfassung anwendete und die Werte seither ein ganz anderes Bild zeigen. Bis 2008 basierten die Werte auf Haushaltsumfragen (Household Budget Surveys, HBS), die alle fünf Jahre durchgeführt wurden. Seit 2008 werden die HBS jährlich durchgeführt. Erst seit 2014 wird der VPI aber auf Basis des Dezember-VPI des Vorjahres als Kettenindex für zwölf Monate jedes Jahres erstellt. Zuvor wurde der VPI auf Grundlage einer festen Basis erstellt.[790]

Beobachtet man die Entwicklung des MPI über das Jahr 2013 hinaus, so ist im Bereich der juristischen Dienstleistungen und Buchhaltung eine weitere Verbesserung der Werte zu verzeichnen. Das 12. „*Consumer Markets Scoreboard*"[791] zeigt, dass der MPI-Wert der Berufsgruppe von 2013 bis 2016 noch einmal um 3,1 auf 81,6 Punkte gestiegen ist.[792] Insgesamt hat sich der MPI-Wert in Griechenland im

789 Vgl. oben unter: D. III. 5. a. (2) (b).
790 Bank of Greece, abrufbar unter: https://www.bankofgreece.gr/pages/en/statistics/prices.aspx.
791 Abrufbar unter: ec.europa.eu/consumers/consumer_evidence/consumer_scoreboards/12_edition/index_en.htm.
792 Consumers Markets Scoreboard 2016, S. 125 f.

Vergleich zum europäischen Durschnitt zwar verschlechtert, das ist aber auf die Verschlechterung der Situation im Gütermarkt zurückzuführen. Die Entwicklung der Dienstleistungen blieb insgesamt weiterhin stabil und fing die negative Entwicklung des Gütermarktes auf.[793] Aus den Umfragewerten, die von der Kommission eingeholt werden, lässt sich mithin schließen, dass die Verbraucher seit den Reformen mit den juristischen Dienstleistungen zufrieden sind und es keinen Abfall der Qualität bei Betrachtung dieses Merkmales gab. Es ist nachvollziehbar, dass Verbraucher es schätzen, dass sie sich seit der Reform aufgrund des Wegfalls des Lokalisationsprinzips eines Anwalts ihrer Wahl aus dem ganzen Land bedienen können und in der Lage sind, die Gebühren mit ihren Anwälten selbst verhandeln zu können. Für die Verbraucherinteressen ist somit eine positive Entwicklung zu verzeichnen. Ein Rückschluss auf die tatsächliche Qualität der Rechtsdienstleistung kann daraus aber nicht gezogen werden.

VI. Weitere Reformen und die Perspektiven der Anwaltschaft

Weitere Maßnahmen, die Griechenlands Kreditgeber der Regierung auferlegt haben und die die freien Berufe besonders stark betreffen, sind die Reform der Sozialversicherung und die Neuregelung der Einkommensteuersätze. Die Abgabenlast von Anwälten ist, ebenso wie jene für Architekten, Ärzte oder freie Journalisten, erheblich angestiegen. Rechtsanwälte müssen seit den Reformen auf ihre Tätigkeit eine Mehrwertsteuer in Höhe von 23 % zahlen und werden somit nunmehr wie Einzelkaufmänner/-unternehmen behandelt.[794]

Der von griechischen Rechtsanwälten zu begleichende Einkommenssteueranteil richtet sich derzeit nach der Höhe des jährlichen Bruttoeinkommens. Bei Einkünften von bis zu 20.000 Euro jährlich wird ein Steuersatz von 22 %[795] erhoben, 29 % auf Einkünfte von bis zu 30.000 Euro, 37 % auf Einkünfte von bis zu 40.000 Euro und darüber hinaus 45 %. Die Regierungen während der Krise versuchten alle, die Steuerlast für Unternehmen gering zu halten. Vor der Einführung des Euros lag der Steuersatz für große Unternehmen zwischen 35 und 40 %. Mit Ausbruch der Krise sank er zwischenzeitlich – in der Hoffnung, die Wirtschaft und den Wettbewerb zu beleben – auf 20 %. Gleichzeitig sanken jedoch auch die Löhne und Gehälter. Freiberufler und Kleinunternehmer mussten wegen des Kostendrucks erhebliche Einnahmeverluste hinnehmen.

Nach einer Rechnung des Athener Anwaltsverbands aus dem Jahr 2016 müssen junge Rechtsanwälte, die 20.000 Euro im Jahr verdienen, nach den Gesetzesreformen

793 Consumers Markets Scoreboard 2016, S. 126.

794 Vgl. Dazu auch *Hosier*, The Regulation of the Legal Profession in Ireland, S. 194.

795 Das neue Steuergesetz (Momos 4172/2013) sah 2014 zunächst vor, dass auf steuerpflichtiges Einkommen bis 50.000 € ein Steuersatz von 26 % und auf ein steuerpflichtiges Einkommen von über 50.000 € ein Steuersatz von 33 % erhoben wird.

allein 14.000 Euro Rentenbeiträge, Krankenversicherung und Steuern zahlen. Nach Angaben des Dachverbandes griechischer Rechtsanwälte erhöhen sich durch die neuen Sparmaßnahmen die Renten- und Krankenkassenbeiträge aller Freischaffenden um 23 %.[796]

Zudem müssen 38 % des steuerpflichtigen Einkommens als Beiträge für die Sozialversicherung gezahlt werden und 2 bis 4 % des Einkommens als Solidaritätssteuer. Hinzu kommen 650 Euro pro Jahr als feste Gewerbeabgabe für selbstständig tätige Anwälte und eine Vorauszahlung der Jahressteuer für das nächste Jahr in Höhe von 100 %. Um dieser Steuerlast überhaupt nachkommen zu können, müssen viele Anwälte eine Finanzierung aufnehmen.[797]

Durch die Reformen kann ein großer Anteil der Rechtsanwälte nicht mehr kostendeckend arbeiten und es wird befürchtet, dass der Beruf des Rechtsanwalts in seiner ursprünglichen Form nicht überleben wird, sondern sich mehr und mehr zu einem Beruf der Elite entwickelt („*legal profession will become a profession for the elit*“[798]).

Vonseiten der Anwaltschaft wird befürchtet, dass durch die Reform der Gebühren und die Erhebung von Mehrwertsteuern auf die juristischen Dienstleistungen das durchschnittliche Einkommen eines griechischen Anwalts unter das Armutsniveau fallen wird.[799] Die Reformen werden insbesondere von jungen, noch nicht etablierten Anwälten als schlecht entworfen empfunden.

Durch die Reformen habe sich das Rechtswesen derart verändert, dass viele griechische Anwälte für ihre juristische Tätigkeit nicht mehr oder zu spät bezahlt werden. Statistiken der Athener Anwaltskammer stellen dar, dass ein großer Anteil der Anwälte in Athen ein durchschnittliches Einkommen von weniger als 500 Euro habe.[800]

---

796 Redaktion beck-aktuell, Verlag C.H.BECK, 23. Mai 2016

797 *Koltsaki/Papadogeorgaki*, the legal profession, in ruins – two layers in Greece, Avocatura, veröffentlicht 20.01.2016, abrufbar: http://www.avocatura.com/stire/14508/the-legal-profession-in-ruins-two-lawyers-in-greece-elena-koltsaki-and-nana-papa.html.

798 *Koltsaki/Papadogeorgaki*, the legal profession, in ruins – two layers in Greece, Avocatura, veröffentlicht 20.01.2016, abrufbar: http://www.avocatura.com/stire/14508/the-legal-profession-in-ruins-two-lawyers-in-greece-elena-koltsaki-and-nana-papa.html.

799 *Koltsaki/Papadogeorgaki*, the legal profession, in ruins – two layers in Greece, Avocatura, veröffentlicht 20.01.2016, abrufbar: http://www.avocatura.com/stire/14508/the-legal-profession-in-ruins-two-lawyers-in-greece-elena-koltsaki-and-nana-papa.html.

800 *Koltsaki/Papadogeorgaki*, the legal profession, in ruins – two layers in Greece, Avocatura, veröffentlicht 20.01.2016, abrufbar: http://www.avocatura.com/stire/14508/the-legal-profession-in-ruins-two-lawyers-in-greece-elena-koltsaki-and-nana-papa.html.

Zudem hat die Arbeitsbelastung der Anwälte dadurch stark abgenommen, dass die Anwesenheit eines Rechtsanwalts für viele Rechtsgeschäfte oder Rechtshandlungen aufgehoben wurde.[801]

Viele Anwälte traten in Folge der Reformen vorübergehend oder dauerhaft aus den Anwaltskammern aus. Es ist für sie wirtschaftlich lukrativer, andere Tätigkeiten außerhalb der juristischen Dienstleistungen aufzunehmen.

V. Zusammenfassung und Schlussfolgerungen

Zur Bewältigung der Krise in Griechenland wurde durch die Vertragspartner ein neoliberales Reformprogramm durchgesetzt, ohne dass dafür eine EU-vertragliche Grundlage vorgesehen war.[802] Griechenland und den anderen „*Bail-out-Staaten*“[803] wurden durch die Troika strenge Auflagen vorgegeben, die sie zum Erhalt von Darlehen erfüllen mussten. Dies wurde so in der EU-Verordnung 407/2010[804] und im Gesetz zur Übernahme von Gewährleistungen im Rahmen eines europäischen Stabilisierungsmechanismus[805] festgeschrieben. Die als Bedingung für die Auszahlung der Kredite festgeschriebenen Maßnahmen erreichten zwar die Ziele, die Zahlungsunfähigkeit Griechenlands und den Austritt aus der EU abzuwenden; die harten Maßnahmen haben aber insbesondere auch zu überdurchschnittlicher Ungleichheit in Griechenland und den anderen Krisenstaaten sowie zu einem Anstieg der Armut geführt.[806]

Vor Erlass der einzelnen Hilfsprogramme und der Verhandlung der einzelnen Bindungen des Anpassungsprogrammes, das u. a. die Reformierung zahlreicher Berufe vorsah, fanden weder Analysen über die einzelnen Berufsgruppen statt, noch wurden die Bedürfnisse der Beschäftigten oder der Bevölkerung berücksichtigt. Die Bevölkerung wurde ebenso wie die parlamentarische Vertretung aus den Verhandlungen ausschlossen. Die Vereinbarungen wurden hinter verschlossenen Türen verhandelt, unter absoluter Geheimhaltung. So erfolgte eine undemokratische Abwicklung der Krise. Die Belange der griechischen Bürgerinnen und Bürger fanden daher auch keinen Niederschlag in den Vereinbarungen.

---

801 Siehe dazu oben unter. D. VIII. 4. e.

802 So auch *Wolf*, in: Gaier/Wolf/Gröcken, Anwaltliches Berufsrecht, 3. Aufl. 2019, § 2 BRAO, 29a.

803 Im Jahr 2008 beantragten neben Griechenland auch Portugal, Irland, Spanien und Zypern sowie drei Länder außerhalb des Euro-Währungsgebiets (Lettland, Ungarn und Rumänien) internationale Finanzhilfe.

804 Verordnung (EU) Nr. 407/2010 des Rates v. 11. Mai 2010 zur Einführung eines Europäischen Finanzstabilisierungsmechanismus, ABl. 2010 L 118/1.

805 BGBl. I 2010, S. 627 v. 22.05.2010.

806 Europäisches Parlament, Bericht über die Untersuchung über die Rolle und die Tätigkeit der Troika in Bezug auf Programmländer des Euroraumes, 2014, S. 14 (34 f.).

Die Arbeitslosigkeit, insbesondere die Langzeitarbeitslosigkeit und Jugendarbeitslosigkeit, stieg in Griechenland ebenso wie in den drei anderen Mitgliedstaaten, in denen dasselbe neoliberale Reformprogramm durchgesetzt wurde, enorm. Die hohe Jugendarbeitslosigkeit wird es für die Krisenstaaten schwierig machen, sich künftig wirtschaftlich schnell zu entwickeln. Dies zeigt auch die Zunahme des sogenannten „*Brain Drain*".[807]

Bis Mitte 2017 benötige Griechenland zwar immer noch finanziellen Beistand, was zeigt, dass die Fähigkeit des Landes, sich auf den Finanzmärkten selbst zu finanzieren, trotz der durchgeführten Programme noch nicht absehbar war. Im August 2018 wurde Griechenland dann aber offiziell aus dem Euro-Rettungsschirm entlassen. Einen stabilen Finanzsektor und eine wachsende Wirtschaftskraft kann das Land jedoch weiterhin nicht aufweisen. Die strikte Beobachtung des Landes wird noch lange Zeit weitergehen. Im Dezember 2018 hat das griechische Parlament erstmals nach acht Jahren den „eigenen Haushalt" beschlossen.[808] Die Regierung erhofft sich für 2019 ein Wirtschaftswachstum und versprach Gelder für besondere Leistungen wie Familienzulagen und Wohngeld sowie die Senkung von Steuern und Sozialbeiträgen.

Es wird sich nunmehr zeigen, ob Griechenland es nach den durchgeführten Reformen und Hilfen schaffen wird, sich auf eigenen Beinen zu halten und sein Wirtschaftswachstum zu steigern. Noch ist dies zweifelhaft, da die Bedingungen für die Hilfspakete nicht in den Kontext einer umfassenderen Wachstumsstrategie für Griechenland gestellt wurden, die auch nach Auslaufen der Programme noch Bestand hat.

Die Arbeitsmarktreformen haben zwar Ergebnisse im Hinblick auf die Marktliberalisierung gebracht, allerdings mit erheblichen Verzögerungen. Die Bedingungen waren nicht ausreichend auf die Strukturen der griechischen Volkswirtschaft zugeschnitten und angepasst, und andere zentrale Maßnahmen wurden erst mit einiger Verzögerung in die Programme aufgenommen.[809]

In Bezug auf die Liberalisierung des anwaltlichen Berufsrechts in Griechenland ist festzustellen, dass die durchgeführte Reform zur Umsetzung der Dienstleistungsrichtlinie geführt haben; Wettbewerbshemmnissen in Bereichen wie der Organisation der Anwaltschaft oder hinsichtlich Werbemaßnahmen, die in anderen Mitgliedstaaten schon vor mehreren Jahren reformiert wurden, wurden abgeschafft. Das griechische Berufsrecht der Rechtsanwälte bedurfte in vielen Aspekten längst einer Reform. Allerdings erfolgten die auf Grundlage der MoU

---

807 Europäisches Parlament, Bericht über die Untersuchung über die Rolle und die Tätigkeit der Troika in Bezug auf Programmländer des Euroraumes, 2014, S. 14 (35).

808 FAZ v. 19.12.2018, abrufbar unter: https://www.faz.net/aktuell/wirtschaft/eurokrise/griechenland/griechisches-parlament-beschliesst-haushalt-fuer-2019-15948955.html

809 Sonderbericht, Europäischer Gerichtshof, Die Rolle der Kommission in der griechischen Finanzkrise, 2017, S. 64 ff.

durchgeführten umfassenden Reformen viel zu schnell und umfangreich, ohne die Anwaltschaft ausreichend einzubeziehen. Durch die kurzfristigen Reform- und Umsetzungsfristen, die das Anpassungsprogramm und MoU vorgaben, konnte sich die Anwaltschaft nicht darauf einstellen und sich ihnen nicht schnell genug anpassen. Hinzu kommt, dass es der Kommission durch die MoU möglich war, Reglementierungen wie Mindestgebühren, die sie bereits in Griechenland als Wettbewerbshindernis angemahnt hatte und in anderen Ländern erfolglos versucht hatte abzuschaffen, kurzfristig beseitigen konnte.

Wie auch die Auswertung der durch die Kommission in Auftrag gegebenen Studie zeigt, hat die Reform des anwaltlichen Berufsrechts nicht zu einer positiven Entwicklung der Beschäftigung und Preisentwicklung in der Anwaltschaft geführt. Die in Griechenland gewählten Austeritätsmaßnahmen und deren Durchsetzung haben gezeigt, dass die Unionsorgane bei der Durchführung zukünftiger Austeritätsmaßnahmen neben der Stärkung des gemeinsamen Wettbewerbs Europas auch den Belangen der Unionsbürgerinnen und -bürger mehr Berücksichtigung schenken sollten. Eine stabile Haushalts- und Finanzpolitik ist nämlich auch von stabilen gesellschaftlichen Rahmenbedingungen abhängig.[810]

---

810 Vgl. *Fischer-Lescano*, KJ 1/2014, 2 (21); *Armingeon/Baccaro*, Political Economy and the Sovereign Debt Crisis: the Limits of Internal Devaluation, Industrial Law Journal 41 (2012), S. 254 ff.; *Schinasi*, Defining Financial Stability, IMF Working Paper 04/187, Oktober 2004, S. 8; *Borger*, How the Debt Crisis Exposes the Development of Solidarity in the Euro Area, European Constitutional Review 9 (2013), S. 7 ff. (26); *Koukiadaki/Kretsos*, Opening Pandoras's Box. The Sovereign Debt Crisis and Labour Market Regulation in Greece, Industrial Law Journal 41 (2012), S. 276 (303).

E. Schlussbetrachtung und Ausblick für die Anwaltschaft

I. Zukunft der Anwaltschaft als freier Beruf

Die Existenz einer unabhängigen Anwaltschaft ist eine elementare Voraussetzung für eine effektive Rechtsverwirklichung und damit für die Funktionsfähigkeit des Rechtsstaats.[811] Die Tätigkeit eines Rechtsanwalts ist für das Funktionieren der Rechtsstaatlichkeit unverzichtbar. Rechtsanwälte stehen auch heute noch im Mittelpunkt der Gesellschaft und dienen dieser. Es muss ihnen ermöglicht werden, überlebens- und leistungsfähig zu bleiben, um so ihren Pflichten nachzukommen und dem Gemeinwohl zu dienen. Sie sollten nicht als Berufsgruppe mit Standesprivilegien und Wettbewerbsbeschränkungen wahrgenommen, sondern stets mit ihrer Freiheit, Qualität und Gemeinwohlorientierung in Verbindung gebracht werden. Je mehr sie Konkurrenzdruck ausgesetzt und mit finanziellen Lasten belastet werden, desto stärker müssen sich Rechtsanwälte darauf ausrichten ihre Gewinne zu maximieren, anstatt sich um die Rechtspflege zu kümmern. Im Interesse des Rechtsstaats muss verhindert werden, dass Rechtsanwälte nur noch aus wettbewerbs- und gewinnorientierten Gesichtspunkten tätig werden. Ansonsten haben Mandanten, deren rechtliche Interessen keinen wirtschaftlichen Nutzen für Rechtsanwälte haben und die mit unverhältnismäßigem Aufwand und Kosten verbunden sind, nicht mehr die gleichen Chancen, ihr Recht geltend zu machen.[812]

Trotz der voranschreitenden Deregulierung der anwaltlichen Berufsrechte wird der Beruf des Anwalts als ein freier Beruf auch weiterhin durch bestimmte Berufsmerkmale geprägt sein, deren Sicherung eine entsprechende Regulierung der Zugangs- und Ausübungsbedingungen erforderlich machen wird. Wenngleich sich die Liberalisierung und die Veränderung des Berufs des Rechtsanwalts durch Deregulierung, Konkurrenz auf den Märkten sowie aufgrund der gesellschaftlichen Entwicklungen in Europa nicht grundsätzlich vermeiden lassen und dies auch nicht sollten, bedarf es der Wahrung der Grundpfeiler dieses Berufsstandes zum Zweck der Wahrung der Rechtsstaatlichkeit. So muss die Unabhängigkeit der Berufsausübung geschützt, die Erbringung der Tätigkeit im öffentlichen Interesse gesichert und die Vertraulichkeit und Redlichkeit der Mandantenbeziehung gewährleistet sein. Ein angepasster Regulierungsrahmen kann diese Anforderungen erfüllen. Die Anwaltschaft als Organ der Rechtspflege trägt eine Verantwortung, der sie durch umfassende Beratung und Objektivität nachzukommen hat. Diese Verantwortung und Kompetenz, die viele der freien Berufe innehaben, gilt es

811 *Bormann*, ZZPInt 8 (2003), 3 (6).
812 *Wolf*, Recht durch Rechtsanwälte, S. 17.

durch klare gesetzliche Differenzierung zu anderen – insbesondere gewerblichen – Berufen abzugrenzen.[813]

Die besondere Verantwortung der Anwaltschaft im Rechtssystem darf nicht verloren gehen. Dies ist nur möglich, wenn die Regulierung des anwaltlichen Berufsrechts europaweit so ausgestaltet wird, dass die Erwerbsorientierung aufgrund des stetig zunehmenden Wettbewerbs nicht das ausschlaggebende Leitbild für die Erbringung der Tätigkeit wird, sondern dass die Motivation zur Ausübung der Tätigkeit unter Berücksichtigung von Gemeinwohlinteressen und der Verwirklichung der Rechtsordnung erhalten bleibt. Dabei gilt es auch die Bevölkerung vor unqualifiziertem Rechtsrat zu schützen.[814]

Die Liberalisierungsstrategin der EU-Organe dürfen diese Besonderheiten nicht außer Acht lassen und müssen im Interesse der europäischen Rechtsstaatlichkeit dafür Sorge tragen, dass es sich bei dem Anwaltsberuf um einen Dienstleistungsberuf besonderer Art handelt. Dabei muss für und durch die Anwaltschaft ein Weg gefunden werden, der es ihr ermöglicht, sich sowohl im Rechtssystem als auch im Wirtschaftssystem zurechtzufinden.

Durch eine weitere Liberalisierung und Öffnung der Märkte ist aber auch ein Vordrängen anderer Berufsgruppen in den Rechtsdienstleistungsmarkt zu erwarten, sodass Rechtsanwälte nicht mehr ausschließlich untereinander konkurrieren, sondern auch Banken, Versicherungen und andere beratende Berufe in einen Wettbewerb mit den Rechtsanwälten treten werden. Die Anwaltschaft muss sich darauf vorbereiten, um am Wettbewerb teilnehmen zu können. Eine vollumfängliche Aufhebung des Rechtsberatungsmonopols gilt es zu verhindern.[815] Der Rechtsdienstleistungsmarkt muss so ausgestaltet werden, dass es Regeln gibt, die eine effektive Rechtsdurchsetzung schützen und den Wettbewerb zwischen den Anbietern so gestalten, dass sich rein gewinnorientierte Konkurrenten nicht gegenüber der Anwaltschaft durchsetzen können. Potentielle Mitbewerber stehen in allen Bereichen des Rechtsdienstleistungsmarktes bereit und warten auf ihre Chance.[816] Gemeinwohlbelange gilt es weiterhin zu schützen – diese würden bei einer rein marktwirtschaftlichen Umorientierung außer Acht gelassen. Selbst wenn Anwälte zukünftig am Wettbewerb teilnehmen und legitime Gewinninteressen verfolgen, „*ist die Abgrenzung von den Gewerbetreibenden keine berufsideologische Verschleierung und kein Anachronismus, sondern Folge des Gebotes zur vorrangigen loyalen Wahrung fremder Interessen bei gleichzeitiger Relativierung der Gewinnmotivation*“[817]. Dieser Auffassung von *Ahrens*, dass Deregulierung nicht zum Selbstzweck verkommen darf, ist zuzustimmen.

813 *G'Giorgis*, Die Liberalisierung des Anwaltsberufs, S. 81.
814 *Weth*, in: Henssler/Prütting, BRAO, Einl RBerG Rn. 5.
815 Zu den Gefahren, die dadurch drohen siehe unten unter E. II.
816 Vgl. *Bormann*, ZZPInt 8 (2003), 3 (40f.).
817 *Ahrens*, Berufsrecht der Rechtsanwälte, S. 14, Rn. 53; *ders.* ZZP 115 (2002), 281 (312).

Die Anwaltschaft muss einen Weg finden, wie sie einerseits diese Unabhängigkeit und die Wahrung rechtsstaatlicher Verhältnisse erhalten kann und andererseits den Bedürfnissen der heutigen Zeit durch Globalisierung und Liberalisierung gerecht wird. Das anwaltliche Berufsrecht muss sich seiner internationalen Mandantschaft anpassen, ohne seine Identität zu verlieren. Um als freier Beruf weiter Bestand haben zu können, muss der Anwaltsberuf darauf ausgerichtet sein, dass der ihn ausübende Berufsstand ein hohes Maß an Qualität erfüllt. Er darf sich nicht zu einer reinen Dienstleistung entwickeln, deren einzige Motivation die Durchsetzung der Interessen des jeweiligen Mandanten ist. Er ist und bleibt ein Vertrauensberuf, der sich als solcher in einem höheren Maß staatlichen Reglementierungen ausgesetzt sehen muss.[818]

Die Anwaltschaft sollte in die Zukunft blicken und nicht vehement an alten Strukturen festhalten, sondern neuen Ansätzen offen entgegentreten. Wirtschaftliche Anreize zählen heutzutage genauso zu den Ambitionen eines Rechtsanwalts wie das Streben nach Rechtsverwirklichung und Unabhängigkeit. Sie dürfen diese jedoch auch zukünftig nicht beeinträchtigen. Der Erhalt bestimmter berufsrechtlicher Strukturen ist daher von großer Notwendigkeit, um den Rechtsstaat zu erhalten. Dies ist ein Gemeinwohlbelang von überragender Bedeutung.[819] Welche Regelungen die Eckpfeiler der Anwaltschaft schützen und welche entbehrlich sind, bedarf aber einer genauen Analyse.

Die Weiterentwicklung der nationalen anwaltlichen Berufsrechte liegt zukünftig wohl außerhalb des Einflusses der nationalen Gesetzgeber und hängt von den Aktivitäten des europäischen Gesetzgebers sowie davon ab, wie sich der Anwaltsmarkt weiterentwickelt.[820]

II. Weiteres Bestreben der Kommission

Es ist zu erwarten, dass sich die Kommission von der ihr zugedachten Rolle als bloße Rechtsaufsicht über die Vertragstreue der Mitgliedstaaten weiter wegbewegt hin zu der Wahrnehmung einer politischen Rolle und so noch mehr Druck auf die Mitgliedstaaten ausüben können wird, um die Deregulierung des Binnenmarktes voranzutreiben. Für die freien Berufe wird dies wohl unvermeidbar dazu führen, dass sich neben den Berufszugangs- und Berufsausübungsregelungen in den Folgejahren auch das Modell der Verkammerung einer Überprüfung unterziehen lassen muss.

Die Kommission sollte bei der Gestaltung des Regulierungsrahmens sowie der Wahl der Regulierungsmittel jedoch im Auge behalten, dass Regulierungen dazu dienen, eine effiziente Nutzung der bestehenden Wettbewerbsbedingungen sicherzustellen, Marktversagen zu beseitigen und damit neue Monopolstrukturen zu

818 *Gaier*, BRAK-Mitt. 1/2006, S. 2 (2).
819 *Bormann*, ZZPInt 8 (2003), 3 (68).
820 So auch *Henssler*, AnwBl. 2013, 394 (394).

verhindern[821]. Die jüngere Geschichte hat gezeigt, dass bei der Verwirklichung des Binnenmarktes auch soziale Belange Berücksichtigung finden müssen. In einem unregulierten Wettbewerb würden sich diese nicht auswirken.

Das Streben nach einem liberalisierten Binnenmarkt und freien Wettbewerb ist grundsätzlich zu begrüßen und als Marktform erstrebenswert; die Veränderung des Regulierungsrahmens und der Abbau von Regulierungen können aber nur dann sinnvoll erfolgen, wenn zunächst die Zielsetzungen und die Herangehensweise genau bestimmt werden. Deregulierung kann nur insoweit zielführend erfolgen, wie sie nicht zu Marktversagen führt. Problematisch ist, dass die Folgen der Aufhebung der Regulierungen kaum bedacht werden. Regulierungen sind auf einem Markt mit Defiziten notwendig. Die Märkte müssen in der Lage sein, ihre Nachteile selbst auszugleichen, damit eine größere Gestaltungsfreiheit nicht zu einem Marktversagen führt.[822]

Verbesserungen des Regulierungsrahmens, die zu einer Liberalisierung des Binnenmarktes führen sollen, müssen klar definiert sowie analysiert und in einer angemessenen Form in den jeweiligen Mitgliedstaaten umgesetzt werden, wobei auch auf die Bedürfnisse der einzelnen Mitgliedstaaten und Berufsgruppen zu achten ist. Eine Deregulierung unter Druck und ohne genaue Zielsetzung und Strukturierung wird weder den nationalen Märkten noch dem Binnenmarkt mehr Stabilität und Wachstum bringen, wie sich auch in Griechenland gezeigt hat.

Es wäre zu begrüßen, wenn ein angepasster Regulierungsrahmen für den gesamten europäischen Rechtsdienstleistungsmarkt geschaffen werden könnte. Im Gegensatz zu anderen Dienstleistungen wird eine einheitliche Europäisierung der juristischen Dienstleistungen unter den in Europa bestehenden Gegebenheiten aber kaum möglich sein. Rechtsdienstleistungen werden in den Mitgliedstaaten vorwiegend im Inland erbracht und nicht grenzüberschreitend ausgetauscht. In jedem Mitgliedstaat ist die Rechtsdienstleistung überwiegend an die jeweiligen nationalen Belange geknüpft. Die Gestaltung eines einheitlichen Rechtsdienstleistungsmarktes sollte diese daher entscheidend berücksichtigen – was nicht bedeuten darf, dass europäische Belange wie die Stärkung des europäischen Binnenmarktes außer Acht gelassen werden.[823] Es bedarf mithin einer Herangehensweise, die nicht allein wirtschaftliche und wettbewerbsorientierte Belange berücksichtigt, sondern ebenso das europäische Sozialwesen.

Ferner ist zu erwarten, dass angestrebt wird, dass sich die anwaltliche Organisation bei ausreichender Transparenz durch den Liberalisierungsprozess zukünftig nach außen völlig frei gestalten wird und dass Zusammenschlüsse mit anderen Berufsgruppen den Markt weiterentwickeln werden.[824] Auch eine vollständige

---

821 *G`Giorgis*, Die Liberalisierung des Anwaltsberufs, S. 78.
822 *G`Giorgis*, Die Liberalisierung des Anwaltsberufs, S. 78.
823 Vgl. *G`Giorgis*, Die Liberalisierung des Anwaltsberufs, S. 87.
824 *Stürner*, in Henssler/Busse, Rechtspolitik und Berufspolitik, S. 297 (300).

Deregulierung des Werberechts ist im Rahmen der weiteren Liberalisierung zu erwarten.[825]

Mit weiteren Liberalisierungsmaßnahmen wird die Kommission voraussichtlich auch anstreben, den Rechtsdienstleistungsmarkt für nichtjuristische Dienstleister freizugeben, sodass vor den Gerichten kein Zwang mehr besteht, sich von einem Rechtsanwalt vertreten zu lassen, sondern der Auftraggeber frei wählen kann, durch wen er sich vertreten und beraten lässt – so auch in außergerichtlichen Verfahren. Die Auflösung des Beratungsmonopols in juristischen Fragen durch Rechtsanwälte wird bereits angestrebt. Es wird dann in der Hand des Rechtsuchenden liegen, von welchem Berater bzw. Vertreter er sich rechtlich beraten bzw. vertreten lässt, bspw. durch eine Versicherung, Bank, einen Finanzdienstleister, Verband oder parteieigenen Rechtsberater. Je nachdem in welchem Bereich sich der Beratungssuchende vertreten lassen möchte, kann er sich je nach Information flexibel beraten und vertreten lassen. Dies würde zum einen den Konkurrenzdruck für die Rechtsanwälte erheblich erhöhen und zum anderen würde eine solche Entwicklung erhebliche Gefahren für die ordnungsgemäße Rechtspflege und Rechtsfortbildung bergen. Zur Findung gerechter Entscheidungen durch die Gerichte bedarf es insbesondere in Verfahren, die über die erste Instanz hinaus gehen, eines Dialoges zwischen den Parteien auf Augenhöhe. Ein solcher ist allerdings nur dann möglich, wenn die Parteien durch annähernd gleich qualifizierte Vertreter vertreten sind. Dies setzt voraus, dass die Vertreter neben einem gewissen Fachwissen, das der Sachverhalt des jeweiligen Falls erfordern kann, auch über das erforderliche Prozessführungswissen und die -erfahrung verfügen.[826] Ein solches prozessuales Spezialwissen, für das Rechtsanwälte eine langwierige Ausbildung durchlaufen, werden Anbieter ohne juristische Ausbildung nicht aufweisen und sich auch nicht kurzfristig aneignen können. Die Aneignung dieses Wissens wäre nur mit einem zusätzlichen Zeitaufwand und enormen Kosten möglich. Zudem wäre die einzige Motivation dieser nicht juristischen Berater die Interessen des Verbrauchers – die Rechtspflege und das Gemeinwohl würden dabei völlig außen vor bleiben.

Die Probleme, die eine so weitgehende Öffnung des Rechtsdienstleistungsmarktes mit sich bringt, zeigen sich auch anhand der Erfahrungen, die Finnland damit gemacht hat: Finnland hatte seinen Rechtsdienstleistungsmarkt lange Zeit überwiegend für andere Anbieter freigegeben und das Rechtsanwaltsmonopol aufgehoben. Andere Anbieter durften sich lediglich nicht *„Anwalt“* nennen und der strafprozessuale Bereich war der Anwaltschaft vorbehalten.[827] Diese Öffnung hob Finnland 2002 allerdings wieder auf, weil durch die nicht juristisch ausgebildeten Rechtsdienstleister häufig erhebliche Schäden wegen mangelnder Kenntnisse und

825 *Henssler*, AnwBl. 2013, 394 (396).

826 Vgl. dazu im Grundsatz die Auffassung von *Wolf* zur Abschaffung der BGH-Anwaltschaft in NJW-aktuell 2017, S. 17.

827 *Kilian*, ZVErsWiss 1999, 23 (31); *G'Giorgis*, Die Liberalisierung des Anwaltsberuf, S. 97.

damit einhergehender unqualifizierter Prozessführung verursacht wurden.[828] Vor Gericht dürfen seit 2002 daher nur noch Personen mit juristischem Hochschulabschluss oder Anwälte tätig sein.[829]

Henssler hat bereits 2013 prognostiziert, dass der europäische Gesetzgeber nicht nur auf eine Harmonisierung der Berufsrechte in den Mitgliedstaaten hinwirken, sondern zugleich auch darauf drängen wird, dass sich sämtliche Regulierungen einer Effizienzkontrolle zu unterziehen haben werden, die sich allein an den Interessen der Verbraucher und der Allgemeinheit orientieren wird.[830] Seiner Ansicht nach wird das Berufsrecht langfristig nur dort Bestand haben, wo es im Interesse der Allgemeinheit – nicht des Berufes selbst wegen – die zentralen Grundwerte des reglementierten Berufes schützen kann.[831]

Die Deregulierung bzw. Neuordnung der freien Berufe muss auch als Potential für deren Stärkung gesehen werden. Zu begrüßen wäre es, wenn die Kommission zukünftig neben ihren Deregulierungsmaßnahmen auch effektive Re-Regulierungsmaßnahmen in Betracht zieht und vorantreibt.[832]

Gerade die besondere Stellung des Rechtsanwalts im Hinblick auf die Grundwerte der Anwaltschaft rechtfertigt spezifische Beschränkungen des freien Dienstleistungsverkehrs, die für andere Dienstleistungserbringer nicht gelten. Ein Rechtsanwalt muss in der Lage sein, seine Tätigkeit unabhängig von Regierungen, Gerichten, der Staatsanwaltschaft oder anderen Behörden zu erbringen. Dazu gehört auch, dass nur durch die Verwaltung durch eine unabhängige Anwaltskammer eine unabhängige, vom Staat abgegrenzte Anwaltschaft sichergestellt werden kann.[833]. Die Unabhängigkeit des Rechtsanwalts wird weitgehend durch die Tatsache gewährleistet, dass die Überwachung der Aktivitäten und Fehler des Anwalts nicht der Regierung oder den Justizbehörden, sondern einer unabhängigen juristischen Person oder einer kollaborativen Vereinigung von Rechtsanwälten überlassen bleibt. Ihre Aufgabe ist es sicherzustellen, dass sich die Rechtsanwälte an die Kernprinzipien ihres Berufsstandes halten. Damit gewährleisten die Kammern zugleich – in Verbindung mit der Pflichtmitgliedschaft – den für die Sicherung des Gemeinwohls erforderlichen disziplinarischen Rahmen.[834]

---

828 *G'Giorgis*, Die Liberalisierung des Anwaltsberuf, S. 98.

829 Gesetzesbegründung, BT-Drs. 16/3655, S. 28 re. Sp.

830 *Henssler*, AnwBl. 2013, 394 (395).

831 *Henssler*, AnwBl. 2009, 1 (1).

832 So auch *Henssler*, AnwBl. 2013, 394 (395f.).

833 CCBE statement on the European Commission Consultation on the regulation of professions: Member States' National Action Plans and proportionality in regulation, Position Paper, 19 August 2016, unter Verweis auf EGMR, Urteil v. 23.11.1983, *Van der Mussele v. Belgium*, §29, abrufbar unter: http://www.ccbe.eu/fileadmin/speciality_distribution/public/documents/EU_LAWYERS/Position_papers/EN_EUL_20160819_CCBE_statement_on_proportionality.pdf.

834 vgl. dazu Kämmer a.a.O. (Fn. 50), S. 23.

Ob durch eine weitere Deregulierung der Berufsrechte der freien Berufe eine weitere Liberalisierung zu erwarten ist, die zu neuen Wachstumsimpulsen und sinkenden Verbraucherpreisen führt und so den Dienstleistungsempfängern zugutekommen sollte, ist eine Fragestellung, für die es bis heute keinen empirischen Beleg gibt. Der Europäische Wirtschafts- und Sozialausschuss (EWSA), der seit 1957 die Kommission, den Rat und das Europäische Parlament berät, bemängelt in dem Zusammenhang, dass

> „*… die bisher durchgeführten Untersuchungen in der Regel nur einen Teilbereich der Fragestellungen beleuchten, ohne die ökonomischen Überlegungen in einen Bezug zu grundlegenden rechtlichen Fragen zu setzen.*“[835]

Es bedürfe zukünftig Studien, die wissenschaftliche Methoden entwickeln, die die Wirksamkeit und Effektivität einer Rechtsnorm unter allen in Betracht kommenden Gesichtspunkten analysieren und zueinander in Bezug setzen – mit dem Ziel, Tatsachengrundlagen zur Verfügung zu stellen, die es den normsetzenden Instanzen ermöglichen, unter Abwägung aller Gesichtspunkte rechtspolitische Entscheidungen zur Optimierung der Regulierung freier Berufe zu treffen.[836]

Die besondere Rolle der Anwaltschaft muss dabei zur Wahrung der Rechtsstaatlichkeit stets von allen Akteuren im Auge behalten und geschützt werde.

---

835 *EWSA*, Die Lage der freien Berufe in ihrer Funktion und Bedeutung für die europäische Zivilgesellschaft, Brüssel 2014, S. 90.

836 *EWSA*, Die Lage der freien Berufe in ihrer Funktion und Bedeutung für die europäische Zivilgesellschaft, Brüssel 2014, S. 90.

Literaturverzeichnis

Abbott, Andrew, Professional Ethics, American Journal of Sociology, Vol. 88 (1983), S. 855–885.

Agridopoulos, Aristotelis/Papagiannopoulos, Ilias, Griechenland im europäischen Kontext: Krise und Krisendiskurs, Wiesbaden 2016.

Ahrens, Hans Jürgen, Deregulierung für rechtsberatende freie Berufe?, AnwBl. 1992, S. 247–253.

Ahrens, Hans Jürgen, Der europäische Rechtsanwalt zwischen Rechtspflege und Dienstleistung – Erfordernis und Grenzen der Staatsintervention aus Gemeinwohlgründen, ZZP 2002, Bd. 115, Heft 3, S. 281–320.

Ahrens, Hans Jürgen, Regelungsprinzipien des anwaltlichen Berufsrecht in der BORA, AnwBl. 2013, S. 2–7.

Ahrens, Hans Jürgen, Berufsrecht der Rechtsanwälte, Köln 2017.

Armingeon, Klaus/Baccaro, Lucio, Political Economy of the Sovereign Dept Crisis: The Limits of Internal Devaluation, Industrial Law Journal, 2012, Vol. 41, No. 3, S. 254–275.

Asemissen, Konrad, Berufsanerkennung und Dienstleistungen im europäischen Binnenmarkt, Die EU-Richtline aus der Perspektive der Methodik der Rechtsangleichung und des Wettbewerbs der Rechtsordnungen, Tübingen 2014.

Athanassiou, Ersi/Kanellopoulos, Nikolaos/Karagiannis, Roxani/Kotsi, Agapoula, The Effects of Liberalization of professional Requirements in Greece, Centre of Planning an Economic Research (KEPE), Athen 2015.

Athanassiou, Ersi/Tsouma, Ekaterini, The import content of consumption and export in Greece: Sectoral analysis and growth prospects through imports substitution, Greek Economic Outlook, No. 20, S. 72–79.

Awrey, Dan, Regulating Financial Innovation: A More Principles-Based Proposal?, Brooklyn Journal of Corporate, Financial and Commercial Law, 2011, Bd. 5, Heft 2, S. 273–315.

Bakopoulos, Kostis, Das griechische Arbeitsrecht im Wandel – Ein Bericht über die krisenbedingten Reformen am Beispiel des Kündigungsschutzes und der Tarifautonomie, in: Festschrift für Nikolaos K. Klamaris, Athen 2016, S. 35 ff.

Barone, Guglielmo/Cingano, Federico, Service regulation and growth: evidence from OECD countries, Bank of Italy, Economic Research Department, Working Paper No. 675, 2010.

Basedow, Jürgen, Dienstleistungsrichtlinie, Herkunftslandprinzip und Internationales Privatrecht, EUZW 2004, S. 423–424.

Bieber, Roland/Epiney, Astrid/Haag, Marcel/Kotzur, Markus, Die Europäische Union, 13. Auflage, Baden-Baden 2019.

Borger, Vestert, How the Debt Crisis Exposes the Development of Solidarity in the Euro Area, European Constitutional Review No. 9, 2013, S. 7 ff.

Bormann, Jens, Die Deregulierung des Rechtsberatungsmarkts und die Gefährdung der anwaltlichen Unabhängigkeit, ZZPInt 2003, Bd. 8, S. 3–69.

Brückner, Joachim Daniel, Folgerichtige Gesetzgebung im Steuerrecht und Öffentlichen Wirtschaftsrecht, verfassungsrechtliche Grundlagen der Forderung nach Folgerichtigkeit in der Rechtsprechung des Bundesverfassungsgerichts, Baden-Baden 2014.

Busse, Felix, Kommentierung zu § 2 BRAO, in: Henssler, Martin/Prütting, Hanns, BRAO Bundesrechtsanwaltsordnung, 5. Auflage, München 2019.

Calliess, Christian/Ruffert, Matthias, EUV/AEUV Das Verfassungsrecht der Europäischen Union mit Europäischer Grundrechtscharta, 5. Auflage, München 2016.

Canton, Erik/Ciriaci, Daria/Solera, Irune, The Economic Impact of Professional Services Liberalisation, European Commission Directorate-General for Economic and Financial Affairs, Economic Papers 533, September 2014.

Classen, Claus Dieter, Kommentierung zu Art. 197 AEUV, in: Grabitz, Eberhard/Hilf, Meinhard/Nettesheim, Martin (Hrsg.), Das Recht der Europäischen Union: EUV/AEUV, 71. EL. August 2020.

Cox, Carolyn/Foster, Susan, The costs and benefits of occupational regulation, Bureau of Economics Dtaff, Report to the Federal Trade Commission, 1990.

Dauses, Manfred A., Die Dienstleistungsrichtlinie – Herkunftsstaatsprinzip oder Bestimmungsstaatsprinzip, EuZW 2013, S. 201–202.

Dederer, Hans-Georg, Stürzt das deutsche Sportwettenmonopol über das Bawin-Urteil des EuGH?, NJW 2010, S. 198–200.

Deneke, J. F. Volrad, Die freien Berufe, Stuttgart 1956.

Denzin Nikola, Freie Berufe, in: Schulze, Reiner/Zuleeg, Manfred/Kadelbach, Stefan (Hrsg.), Europarecht – Handbuch für die deutsche Rechtspraxis, 3. Auflage, Baden-Baden, 2015, § 27.

Desierto, Diane, Growth versus Austerity: Protecting, Respecting, and Fulfilling International Economic and Social Rights during Economic Crisis, Ateneo L.J. 57, 2012, S. 373.

Dörr, Oliver, Das Verbot gewerblicher Internetvermittlung von Lotto auf dem Prüfstand der EG-Grundfreiheiten, DVBl. 2010, S. 69–77.

Feuchtwanger, Sigbert, Die freien Berufe, München (u.a.) 1922.

Feuchtwanger, Sigbert, Die freien Berufe und das Steuerrecht, JW 1928, S. 937.

Filos, Altano, Die griechische Verfassung, ZaöRV 2002, S. 994–1023.

Fischer-Lescano, Andreas, Austeritätspolitik und Menschenrechte, Die Rechtspflichten der Unionsorgane beim Abschluss von Memoranda of Understanding, Rechtsgutachten im Auftrag der Kammer für Arbeiter/innen und Angestellte für Wien, Bremen 2013, S. 55.

Fischer-Lescano, Andreas, Troika in der Austerität. Rechtsbindungen der Unionsorgane beim Abschluss von Memoranda of Understanding, Kritische Justiz 1/2014, S. 2–26.

Frenz, Walter, Handbuch Europarecht, Bd. 6: Institutionen und Politik, Heidelberg 2010.

Gaier, Reinhard, Berufsrechtliche Perspektiven der Anwaltstätigkeit unter verfassungsrechtlichen Gesichtspunkten, BRAK-Mitt. 2006, S. 2–7.

Gellhorn, Walter, The Abuse of Occupational Licensing, The University of Chicago Law Review, Vol. 44, 1976.

Gerber, Hans, In Freiheit gebundene Berufe, WT 1955, S. 129.

G'Giorgis, Tatjana, Die Liberalisierung des Anwaltsberufs, Berlin 2015.

Graeme, Laurie/Sethi, Nayha, Towards Principles-Based Approaches to Governance of Health-Related Research Using Personal Data, The European Journal of Risk Regulation, Heft 2013/1, Vol. 4, S. 43–57.

Groepper, Michael, Berufsfreiheit und freie Berufe, GewArch 2000, S. 266–272.

Grunde, Jörg, Verwaltung, in: Schulze, Reiner/Zuleeg, Manfred/Kadelbach, Stefan (Hrsg.), Europarecht – Handbuch für die deutsche Rechtspraxis, 3. Auflage, Baden-Baden 2015, S. 145 ff.

Grunewald, Barbara, Was bleibt vom Standesrecht der beratenden freien Berufe?, in Leible, Stefan (Hrsg.): Die Umsetzung der Dienstleistungsrichtlinie. Chancen und Risiken der Umsetzung in Deutschland, Jena 2008, S. 175–185.

Grzeszick, Bernd, Rationalitätsanforderungen an die parlamentarische Rechtsetzung im demokratischen Verfassungsstaat, in: Veröffentlichungen der Vereinigung der Deutschen Staatsrechtslehrer, Bd. 71, herausgegeben von der Vereinigung der Deutschen Staatsrechtslehrer, Berlin 2012, S. 49 ff.

Grzeszick, Bernd, Individualrechte und das Gebot konsistenter und kohärenter Rechtsetzung im deutschen und europäischen Recht. Eine Untersuchung am Beispiel der Rechtfertigung von Lotterieveranstaltungsmonopolen, in: Festschrift für Klaus Stern zum 80. Geburtstag, Berlin 2012, S. 333–353.

Hanebeck, Alexander, Die Einheit der Rechtsordnung als Anforderung an den Gesetzgeber?, Der Staat41 (2002), S. 429 ff.

Hardege, Stefan, Freie Berufe in Deutschland: Bestandsaufnahme und Reformation, Köln 2008.

Hartmann, Bernd J., Kohärenz im Glücksspielrecht: vertikal – horizontal – intersektoral?, EuZW 2014, S. 814–820.

Hatje, Armin, Die Dienstleistungsrichtlinie – Auf der Such nach dem liberalen Mehrwert – Auch eine Herausforderung für die Rechtsanwaltschaft?, NJW 2007, S. 2357–2363.

Held-Daab, Ulla, Die Kohärenz in der unionsgerichtlichen Rechtsprechung, in: Nolte, Jakob/Poscher, Ralf/Wolter, Henner (Hrsg.), Die Verfassung als Aufgabe von Wissenschaft, Praxis und Öffentlichkeit, Freundesgaben für Bernhard Schlink, u.a. München 2014, S. 237–257.

Hellwig, Hans-Jürgen, Unterschiede der nationalen Berufsrechte – Notwendigkeit von Kollisionsnormen und Harmonisierung, BRAK-Mitt. 2/2002, S. 52–59.

Hellwig, Hans-Jürgen, Europäisches Wettbewerbsrecht und freie Berufe – Monti bläst zum Angriff, BRAK-Mitt. 2004, S. 19–22.

Hellwig, Hans-Jürgen, Die Anwaltschaft zwischen Rechtspflege und kommerziellem Wettbewerb, BRAK-Mitt. 2008, S. 92–98.

Hellwig, Hans-Jürgen, Das Konzept des anwaltlichen Berufsbildes: Worauf die Anwaltschaft eine Antwort finden muss – und warum Standesrichtlinien nicht helfen, StudZR 1/2009, S. 13–34.

Hellwig, Hans-Jürgen, Zum Normenscreening des anwaltlichen Berufsrechts, in: Festschrift Graf von Westphalen 2010, S. 289–309.

Hellwig, Hans-Jürgen, Anwaltliches Berufsrecht und Europa, AnwBl. 2/2011, S. 77–83.

Hellwig, Hans-Jürgen, Höchst- und Mindestgebühren für Anwälte im Fokus des EuGH, AnwBl. 6/2011, S. 467–480.

Hellwig, Hans-Jürgen, CCBE Code of Conduct: Aufgabe für die neue Satzungsversammlung, § 29 BORA ist nicht mehr haltbar, AnwBl. 10/2011, S. 713–717.

Hellwig, Hans-Jürgen, Unabhängigkeit und Gemeinwohl: Dimensionen der anwaltlichen Freiheit, Mahnung zum verantwortungsvollen Gebrauch – zwei Reden zur Freiheit, AnwBl. 10/2013, S. 677–682.

Henssler, Martin, Der europäische Rechtsanwalt zwischen Rechtspflege und Dienstleistung, ZZP, Bd. 115, 2002, S. 321–355.

Henssler, Martin, Der Richtlinienvorschlag über die Anerkennung von Berufsqualifikationen, EuZW 2003, S. 229–233.

Henssler, Martin, Die internationale Entwicklung und die Situation der Anwaltschaft als Freier Beruf, AnwBl. 1/2009, S. 1–8.

Henssler, Martin, Anmerkungen zu EuGH, Urteil v. 29.03.2011 – C-565/08 (Europäische Kommission/Italienische Republik), NJW 2011, S. 1577–1578.

Henssler, Martin, Anforderungen an ein modernes Anwaltsrecht – Blick ins Jahr 2030, Die Dynamik des Berufsrechts in England als Herausforderung für Deutschland, Anwaltsblatt 6/2013, S. 394–400.

Henssler, Martin, Kommentierung zu § 43a BRAO, in: Henssler, Martin/Prütting, Hanns, BRAO Bundesrechtsanwaltsordnung, 4. Auflage, München 2014.

Henssler, Martin, Die Anwaltschaft und die Ethikdiskussion: Bilanz und Ausblick nach 10 Jahren, Dissonanzen, Differenzen und Konsense: Schnittmengen in der Debatte über Leitlinien für Anwälte, AnwBl. 1/2018, S. 22–27.

Henssler, Martin/Kilian, Matthias, Positionspapier zur Studie des Institutes für Höhere Studien, Wien 2003.

Henssler, Martin/Kilian, Matthias, Europäische Wettbewerbspolitik und die Freien Berufe, Eine kritische Auseinandersetzung mit dem Deregulierungsansatz der Kommission, AnwBl. 1/2005, S. 1–9.

Henssler, Martin/Schäfer, Anne, Ziele, Einführung und Umsetzung des neuen Peer-Review-Verfahrens nach Art. 59 der Berufsanerkennungsrichtlinie, EuZW 2014, S. 927–932.

Hettinger, Gerhard, Vom Standesrecht zu Berufsrecht, Mitteilungsblatt RAK München, 2004, III. Quartal, S. 43–62.

Hirte, Heribert, Berufshaftung, Ein Beitrag zur Entwicklung eines einheitlichen Haftungsmodells für Dienstleistungen, München 1996.

Hoffmann, Rhea Tamara/Krajewski, Markus, Staatsschuldenkrise im Euro-Raum und die Austeritätsprogramme von IWF und EU, KJ 2012, S. 2–17.

Holldorf, Lars, Prestige, Profit, Profession: Der Professionalisierungsprozess der steuerberatenden Berufe in der Bundesrepublik Deutschland von 1949 bis 1975, Köln 2004.

Holoubek, Michael, Kommentierung zu Art. 56, 57 AEUV, in: Schwarze, Jürgen/Becker, Ulrich/Hatje, Armin/Schoo, Johann (Hrsg.), EU-Kommentar, 4. Auflage, Baden-Baden 2019.

Hosier, Maeve, The Regulation of the Legal Profession in Ireland, New Orleans 2014.

Ioannou, Krateros/Rosakis,Christos/Fatouros, Argyris, Public international law: Looking at the sources, Athens – Komotini 1988.

Islam, Oliver, Das Kapitalbeteiligungsverbot an Anwaltsgesellschaften, Schriftenreihe des Instituts für Anwaltsrecht, Bd. 90, Bonn 2017.

Jäger, Renate, Rechtsanwälte als Organ der Rechtspflege – notwendig oder überflüssig? Bürde oder Schutz?, NJW 2004, S. 1–7.

Jäger, Renate, Künftige Stellung der Rechtsanwälte im System der Rechtspflege und in der Gesellschaft, NJW 2004, S. 1492–1497.

Kämmerer, Jörn Axel, Die Zukunft der Freien Berufe zwischen Deregulierung und Neuordnung, Gutachten Teil H, in: Verhandlungen des 68. Deutschen Juristentages Berlin 2010, Bd. I, München 2010.

Kämmerer, Jörn Axel, Interprofessionelle Zusammenarbeit und europarechtliche Kohärenz, DStR-Beih 2015, S. 33–44.

Kämmerer, Jörn Axel, Qualitätssicherung bei den Freien Berufen aus europarechtlicher Warte, DStR-Beih 2016, S. 47–52.

Karl, Fritz, Recht der freien Berufe, Berlin 1976.

Kaser, Max/Knütel, Rolf/Lohsse, Sebastian, Römisches Privatrecht, 21. Auflage, München 2017.

Kassimatis, Giorgos, EU verstößt gegen demokratische und europäische Rechtskultur. Zum Kreditabkommen der Troika mit Griechenland, Widerspruch 61, 2/2011, S. 49–60.

Kassimatis, Giorgos, Das inhumane Kreditregime über Griechenland, Münster 2018.

Kerameos, Kalliopi, Der Rechtsanwalt in Griechenland, AnwBl. 6/2001, S. 349–353.

Kilian, Matthias, Determinanten des europäischen Rechtsschutzversicherungsmarktes: Beratungsmonopol, Anwaltsgebühren und Kostenerstattung, ZVersWiss 1999, S. 23–57.

Kilian, Matthias, Erfolg und Vergütung des Rechtsanwalts, Schriftenreihe des Instituts für Anwaltsrechts an der Universität Köln, Bd. 59, Köln 2003.

Kilian, Matthias, Finnland: Eine evidenz-basierte Annäherung an den Klassenprimus der Europäischen Kommission – Betrachtungen zum finnischen Rechtsdienstleistungsmarkt, BRAK-Mitt. 5/2006, S. 194–199.

Kilian, Matthias, Die Zukunft der freien Berufe – ein kritischer Blick auf die Anwaltschaft, Gedanken zum Gegenstand des 68. Deutschen Juristentags 2010, AnwBl. 8 + 9/2010, S. 544–550.

Kilian, Matthias, Das Fremdbeteiligungsverbot im Spannungsfeld von Berufs-, Gesellschafts- und Unionsrecht, AnwBl 2/2014, S. 111–117.

Kirchberg, Christian, Anwaltschaft heute – Anspruch und Wirklichkeit, in: Kluth, Winfried (Hrsg.), Jahrbuch des Kammer- und Berufsrechts 2005, S. 372.

Klamaris, Nikolaos K., Das rechtswissenschaftliche Hochschulstudium in Griechenland in der Epoche des Bologna-Prozesses und dessen Evaluierungs-Verfahrensregelungen nach dem Gesetz 3374/2005, ZZPInt 2005, Bd. 10, S. 181–194.

Kluth, Winfried, Die Gesetzgebungskompetenz für das Recht der Spielhallen nach der Neufassung des Art. 74 Abs. 1 Nr. 11 GG, Hallesche Schriften zum Öffentlichen Recht, Bd. 19, Halle (Saale) 2010.

Kluth, Winfried, Kommentierung zu Art. 59 AEUV, in: Calliess, Christian/Ruffert, Matthias, EUV/AEUV Kommentar, 5. Auflage 2016.

Kluth, Winfried/Goltz, Ferdinand/Kujath, Karsten, Deregulierung des Rechts der freien Berufe auf der Grundlage vorwiegend quantitativer Analysen,

Stellungnahmen zur Studie „Wirtschaftliche Auswirkungen einzelstaatlicher Regelungen für freie Berufe“ des Instituts für Höhere Studien (Wien), Halle 2003.

Kluth, Winfried/Goltz, Ferdinand/Kujath, Karsten, Die Zukunft der freien Berufe in der Europäischen Union, Schriften zum Kammer- und Berufsrecht, Bd. 3, Halle (Saale) 2005.

Kluth, Winfried/Rieger, Frank, Die neue EU-Berufsanerkennungsrichtlinie – Regelungsgehalt uns Auswirkungen für Berufsangehörige und Berufsorganisationen, EuZW 2005, S. 486–492.

Kluth, Winfried/Rieger, Frank, Die gemeinschaftsrechtlichen Grundlagen und berufsrechtlichen Wirkungen von Herkunftslandprinzip und Bestimmungslandprinzip – Eine Analyse am Beispiel von Dienstleistungs- und Berufsanerkennungsrichtlinie, GewArch, 52. Jahrgang, Heft 1, 2006, S. 1–8.

Knauer, Christoph/Wolf, Christian, 20 Jahre „Bastille-Entscheidungen“ des Bundesverfassungsgerichts – Von der Liberalisierung und Kommerzialisierung des Anwaltsberufs, BRAK-Mitt. 4/2007, S. 142–147.

Kopp, Christina, Anwaltsdienstleistungen und die Dienstleistungsrichtlinie: Auswirkungen der Richtlinie 2006/123/EG auf den Berufsstand der Rechtsanwaltschaft, GPR 2/2008, S. 54–62.

Korte, Stefan, Was bleibt vom herkömmlichen Verständnis der Dienstleistungsfreiheit?, EWS 6/2007, S. 246–255.

Koske, Isabell/Wanner, Isabelle/Bitetti, Rosamaria/Barbiero, Omar, The 2013 update of the OECD'S database on product market regulation: Policy insights for OECD and non-OECD countries, OECD Economics Department Working Papers NO. 1200, OECD Publishing, Paris 2015.

Kotsi, Agapoula (u.a.), The Impact of the Implementation of Law 3919/2011 on the Principle of Freedom of Professions, Repeal of Unwarranted Restrictions on Access to and the Pursuit of Professions, Centre of Planning an Economic Research (KEPE), Athen 2012.

Koukiadaki, Aristea/Kretsos, Lefteris, Opening Pandoras's Box. The Sovereign Debt Crisis and Labour Market Regulation in Greece, Industrial Law Journal 41 (2012), S. 276.

Kritidis, Gregor, Griechenland – auf dem Weg in den Maßnahmenstaat, Autoritäre Krisenpolitik und demokratischer Widerstand, Hannover 2014.

Kunzmann, Manuel, Wege zu einem einheitlichen Binnenmarkt für Dienstleistungen, Studien zu Völker- und Europarecht, Bd. 54, Hamburg 2008.

Lemor, Florian, Auswirkungen der Dienstleistungsrichtlinie auf ausgesuchte reglementierte Berufe, EuZW 2007, S. 135–139.

Lippert, André, Das Kohärenzerfordernis des EuGH, EuR 2012, S. 90–100.

Lippert, André, Glückspielrecht – nationale und europarechtliche Grundlagen, JA 2012, S. 124–128.

Lörcher, Dr. Heike, Anwaltliches Berufsrecht und Deregulierung, BRAK-Mitt. 1/2008, S. 2–5.

Malosse, Henri u.a., Europäischer Wirtschafts- und Sozialausschuss, Die Lage der freien Berufe in ihrer Funktion und Bedeutung für die europäische Zivilgesellschaft, Brüssel 2015.

Mann, Thomas, Randnotizen zum Richtlinienentwurf über die Anerkennung von Berufsqualifikationen, EuZW 2004, S. 615–619.

Mann, Thomas, Der Berufsbetreuer – ein Freier Beruf?, NJW 2008, S. 121–124.

Mann, Thomas, Was bleibt heute vom Freien Beruf?, Die Zukunft der Freien Berufe zwischen Deregulierung und Neuordnung, AnwBl 8 + 9/2010, S. 551–555.

Martenczuk, Bernd, Kommentierung zu Art. 17 EUV, in: Grabitz, Eberhard/Hilf, Meinhard/Nettesheim, Martin (Hrsg.), Das Recht der Europäischen Union: EUV/AEUV, 71. EL. August 2020.

Maurizi, Alex, Occupational Licensing and the Public Interest, Journal of Political Economy, Vol. 82, 1974.

Michalski, Lutz, Der Begriff des freien Berufs im Standes- und im Steuerrecht, Köln 1989.

Michel, Dirk, Die Anwaltschaft und die Deregulierungsvorschläge der Kommission, AnwBl. 2/2017, S. 128–138.

Michel, Dirk, Neue Deregulierungsanforderungen der EU-Kommission, Was die EU unter „better regulation“ versteht – und wie die Freien Berufe davon profitieren können, in: Kluth, Winfried (Hrsg.), Jahrbuch des Kammer- und Berufsrechts 2015, S. 187–138.

Mickel, Wolfgang W./Bergmann, Jan (Hrsg.), Bergmann, Handlexikon der Europäischen Union, 5. Auflage, Baden-Baden 2015.

Müller-Graff, Peter-Christian, Kommentierung zu Art. 62 AEUV, in: Streinz, Rudolf, EUV/AEUV, 3. Auflage, München 2018.

Müller, Christoph A., (De-) Regulierung und Unternehmertum, St. Gallen 2003.

Neuhaus, Patrick A., Regulierung in Deutschland und den USA: eine Bewertung der Regulierungssysteme in der Telekommunikation mit einem Ausblick auf den Energiesektor, 2009.

Oppermann, Thomas/Classen, Claus Dieter/Nettesheim, Martin, Europarecht, 8. Auflage 2018

Paterson, Iain/Fink, Marcel/Ogus, Anthony, Economic impact of regulation in the field if liberal professions in different Member States, Institut für Höhere Studien (HIS), Wien 2003.

Pfirrmann, Volker, Kommentierung § 18 EstG, in: Kirchhof, Paul (Hrsg.), Einkommensteuergesetz, 19. Auflage 2020.

Rabe, Thomas, Liberalisierung und Deregulierung im Europäischen Binnenmarkt für Versicherungen, Berlin 1997.

Randelzhofer, Albrecht/Forsthoff, Ulrich, Kommentierung zu Art. 57, 59, 62 AEUV, in: Grabitz, Eberhard/Hilf, Meinhard/Nettesheim, Martin (Hrsg.), Das Recht der Europäischen Union: EUV/AEUV, 71 EL. August 2020.

Redeker, Konrad, Der Rechtsanwalt: „Freier Beruf" – „unreglementiert" – „dereguliert", NJW 2004, S. 2799–2801.

Rittner, Fritz, Unternehmen und Freier Beruf als Rechtsbegriffe, Tübingen 1962.

Roukounas, Emmanuil, Internationales Recht (auf Griechisch), 1. Bd., 3. Aufl. Athen-Komotini, 2004.

Sandrock, Otto, Ersatzansprüche geschädigter deutscher Inhaber von griechischen Staatsanleihen, RIW 2012, S. 429–256.

Sandrock, Otto, Griechenland und Zypern in der Finanzkrise: die Rechtsstellung ihrer privaten Finanzinvestoren, RIW 2014, S. 16–34.

Sandrock, Otto, Schuldenschnitte in Argentinien und Griechenland, RIW 2015, S. 93 – 110.

Schäfer, Anne Berufsrecht 2020 – Mit der Verhältnismäßigkeitsrichtlinie auf dem Weg zu einem modernen Regulierungsrecht?, EuZW 2018, S. 789–795.

Schima, Bernhard, Kommentierung zu Art. 7 AEUV, in: Mayer, Heinz/Stöger, Karl (Hrsg.), EUV/AEUV, Loseblattsammlung, Wien 2013.

Schinasi, Gary, Defining Financial Stability, IMF Working Paper 04/187, Oktober 2004.

Schlag, Pierre, Rules and Standards, UCLA Law Review, Bd. 33, Heft 2, 1985, S. 379.

Schlag, Martin, Kommentierung zu Art. 53 AEUV, in: Schwarze, Jürgen/Becker, Ulrich/Hatje, Armin/Schoo, Johann (Hrsg.), EU-Kommentar, 4. Auflage, Baden-Baden 2019.

Schmidt-Kessel, Martin, Kommentierung zu Art. 17 der Dienstleistungsrichtlinie, in: Schlachter, Monika/Ohler, Christoph (Hrsg.), Europäische Dienstleistungsrichtlinie, Handkommentar, Baden-Baden 2008.

Schneider, Uwe H., Kapitalmarktrecht – Principles-Based oder Rules-Based Regulation? In: Baums, Theodor/Hutter, Stephan, Gedächtnisschrift für Michael Gruson, Frankfurt, 2009, S. 369 – 378.

Schriever, Eva, Gebühren(d) verhandeln – wie viel Freiheit?, AnwBl. 10/2010, S. VI.

Schorkopf, Frank, Kommentierung zu Art. 7 AEUV, in: Grabitz, Eberhard/Hilf, Meinhard/Nettesheim, Martin (Hrsg.), Das Recht der Europäischen Union: EUV/AEUV, 71 EL. August 2020.

Schröder, Meinhard, Genehmigungsverwaltungsrecht, Tübingen 2016.

Schröder, Meinhard, Mehr Wettbewerb in den freien Berufen, Die Angriffe der Europäischen Kommission auf Honorarordnung und Beteiligungsverbote, EuZW 2016, S. 5–10.

Schulte, Mark, Das Werberecht der freien Berufe, Köln 2001.

Schulte, Markus, Kommentierung zu Art. 121 AEUV, in: von der Groeben, Hans/ Schwarze, Jürgen/Hatje, Armin, Europäisches Unionsrecht, 7. Auflage 2015

Schuster, Ulrike, Das Kohärenzprinzip in der Europäischen Union, Baden-Baden 2017.

Séché, Maurice, Die Vereinbarkeit freiberuflicher Regulierungen mit dem EGV unter besonderer Berücksichtigung des Art. 86 Abs. 2 EGV, Bonn 2008.

Starski, Paulina, Das supranational disziplinierte Völkerrecht, European Law Reporter 6 (2013), S. 183–196.

Stöbener de Mora, Patricia Sarah, Eine unverhältnismäßige Verhältnismäßigkeitsprüfung, EuZW 2017, S. 287–292.

Stöbener de Mora, Patricia Sarah, Binnenmarkt: Einigung auf eine Verhältnismäßigkeitsrichtlinie für reglementierte Berufe, EuZW 2018, S. 616.

Stork, Stefan, Richtlinienentwurf zur Festlegung eines Notifizierungsverfahrens für dienstleistungsbezogene Genehmigungsregelungen und Anforderungen, EuZW 2017, S. 562–567.

Streinz, Kruis, Unionsrechtliche Vorgaben und mitgliedstaatliche Gestaltungsspielräume im Bereich des Glücksspielrechts, NJW 2010, S. 3745–3750.

Stürner, Rolf/Bormann, Jens, Der Anwalt – vom freien Beruf zum dienstleistenden Gewerbe? Kritische Gedanken zur Deregulierung des Berufsrechts und zur Aushöhlung der anwaltlichen Unabhängigkeit, NJW 2004, S. 1481–1492.

Stürner, Rolf, in: Henssler, Martin/Busse, Felix, Rechtspolitik und Berufspolitik: Felix Busse zum 65. Geburtstag, München 2005, S. 297–304.

Stürner, Rolf, Anwaltliche Unabhängigkeit in der Gegenwart, in der Festschrift für Professor Nikolaos K. Klamaris, Athen u.a. 2016, S. 801–813.

Sullivan, Kathleen M., The Supreme Court, 1991 Term – Foreword: The Justices of Rules and Standards, Harvard Law Review, 1992, Bd. 106, S. 22–123.

Taupitz, Jochen, Die Standesordnungen der freien Berufe, Berlin 1991.

Tiedje, Jürgen, Kommentierung zu Art. 56 AEUV, in: von der Groeben, Hans/ Schwarze, Jürgen/Hatje, Armin, Europäisches Unionsrecht, 7. Auflage 2015.

Tiedje, Jürgen, Kommentierung zu Art. 57 AEUV, in: von der Groeben, Hans/ Schwarze, Jürgen/Hatje, Armin, Europäisches Unionsrecht, 7. Auflage 2015.

Triepel, Heinrich, Staatsdienst und staatlich gebundene Beruf, in: Festschrift für Karl Binding zum 4. Juni 1911, Bd. 2, Leipzig 1911, S. 1 ff.

Wambach, Achim/Arentz, Oliver/Manner, Hans/Münstermann, Leonard/Recker, Clemens/Roth, Steffen, Der Dienstleistungssektor in Deutschland, Überblick und Deregulierungspotenziale, Otto-Wolff-Discussion Paper 1a/2015, Köln 2015.

Weber, Klaus (Hrsg), Creifelds Rechtswörterbuch, begr. von Carl Creifelds, 23. Auflage, München 2019.

Weth, Stephan, Kommentierung RBerG, in: Henssler, Martin/Prütting, Hanns, BRAO Bundesrechtsanwaltsordnung, 5. Auflage, München 2019.

Wolf, Christian, Recht durch Rechtsanwälte, in: Schriftenreihe der Bundesrechtsanwaltskammer, Bd. 16, Zivilprozessrechts-Symposium, Deregulierung des Anwaltsmarktes – Gerichtsinterne Mediation – Einheitliche Rechtsprechung, München 2008, S. 1–25.

Wolf, Christian, Bindestrich-Ethik und Grundlagenreflexion anwaltlicher Tätigkeit, Anwaltsethik in der Diskussion – oder: Die Such nach Orientierung, AnwBl. 11/2010, S. 725–734.

Wolf, Christian, Markt über alles, ZRP 2015, Editorial.

Wolf, Christian, Kommentierung zu § 2 BRAO, in: Gaier, Reinhard/Wolf, Christian/Göcken, Stehpan, Anwaltliches Berufsrecht, 3. Auflage, München 2019.

Wurster, Bettina, Die Elektronische Europäische Dienstleistungskarte: Mehrwert für Dienstleistungserbringer?, EuZW 2017, S. 332–337.

Zonzilos, Nikos, Assessing the Macroeconomic Impact of Structural Reforms in Greece, IOBE, March 2014.

Zweigert, Konrad/Hein, Kötz, Einführung in die Rechtsvergleichung, 3. Auflage, Tübingen 1996.

www.ingramcontent.com/pod-product-compliance
Ingram Content Group UK Ltd.
Pitfield, Milton Keynes, MK11 3LW, UK
UKHW021939290926
8980IPUK00016B/1710

9 783631 850763